国家出版基金项目
NATIONAL PUBLICATION FOUNDATION

中宣部2022年主题出版重点出版物

"十四五"国家重点图书出版规划项目

纪录小康工程

全面建成小康社会

天津全景录

TIANJIN QUANJINGLU

本书编写组

天津出版传媒集团

天津人民出版社

丛书策划：王　康　杨　舒　郑　玥

责任编辑：郑　玥　王　玪

封面设计：石笑梦　　明轩文化·王　烨

版式设计：王欢欢　　明轩文化·陈　敬

图书在版编目（CIP）数据

全面建成小康社会天津全景录 / 本书编写组编著. -- 天津 : 天津人民出
　版社, 2022.10
（"纪录小康工程"地方丛书）
ISBN 978-7-201-18549-1

Ⅰ. ①全… Ⅱ. ①本… Ⅲ. ①小康建设-成就-天津Ⅳ. ①F127.21

中国版本图书馆 CIP 数据核字(2022)第 096631 号

全面建成小康社会天津全景录

QUANMIAN JIANCHENG XIAOKANG SHEHUI TIANJIN QUANJINGLU

本书编写组

天津人民出版社　出版发行

（300051　天津市和平区西康路 35 号康岳大厦）

天津海顺印业包装有限公司印刷　新华书店经销

2022 年 10 月第 1 版　2022 年 10 月天津第 1 次印刷

开本：710 毫米 × 1000 毫米　1/16　印张：21.75

字数：230 千字

ISBN 978-7-201-18549-1　定价：76.00 元

邮购地址 300051　天津市和平区西康路 35 号康岳大厦

天津人民出版社发行中心　电话：(022)23332469

总　序

为民族复兴修史　为伟大时代立传

　　小康，是中华民族孜孜以求的梦想和夙愿。千百年来，中国人民一直对小康怀有割舍不断的情愫，祖祖辈辈为过上幸福美好生活劳苦奋斗。"民亦劳止，汔可小康""久困于穷，冀以小康""安得广厦千万间，大庇天下寒士俱欢颜"……都寄托着中国人民对小康社会的恒久期盼。然而，这些朴素而美好的愿望在历史上却从来没有变成现实。中国共产党自成立那天起，就把为中国人民谋幸福、为中华民族谋复兴作为初心使命，团结带领亿万中国人民拼搏奋斗，为过上幸福生活胼手胝足、砥砺前行。夺取新民主主义革命伟大胜利，完成社会主义革命和推进社会主义建设，进行改革开放和社会主义现代化建设，开创中国特色社会主义新时代，经过百年不懈奋斗，无数中国人摆脱贫困，过上衣食无忧的好日子。

　　特别是党的十八大以来，以习近平同志为核心的党中央统揽中华民族伟大复兴战略全局和世界百年未有之大变局，团结带领全党全国各族人民统筹推进"五位一体"总体布局、协调推进"四个全面"战略布局，万众一心战贫困、促改革、抗疫情、谋发展，党和国家事业取得历史性成就、发生历史性变革。在庆祝中国共产党成立 100 周年大会上，习近平总书记庄严宣告："经过全党全国各族人民持续奋斗，我们实现了第一个百年奋斗目标，在中华大地上全面建成了小康社会，历史性地解决了绝对贫困问题，正在意气风发向着全面建成社会主义现代化强国的第二个百年奋斗目标迈进。"

这是中华民族、中国人民、中国共产党的伟大光荣！这是百姓的福祉、国家的进步、民族的骄傲！

全面小康，让梦想的阳光照进现实、照亮生活。从推翻"三座大山"到"人民当家作主"，从"小康之家"到"小康社会"，从"总体小康"到"全面小康"，从"全面建设"到"全面建成"，中国人民牢牢把命运掌握在自己手上，人民群众的生活越来越红火。"人民对美好生活的向往，就是我们的奋斗目标。"在习近平总书记坚强领导、亲自指挥下，我国脱贫攻坚取得重大历史性成就，现行标准下 9899 万农村贫困人口全部脱贫，建成世界上规模最大的社会保障体系，居民人均预期寿命提高到 78.2 岁，人民精神文化生活极大丰富，生态环境得到明显改善，公平正义的阳光普照大地。今天的中国人民，生活殷实、安居乐业，获得感、幸福感、安全感显著增强，道路自信、理论自信、制度自信、文化自信更加坚定，对创造更加美好的生活充满信心。

全面小康，让社会主义中国焕发出蓬勃生机活力。经过长期努力特别是党的十八大以来伟大实践，我国经济实力、科技实力、国防实力、综合国力跃上新的大台阶，成为世界第二大经济体、第一大工业国、第一大货物贸易国、第一大外汇储备国，国内生产总值从1952年的679亿元跃升至2021年的114万亿元，人均国内生产总值从1952年的几十美元跃升至2021年的超过1.2万美元。把握新发展阶段、贯彻新发展理念、构建新发展格局、推动高质量发展，全面建设社会主义现代化国家，我们的物质基础、制度基础更加坚实、更加牢靠。全面建成小康社会的伟大成就充分说明，在中华大地上生气勃勃的创造性的社会主义实践造福了人民、改变了中国、影响了时代，世界范围内社会主义和资本主义两种社会制度的历史演进及其较量发生了有利于社会主义的重大转变，社会主义制度优势得到极大彰显，中国特色社会主义道路越走越宽广。

全面小康，让中华民族自信自强屹立于世界民族之林。中华民族有五千多年的文明历史，创造了灿烂的中华文明，为人类文明进步作出了卓越贡献。近代以来，中华民族遭受的苦难之重、付出的牺牲之大，世所罕见。中国共产党带领中国人民从沉沦中觉醒、从灾难中奋起，前赴后继、百折不挠，战胜各种艰难险阻，取得一个个伟大胜利，创造一个个发展奇迹，用鲜血和汗水书写了中华民族几千年历史上最恢宏的史诗。全面建成小康社会，见证了中华民族强大的创造力、坚韧力、爆发力，见证了中华民族自信自强、守正创新精神气质的锻造与激扬，实现中华民族伟大复兴有了更为主动的精神力量，进入不可逆转的历史进程。今天，我们比历史上任何时期都更接近、更有信心和能力实现中华民族伟大复兴的目标，中国人民的志气、骨气、底气极大增强，奋进新征程、建功新时代有着前所未有的历史主动精神、历史创造精神。

全面小康，在人类社会发展史上写就了不可磨灭的光辉篇章。中华民族素有和合共生、兼济天下的价值追求，中国共产党立志于为人类谋进步、为世界谋大同。中国的发展，使世界五分之一的人口整体摆脱贫困，提前十年实现联合国2030年可持续发展议程确定的目标，谱写了彪炳世界发展史的减贫奇迹，创造了中国式现代化道路与人类文明新形态。这份光荣的胜利，属于中国，也属于世界。事实雄辩地证明，人类通往美好生活的道路不止一条，各国实现现代化的道路不止一条。全面建成小康社会的中国，始终站在历史正确的一边，站在人类进步的一边，国际影响力、感召力、塑造力显著提升，负责任大国形象充分彰显，以更加开放包容的姿态拥抱世界，必将为推动构建人类命运共同体、弘扬全人类共同价值、建设更加美好的世界作出新的更大贡献。

回望全面建成小康社会的历史，伟大历程何其艰苦卓绝，伟大胜利何其光辉炳耀，伟大精神何其气壮山河！

这是中华民族发展史上矗立起的又一座历史丰碑、精神丰碑！这座丰碑，凝结着中国共产党人矢志不渝的坚持坚守、博大深沉的情怀胸襟，辉映着科学理论的思想穿透力、时代引领力、实践推动力，镌刻着中国人民的奋发奋斗、牺牲奉献，彰显着中国特色社会主义制度的强大生命力、显著优越性。

因为感动，所以纪录；因为壮丽，所以丰厚。恢宏的历史伟业，必将留下深沉的历史印记，竖起闪耀的历史地标。

中央宣传部牵头，中央有关部门和宣传文化单位，省、市、县各级宣传部门共同参与组织实施"纪录小康工程"，以为民族复兴修史、为伟大时代立传为宗旨，以"存史资政、教化育人"为目的，形成了数据库、大事记、系列丛书和主题纪录片4方面主要成果。目前已建成内容全面、分类有序的4级数据库，编纂完成各级各类全面小康、脱贫攻坚大事记，出版"纪录小康工程"丛书，摄制完成纪录片《纪录小康》。

"纪录小康工程"丛书包括中央系列和地方系列。中央系列分为"擘画领航""经天纬地""航海梯山""踔厉奋发""彪炳史册"5个主题，由中央有关部门精选内容组织编撰；地方系列分为"全景录""大事记""变迁志""奋斗者""影像记"5个板块，由各省（区、市）和新疆生产建设兵团结合各地实际情况推出主题图书。丛书忠实纪录习近平总书记的小康情怀、扶贫足迹，反映党中央关于全面建成小康社会重大决策、重大部署的历史过程，展现通过不懈奋斗取得全面建成小康社会伟大胜利的光辉历程，讲述在决战脱贫攻坚、决胜全面小康进程中涌现的先进个人、先进集体和典型事迹，揭示辉煌成就和历史巨变背后的制度优势和经验启示。这是对全面建成小康社会伟大成就的历史巡礼，是对中国共产党和中国人民奋斗精神的深情礼赞。

历史昭示未来，明天更加美好。全面建成小康社会，带给中国人民的是温暖、是力量、是坚定、是信心。让我们时时回望小康历程，深入学习贯彻习近平新时代中国特色社会主义思想，深刻理解中国共产党为什么能、马克思主义为什么行、中国特色社会主义为什么好，深刻把握"两个确立"的决定性意义，增强"四个意识"、坚定"四个自信"、做到"两个维护"，以坚如磐石的定力、敢打必胜的信念，集中精力办好自己的事情，向着实现第二个百年奋斗目标、创造中国人民更加幸福美好生活勇毅前行。

目　录

一、为全面建成小康社会
作出天津贡献

小康是中华民族的千年梦想和夙愿。天津在历届市委、市政府的领导下，按照党中央、国务院制定的路线方针政策，始终坚持以经济建设为中心，深化改革，扩大开放，不断加快发展步伐，努力提高发展水平，综合经济实力显著增强，经济发展与社会进步始终处于全国前列。特别是党的十八大以来，天津全面贯彻落实习近平总书记对天津工作"三个着力"重要要求和一系列重要指示批示精神，深入贯彻落实党中央决策部署，推进"五位一体"总体布局和"四个全面"战略布局在天津扎实实践，新发展理念深入人心，供给侧结构性改革强力推进，抗击新冠肺炎疫情取得重大战略成果，全面建成高质量小康社会取得决定性成就，为开创中国特色社会主义事业的新局面、夺取全面建成小康社会的新胜利作出天津的贡献。

（一）天津全面建成小康社会的光辉历程

新中国成立 70 多年来，天津人民在党中央和市委、市政府的正确领导下，高举中国特色社会主义伟大旗帜，团结一致、奋发图强，顺利完成各个历史时期确立的主要目标。从百废待兴迈向高质量发展，经济发展水平实现大跨越。

1. 小康基础：从百废待兴到百废俱兴（1949—1978年）

新中国成立初期，饱受战争苦难的天津城市百废待兴。天津人民在党的领导下正式接管天津，建立和巩固了人民政权，各级党组织依靠工人阶级和广大群众，迅速恢复生产、发展经济，使社会面貌发生了显著改变。至1956年，天津基本完成对生产资料私有制的社会主义改造，建立起以生产资料公有制为基础的社会主义经济制度。社会主义制度确立后，党带领天津人民投入全面建设社会主义热潮，天津由一个以轻工业为主的加工工业城市逐步发展成为综合性工业城市，建立了独立且比较完备的工业体系，人口素质显著提高，为小康社会建设奠定了根本政治前提和制度基础，积累了重要物质基础，提供了强大精神支撑和安全保证。1978年，全市地区生产总值为82.65亿元，是1949年的20.3倍，年均增长10.5%；社会从业人员366.70万人，比1949年增加232.10万人，年均增加近8万人；城镇居民人均可支配收入由1949年的151元增加到1978年的388元。

2. 向往小康：进入改革开放和社会主义现代化建设新时期（1978—1992年）

从1978年党的十一届三中全会到1992年党的十四大，这是天津改革开放的启动时期和目标探索阶段。1978年党的十一届三中全会明确提出了全党工作重点转移到社会主义现代化建设上来的要求，天津的改革开放由此起步。改革率先从农村突破，实行以家庭联产承包责任制为基础、统分结合的双层经营体制；随之展开了以调整国家和企业的经济关系、改变国家对企业统收统支的分配制度、扩大国有企业自主权为重点的城市经济体制改革；围绕改善城市管理，推进了市区、港口和城建管理体制改革；围绕培育发展市场、改善宏观调控，推进了流通、价格、计划、财政、金融等体制改革。1979—1992年，天津地区生产总值平均增长率为6.5%；1992年，天津城市人均收入达到2238元，是1978年的5.8倍；农村人均收入达到1309元，是1978年的8.5倍。

3.奔向小康：整体推进现代化城市建设（1992—2012年）

自1992年起，天津围绕实现经济发展方式和经济体制两个根本性转变，在多个领域进行了大刀阔斧的改革，全市经济体制和运行机制发生了深刻变化，市场对资源配置的基础性作用大大增强，社会主义市场经济体制框架基本确立。1994年，市委、市政府确立了"三五八十"4大奋斗目标，即提前3年到1997年实现地区生产总值比1980年翻两番，用5—7年时间基本完成市区成片危陋平房改造，用8年左右时间把国有大中型企业嫁接改造调整一遍，用10年左右时间基本建成滨海新区。到2002年底，这4大奋斗目标提前1年全面实现。1994—2002年，市中心区累计拆除各类旧房1523万平方米，新建4487万平方米，45万户150万人喜迁新居；城市居民人均住宅使用面积提高到16.6平方米，住房成套率提高到86.2%，住宅集中供热普及率提高到74.1%，气化率达到95.8%。

2002年，天津启动实施"三步走"战略：第一步，到2003年底人均地区生产总值达到3000美元；第二步，提前3—4年，实现地区生产总值和城市居民人均可支配收入、农民人均纯收入分别比

2000年翻一番；第三步，到2010年，人均地区生产总值达到6000美元。到2007年，全市人均地区生产总值达到45829元，进入中等发达国家水平，提前3年实现了"三步走"战略的第三步目标，天津在全国的小康建设中迸发出巨大的发展能量。到2012年，天津城市居民人均可支配收入29626元，是1992年的13.2倍；农村居民人均可支配收入13571元，增长9.36倍。社会保障覆盖面继续扩大，实现了从城镇到农村、从职工到居民的全覆盖。

4.高质量小康：全面建设社会主义现代化大都市 （2012年至今）

党的十八大以来，习近平总书记先后4次到天津考察工作、出席活动，对天津工作作出一系列重要指示批示，充分体现了对天津工作的高度重视、对天津发展的关心关怀、对天津人民的深情厚爱。2013年5月，习近平总书记在视察天津时，对天津工作提出了"着力提高发展质量和效益、着力保障和改善民生、着力加强和改善党的领导"，即"三个着力"重要要求，为新时代天津发展指明了前进方向、提供了根本遵循、注入了强大动力。习近平总书记亲自谋划、亲自部署、亲自推动的京津冀协同发展重大国家战略，使天津发展找准定位、明确担当，自觉打破"一亩三分地"的思维定式，自觉把工作放在京津冀协同发展的大局中去谋划和推进。2019年，习近平总书记来天津视察调研，提出了勇攀世界科技高峰、打造世界一流智慧港口绿色港口、发展要靠自主创新等嘱托和理念，让天津坚决摆脱"速度情结""换挡焦虑"，从根本上转变发展理念、发展方式和政绩观，进一步打开脑袋上的"津门"，坚定不移推进高质量发展。

在全成建成高质量小康社会的道路上，天津市委始终牢记习近平总书记的殷殷重托，坚持以习近平新时代中国特色社会主义思想为指引，坚持以"三个着力"重要要求为元为纲领航天津，把"三个着力"重要要求贯彻落实到经济社会发展各领域、各环节，转化为坚定捍卫"两个确立"、坚决做到"两个维护"的思想自觉、政治自觉、行动自觉，聚澎湃之力、汇万众之智，锚定方向、扬帆远航，谱写了天津全面建成高质量小康社会的新篇章。对照国家统计局2013年发布的《全面建成小康社会统计监测方案》指标体系，天津在经济建设、民主法制、文化建设、人民生活、资源环境5类可比指标中，绝大多数均大幅度超过目标数值。

在经济建设方面，天津2020年人均地区生产总值达到101614元，高于57000元目标值。2020年，第三产业增加值占地区生产总值比重达到64.4%，高于东部地区47%的目标值。研究与试验发展经费支出占地区生产总值比重达到3.28%，位居全国第三，高于2.5%的目标值。2020年，每万人口发明专利拥有量达到24.4件，大于国家指标3.5件的目标值。2020年城镇化率84.6%，高于60%的目标值。

在民主法制方面，基层民主参选率、每万名公务人员检察机关立案人数、社会安全指数和每万人口拥有律师数均达到标准，全市未发生严重危害国家政治安全案件，未发生暴力恐怖案件，未发生有影响的群体性事件。

在文化建设方面，文化建设包括文化及相关产业增加值占地区生产总值比重、人均公共文化财政支出、有线广播电视入户率等5项指标超过目标值。

在人民生活方面，2020 年，天津城乡居民恩格尔系数为 29.9%，低于 40% 的目标值。2020 年，城乡居民人均收入达到 43854 元，是目标值的 1.75 倍。2016—2020 年，失业率基本维持在 3.5% 左右，低于 6% 的目标值。2020 年，城乡收入比为 1.86，低于 2.8 的目标值。2020 年，平均预期寿命达到 81.91 岁，高于 76 岁的目标值。平均受教育年限达到 11.29 年，超过 10.5 年的目标值。2020 年，每千人口拥有执业医师数达到 3.14 人，高于 1.95 人的目标值。2020 年，天津基本养老保险参保人数达到 839 万人，医保参保人数达到 1109 万人。农村卫生厕所基本达到全覆盖，高于 75% 的目标值。

在资源环境方面，与 2015 年相比，2020 年单位地区生产总值能源消耗降低 17%，单位地区生产总值二氧化碳排放降低 20.5%，空气优良天数比例达到 66.9%，地表水达到或好于 III 类水体比例达到 55%，森林覆盖率达到 13%。

（二）天津全面建成小康社会的辉煌成绩

1. 综合实力显著增强，小康社会经济基础全面夯实

经济发展质量和效益稳步提升。新中国成立 70 多年来，天津人民在党中央和市委、市政府的正确领导下，顺利完成各个历史时期确立的主要目标。特别是党的十八大以来，全市上下深入学习贯彻习近平新时代中国特色社会主义思想，以习近平总书记对天津工作提出的"三个着力"重要要求为元为纲，团结一致、奋发图强、迎难而上、担当作为，天津城市综合实力显著增强，经济发展质量和

效益稳步提高，营商环境持续优化，自贸试验区引领开放作用持续增强。1990年，天津实现地区生产总值比1980年翻一番，突破了传统意义上的温饱阶段；1992—2007年，全市地区生产总值连续16年保持两位数高增长；2014年生产总值突破万亿；2011—2020年，全市经济运行在合理区间，地区生产总值年均增长5.75%。就业形势保持稳定，就业质量不断提高，成为经济运行中的突出亮点。经济发展方式从粗放型向集约型转变，劳动生产效率逐步提高，社会劳动生产率由1978年的2300元/人上升到2020年的215677元/人。市场活力不断释放，民营经济日益成为拉动天津经济增长的生力军。经济发展实现与国际接轨，利用外资增幅始终保持全国前列，津门已成为吸引世界各国投资的重要汇聚地。

创新驱动发展战略深入实施。新中国成立以来，天津科技事业快速发展，科技成果显著，重要成果层出不穷。进入21世纪，市委、市政府始终把科技创新作为发展的战略核心，深入实施创新驱动发展战略，加快国家自主创新示范区建设，促进经济增长方式由要素驱动为主向创新驱动为主转换。自主创新能力和产业化居全国领先水平，拥有国际领先水平科技成果137项。2020年，全市综合科技创新水平指数达到80.88%，位列全国第四，科技人力资源指数和科研物质条件指数均居全国首位。拥有两院院士达到36名，遴选306个创新创业团队"带土移植"，"海河英才"行动计划累计引进各类人才35万人。

现代产业结构调整稳中有进。1978年，天津三次产业比重为6.1∶69.6∶24.3，之后服务业发展水平不断提升，2010年服务业增加值首次超过第二产业，占比突破50%，到2021年三次产业结构比例为1.4∶37.3∶61.3。各产业内部结构不断优化升级，从以粮为主的传统农业，转变为现代都市型农业；从以轻纺工业为主的传统制造业，转变为以高新技术为依托的先进制造业；从技术基础薄弱的传统服务业，转变为高技术含量的现代服务业。围绕"一基地三区"（全国先进制造研发基地、北方国际航运核心区、金融创新运营示范区、改革开放先行区）城市定位，构建以智能科技产业为引领的现代工业产业体系，以提高发展质量和效益为中心、以先进制造为支撑、以创新驱动为核心，大力发展智能制造、绿色制造、服务型制造、全球化制造。现代服务业撑起半壁江山，以云计算、大数据、物联网、人工智能为代表的新一代信息技术与服务业快速融合发展，涌现出工业互联网、"大数据+"、工业旅游、全域旅游、信创产业等一大批新模式新业态；旅游、文化、健康养老等"幸福产业"发展驶入快车道，"十三五"时期服务业对经济增长年均贡献率超过70%。现代都市型农业升级发展效果显著，小站稻和宝坻区分别列入全国全产业链重点链和水稻全产业链典型县，小站稻种植面积达6.79万公顷。

城市综合服务功能明显增强。天津不断加快建设与现代化大都市相适应的交通网络系统，目前已经形成以海港、空港、铁路、公路、轨道为骨架的综合立体交通体系。京津冀交通一体化再上新台阶，京津城际延长线实现公交化运行，轨道交通骨干地位显著上升，实施公交优先"八大工程"，铁路运营里程密度位居全国第一、高速公路网密度位居全国第二。北方国际航运核心区建设成效显著，城乡信息基础设施实现跨越式发展，移动宽带、固定宽带下载速率均跃居全国第三位，中心城区、滨海新区主城区等区域实现第五代移动通信（5G）网络全覆盖。水、电、气、热公共基础设施服务能力显著提升，天津城市生活更方便、更舒心、更美好，并向现代化大都市不断迈进。

2.民生保障网织密编牢，人民群众获得感幸福感安全感提升

居民收入保持较快增长。天津市委、市政府高度重视民生工作，全市城乡居民收入分配差距逐步缩小，居民生活水平和质量逐步提高，城市居民消费从发展型转向享受型，农村居民生活从温饱步入小康，城乡居民总体生活水平进入富裕新时期。城镇居民人均可支配收入由1949年的151元，增加到2020年的47659元；农村居民人均可支配收入由45元增加到25691元；城乡居民收入比由1949年的3.36，缩小到2020年的1.86。随着社会财富的不断积累、分配结构的日益优化和收入渠道的多元扩展，居民收入水平持续提高，收入由单一走向多元，工资性收入占据主要地位，城镇居民的工资性收入从2012年的18407元增加到2020年的30053元，增长了63.2%。2020年，全市居民恩格尔系数为29.9%，比2012年下降了2.91个百分点，接近联合国划分的20%—30%的富足标准，其中农村居民恩格尔系数从2012年的36.2%下降到33.3%，吃、穿、住、用全面改善，生活由简朴生存型向初级享受型转变。

社会保障覆盖面持续扩大。20世纪90年代开始，天津逐步建立了城镇职工基本养老、城镇职工基本医疗、城乡居民养老、城乡居民医疗、失业、工伤、生育保险体系和城乡最低生活保障制度。党的十八大以来，天津不断加强制度公平和兜底保障，企业退休人员养老金、城乡低保等社会保障标准逐年上调，加快推进社会保险体系由制度全覆盖向人员全覆盖延伸。截至2021年，全市参加基本医疗保险人数1175.02万人、基本养老保险人数937.1万人、城镇

职工工伤保险人数408.41万人、城镇职工失业保险人数372.3万人、城镇职工生育保险人数366.05万人。社会保险待遇水平稳步提高，连续多年提高城乡居民医疗保险的最高支付限额、住院报销比例，企业退休人员养老金实现16连调，月人均达到3376元，提高了城乡居民基础养老金、老年人生活补助、工伤职工伤残津贴和失业保险待遇水平。2020年，天津最低工资标准提高至2050元/月，城乡居民最低生活保障标准提高至980元/月。

就业形势总体稳中向好。改革开放前，天津实行国家统包统配的就业制度，在计划经济体制下有效地满足了生产发展和社会稳定的需要。改革开放以来，以市场为导向的新型就业体制逐步形成，工业化、城市化进程的加快为劳动力就业提供了更多的机会和岗位。"十三五"时期，天津实施积极的就业政策，营造大众创业良好环境，统筹做好重点群体就业、推动创业带动就业等各项工作，城镇新增就业247万人。

住房保障体系日臻完善。长期以来，天津实行国家以统建统分为特点的低租金、福利制、实物分配的住房制度。随着经济的发展，天津住房制度改革取得了巨大成就，结束了以统建统分为特点的住房制度，实现了实物分房向货币分房的转化，实现了住房社会化、商品化，天津商品房市场逐步建立并不断扩大。党的十八大以来，天津按照"住有所居"的要求，持续完善住房保障体系，住房保障制度框架逐步构建，形成梯次衔接、分层保障的住房保障体系。"十三五"时期，全市开工建设棚户区改造安置房13.5万套，销售限价商品住房2万套，推出18个公共租赁住房项目共2.49万套房源。城乡住房由单纯居住低质型逐步向高质型、方便型、享受型和豪华型转变，由求量向求质转变。

筑牢困难群众生活保障底线。党的十八大以来，天津按照保基本、兜底线、救急难、可持续的总体思路，始终把保障困难群众基本权益作为社会救助的根本出发点和落脚点，健全以基本生活救助、专项社会救助、急难社会救助为主体，社会力量参与为补充，与其他保障制度相衔接的分层分类社会救助体系，实现精准、高效、温暖、智慧救助。

3.社会事业全面进步，发展平衡性协调性明显增强

教育事业发展取得新成效。改革开放之初，加强基础薄弱学校建设连续3年被列入城乡居民20件实事之中。1994年在全国率先普及九年义务教育，1999年率先基本普及高中阶段教育，2001年初中毕业生升学率达到91%，提前完成党的十六大提出的"基本普及高中阶段教育，消除文盲"小康社会目标。进入21世纪，农村义务教育全面实现，中小学教学设备全部完成升级换代。基础教育不断加强，"历史名校"建设工程效果显著。2010年以来，完成2轮义务教育学校现代化标准建设，促进基础教育均衡发展。实施普通高校本科教学质量提升工程，高等教育综合实力不断增强。

卫生健康服务再上新台阶。改革开放以来，天津新建和改扩建了一大批医疗机构，肿瘤医院、胸科医院等专科医院医疗水平在全国领先。20世纪90年代，初步建立起街道和乡镇、区县级、市级三级医疗网。进入21世纪，公共卫生体系建设进一步加强，市疾病预防控制中心、120急救中心等相继建成，形成了指挥有力、反应灵敏、功能完善、运转协调的突发公共卫生事件应急体系，成功抵御了2003年"非典"冲击。加快卫生资源

布局调整优化，天津医院、第二儿童医院等新建改扩建工程顺利完成，一批基层医疗机构和社会办医项目建成。截至2021年末，全市共有各类卫生机构6084个（其中医院432个），卫生机构床位6.88万张，卫生技术人员12.13万人，注册护士4.67万人，医疗卫生机构诊疗人数10907.4万人次。持续提高妇幼健康服务保障能力，积极传承与弘扬中医药事业，推进京津冀医疗卫生协同发展、智慧医疗建设，全市孕产妇死亡率和婴儿死亡率已连续15年分别控制在10/10万以下和6‰以下，持续处于全国前列，达到发达国家水平，提前完成小康社会建设目标。

文化繁荣发展呈现新气象。天津始终坚持百花齐放、百家争鸣的方针，推动文化事业的发展，先后建成古文化街、科技馆、周恩来邓颖超纪念馆、天津博物馆、文化中心等综合性文化设施，维修改造了中国大戏院、文庙博物馆等文化场馆。截至2021年末，全市共有艺术表演团体115个、文化馆17个、博物馆69个、公共图书馆20个、街乡镇综合文化站255个；全年出版图书9417万册、期刊2571.28万册、报纸1.85亿份，圆满完成了全面建成小康社会的战略目标。全市各级公共博物馆、纪念馆、图书馆等免费开放。通过高标准验收的基层综合性文化服务中心近3000个，有效提升了基层综合性文化服务中心的建设品质，推动了基层文化设施建设的标准化、均等化。文化服务品质不断提升，精神文明建设"五个一工程"屡创佳绩，推出电视剧《辛亥革命》、纪录片《五大道》等一批精品力作，成功举办第七届中国京剧艺术节。天津京剧、宝坻评剧、京东大鼓、杨柳青年画、泥人张等进入我国第一批国家级非物质文化遗产名录。文化产业加快发展，国家3D影视创意园、天津出版产业园投入运营，动漫、电影产业蓬勃发展。

健康天津建设开创新局面。改革开放以来，天津改扩建了一大批体育设施，先后成功举办1995年世界乒乓球锦标赛、1999年世界体操锦标赛、第九届全国大学生运动会、第六届东亚运动会等重要赛事。2017年，举办第十三届全运会，发起"我要上全运"迎接全运会全民健身活动，并被国务院确定为我国全民健身品牌活动长期开展，在全运会中创造性增设了19项群众比赛项目，让广大市民登上了全运会竞技舞台，极大鼓舞了群众的健身热情，开创了全运会先河，被称为第十三届全运会改革的最大亮点，天津体育事业发展达到新的高峰。竞技体育成绩斐然，天津女排在全国女排联赛中实现"十冠王"。"15分钟健身圈"全方位实现，依托水上公园、长虹公园、南翠屏公园、河东富民公园等建设大型体育公园，推进社区、行政村体育健身园的配建和更新。目前，全市经常参加体育锻炼的人数比例达到43.7%，城乡居民达到《国民体质测定标准》合格以上的人数比例稳定在93%，2项核心指标一直稳居全国前列，人民的幸福感、满足感得到很大提升。

4.绿色发展步伐加快，生态文明建设取得显著成效

生态环境治理力度不断加强。市委、市政府紧紧围绕党中央、国务院关于生态文明建设总体要求和加快美丽天津建设总体部署，以改善生态环境质量为目标，全面推进生态环境治理，集中力量解决群众反映强烈的突出环境问题，生态环境保护取得明显成效。2020年，全市平均植被覆盖率达到66.22%，为近10年来植被覆盖增长效果最为明显的1年，其中，覆盖率超过70%的区域面积占市

域面积的一半以上。扎实推进 65 蒸吨/时以下燃煤锅炉改燃或并网，开展重点企业挥发性有机物深度治理，淘汰国Ⅲ标准及以下中重型营运柴油货车，PM$_{2.5}$ 和臭氧年均浓度持续下降。全市 5 个区被评为全国文明城区，9 个区被评为国家卫生区。

蓝天碧水净土保卫战全面推进。全力推进清新空气行动，空气质量明显改善。2021 年，全市 PM$_{2.5}$ 浓度首次达到 39 微克/立方米，与 2020 年相比下降了 20.4%，首次降至 40 微克/立方米以下，达到有监测数据以来最好情况；优良天数达到 264 天，比 2020 年增加了 25 天，优良天数的比例首次超过七成。全面打响碧水保卫战，持续推进入海河流、近岸海域、黑臭水体综合治理，加强饮用水源保护，加快景观河道治理，提高污水集中处理能力。2021 年，全市国控优良水质断面占比由 15% 提高到 55%，劣Ⅴ类水质断面占比由 65% 降为 0，建成区全部消除黑臭水体；城镇生活污水处理能力提高 30%，处理率达到 96%，农村生活污水处理设施出水达标率达到 93.4%。扎实开展土壤污染状况详查，强化土壤污染源头监管，推进农业面源污染综合治理，土壤环境保护成效显著。全面完成了农用地和重点行业企业用地土壤污染状况详查，形成了"一图一表一报告"技术成果。2021 年，天津在全国率先对暂不开发利用的污染地块实现了风险管控。

生态保护与修复力度持续加大。天津以人口资源环境相均衡、经济社会生态效益相统一为原则，在全国率先以法律形式划定生态保护红线，将市域内的山地、河流、水库和湖泊、湿地和盐田、郊野公园和城市公园、林带 6 类约占全市总面积 1/4 的区域纳入永久性保护范围，形成了山水林湿海的系统保护格局。大力实施"871"生态工程，七里海等 4 个重要湿地自然保护区的水域湿地面积比2017年增加了113.23公顷，绿色生态屏障区已有7046公顷生态林纳入碳汇交易，为天津实现"双碳"目标提供了有力支撑。推进湿地自然保护区"1+4"规划实施，持续推动七里海、大黄堡、北大港、团泊4大湿地保护和生态移民等重点工程。深化"蓝色海湾"整治工程，启动实施临港生态廊道等项目建设，不断巩固海洋生态修复成果，加强海洋生物资源养护。

绿色发展方式和生活方式加快形成。2010年7月，天津获批成为国家首批低碳试点城市，2012年，作为全国7个碳排放权交易所试点城市之一，启动碳排放权交易试点工作。天津始终将节能减排作为低碳发展的重要抓手，把优化结构作为节能减排的治本之策，大力实施"大气十条"等控碳措施，降低碳排放成效明显。"十三五"时期，煤炭占比逐年下降，天然气的消费占比提高到20%以上，非化石能源占比由2.7%提高到6.5%，在国务院的年度能耗双控指标评比中，天津连续5年被评定为超额完成等级。能源资源配置更加合理、利用效率大幅度提高，主要污染物排放总量持续减少。节约意识、环保意识、生态意识，简约适度、绿色低碳的生活理念和方式深入人心。2021年，全年生活垃圾焚烧发电量达到17.8亿度，生活垃圾无害化处理率100%，资源利用率达到82%，居于全国先进水平。

5.乡村振兴全面推进，农业农村发展实现新突破

乡村振兴取得重大进展。农业同二三产业发展加速融合，形成以粮油、肉类、奶制品、水产品、果蔬、调味品为特色主导产业的加工体系，构筑了全市"串一接二连三"的农业全产业链。现代都市型农业全面拓展，建成4个全国休闲农业与乡村旅游示

范县（区），初步创建了蓟州东山村、武清灰锅口、宝坻小辛码头等一批产业与人文协调发展，生产、生活同步改善的特色村点，形成一镇一业、一村一品、一园一景的集群效应。扎实推进农村体制机制改革，建立了农民住宅小区、多户联建"一户一宅""户有所居"的保障模式，制定了宅基地有偿使用机制、自愿有偿退出机制和流转机制，形成了"三级四规"的"天津模式"。实施"物联网+农业""电商网+农业""信息网+农业"三网联动，建成了全国领先的省级农业物联网应用平台，网上营销企业达1000多家、产品2000多种，农业智能化水平大幅度提升。西青区、宝坻区、宁河区被农业农村部评为全国农村创业创新典型范例。

美丽乡村建设硕果累累。天津始终做到尊重客观规律，尊重群众意愿，统筹谋划，持续稳步推进。体现农村特点，遵循乡村自身发展规律，补农村短板，扬农村长处，注重乡土味道，保留乡村风貌，留住田园乡愁。保护山、水、田、林、园、塘、路等自然资源，尊重自然、顺应自然、保护自然，不套用城市建设标准、不拘泥于统一模式，避免"千村一面"。农村人居环境显著改善，农村生活垃圾收运处置体系基本实现全覆盖；率先探索建立了农村生活污水处理设施依效付费制度及运维制度；改造提升户厕64.4万座、公厕4303座，实现农村卫生厕所基本覆盖。西青区获评2018年农村人居环境整治成效明显激励县，武清区、津南区（2019）和宝坻区、北辰区（2020）分别被评为全国村庄清洁行动先进县。积极调动广大农民群众参与项目动议、建设施工、项目验收的全过程，及时公开公示项目预算、决算，使村民真正成为美丽村庄的建设者、管理者和受益者。

扎实推进结对帮扶困难村。2013—2020年，天津先后开展2轮结对帮扶困难村工作。第一轮2013—2017年，抽调选派1998名优秀干部，驻村帮扶500个困难村，并将发展相对滞后的20个民族村纳入帮扶范围；2017年8月，在圆满完成上一轮结对帮扶基础上，结合全面建成高质量小康社会目标，又启动新一轮结对帮扶困难村工作，精准确定1041个相对困难村为帮扶对象。天津秉持"帮扶工作关键是帮人心，靠的是一片真心"的理念，建立了区、区属部门、街镇和乡村三级帮扶体系，不断强化携手奔小康结对帮扶工作机制，扩大结对帮扶的深度和广度。截至2020年7月，累计与甘肃、新疆、青海、西藏、河北的2939个贫困村结成帮扶对子，投入帮扶资金近2亿元。

6.脱贫攻坚成果丰硕，共同富裕短板弱项加速补齐

完善顶层设计重引领。天津市委、市政府着力构建组织推动、政策跟进、责任落实、监督评价"四大格局"，建立健全扶贫帮扶长效机制，坚决打赢脱贫攻坚战，结对帮扶的贫困县和贫困村全部脱贫摘帽、实现"清零"，有力彰显了脱贫攻坚的天津作为。"十三五"时期以来，天津按照"升级加力、多层全覆盖、有限无限相结合"的工作思路，主动作为、强化担当、尽锐出战，倾心倾情倾力帮扶，高质量、高水平推进脱贫攻坚各项工作，取得了显著成效。2019—2020年，天津多次调整补充领导小组成员单位，成立干部人才、产业帮扶、资金支持、劳务协作等多个专项工作组，明确牵头责任部门，建立与对口帮扶地区相关职能部门联动机制，专职专责推动帮扶任务落实。

强化要素保障稳脱贫。天津以"做强产业扶贫、做实就业扶

贫、做大消费扶贫、做优智力扶贫、做深文旅扶贫"为重点，因人因地施策、因贫困原因施策、因贫困类型施策，由"输血"向"造血"转变，让帮扶举措落到贫困县、沉到贫困村、绑定贫困户。高质量做好干部人才选派工作，组建政治上靠得住、工作上有本事、作风上过得硬、有吃苦和奉献精神、对群众有深厚感情的干部人才队伍。"十三五"时期以来，共选派干部人才6761名，为受援地区提供了坚强人才保障和智力支持。聚焦解决贫困地区民生领域短板和贫困群众"急难愁盼"问题，优先安排财政帮扶资金，累计投入财政帮扶资金超过126亿元，民生改善投入达90%以上。发挥高校、科研院所、领军企业家的研究与资源配置作用，根据受援地资源禀赋和产业发展基础，在50个受援地打造若干优质农副产品供应基地和中药材种植基地，推广"龙头企业+合作社+贫困户""扶贫产业园区+企业+贫困户""电商平台+贫困户"等产业扶贫模式。

动员社会力量促共赢。深入开展"万企帮万村"行动，广泛动员全市公益性社会组织、民营企业、网络名人等社会各方力量参与脱贫攻坚；探索创新社会动员方式，在通过义演、义拍、健步行等喜闻乐见的形式开展社会动员的基础上，建立网络扶贫平台，发布多个受援地区急需的帮扶项目；发行"爱心公益地铁卡""爱心帮扶卡"，打造"持爱心卡片、乘爱心专列、观爱心视频、捐爱心善款"全链条式的社会动员模式，推动形成"脱贫攻坚我有责，人人参与献爱心"的良好局面。目前，全市募集社会帮扶财物突破8亿元、消费扶贫总额突破37亿元，有516家企业赴结对地区投资超过55亿元。高度重视消费扶贫，全面推进扶贫产品定向采购、爱心认购，全力打造线上、线下助销促销模式。通过建设专区专柜专馆、集中展卖推介，以及举办消费扶贫"云签约""直播带货""消费扶贫月"等方式，促进扶贫产品产销两旺，营造全社会参与消费扶贫的浓厚氛围。

全力开展东西部对口协作。天津在开展东西部扶贫协作的过程中，始终把产业扶贫放在脱贫攻坚任务重中之重的位置，重视发挥产业扶贫，进一步推动贫困地区经济发展和贫困农户增收，通过产业扶贫为贫困地区注入内生发展的根基、激活贫困农户内生发展的动力。2019年以来，天津通过组织津企陇上行、民营企业南疆行等一系列活动，累计引导273家企业赴受援地洽谈考察1000余家（次），达成合作意向300余项，新增投资额18.86亿元，带动近10万建档立卡贫困人口增收。安排产业扶贫资金12.24亿元，通过推广复制"致富蜜""领头羊""摇钱树"等特色产业帮扶模式，深入开展精准的"绣花式"扶贫，通过共建产业园区、扶贫车间、生态管护等方式，实现与贫困户脱贫有机衔接，受益贫困人口达41万余人。

7.治理效能逐步提升，社会主义民主法治更加完善

切实保障人民当家作主。党的十八大以来，天津在政治建设上积极发展全过程人民民主，社会主义民主政治制度化、规范化、程序化全面推进，中国特色社会主义政治制度优越性得到更好发挥，生动活泼、安定团结的政治局面得到巩固和发展。人民代表大会制度不断完善，在人民代表大会中创新采用按专业组织代表开展活动，充分发挥代表专业优势，提高基层人大代表特别是一线工人、农民、知识分子代表比例，进一步强化人民代表大会成员的广泛代表性。政治协商制度全面发展，加强与各族各界人士的联系，巩固和发展了最广泛的爱国统一战线。加强了城乡基层政权机关和群众

性自治组织建设，提高其依法办事、民主管理的意识和水平，积极推进决策的民主化、科学化、法治化。不断完善对公共权力的有效监督和制约，克服和遏制权力腐败，不断拓宽和健全人民群众开展民主监督的渠道，使得权力运行被置于广大群众有力的制约和监督之下。

平安天津建设持续深化。党的十八大以来，天津深化治安防控体系建设，防控触角延伸到"最后一公里"，完善基层工作网络，强化社会矛盾排查化解机制，推进特殊人群管理服务创新，形成了具有天津特色的社会管理新模式，人民群众安全感不断提升。在2019年度、2020年度全国平安建设考评中，天津连续2年居全国前列。和平、河东、南开、红桥、北辰、宝坻6个区在2017—2020年度分别被命名为平安中国建设示范县，和平、宝坻2个区获得平安中国建设最高奖"长安杯"，获奖数量处于全国前列。根据国家统计局2020年度调查，群众对天津平安建设满意度位居全国第一。

公共安全保障体系日趋完善。强化安全生产红线意识和底线意识，构建"党政同责、一岗双责、齐抓共管、失职追责"的安全生产责任体系，夯实主体责任。强化危险化学品、建筑施工、道路交通、消防等重点领域专项整治，着力把事故隐患消除在萌芽状态。严格保障食品药品安全，不断深化创建国家食品安全示范城市工作，落实"四个最严"要求，强化食品药品全生命周期监管。防灾减灾救灾能力不断提升，新增应急避难场所2360个，创建全国综合减灾示范社区65个。防范化解消防安全风险成效显著，构建了"责任牵引、网格兜底、宣传覆盖、诚信制约、智慧支撑"五位一体防控格局，启动"老旧居民社区、危化品场所、大跨度建筑"火灾隐患治理三大战役。应急管理现代化水平显著提升，建立健全应急物资保障，居民风险意识和社区公共卫生服务能力大幅度提升。

城乡社会治理水平全面提升。实施党建引领社会组织服务提升工程，通过加强政治引领、强化运转保障、健全工作机制，着力构建社会组织有序有效参与基层社会治理的新格局。到2020年，基本形成了基层党组织领导、基层政府主导的多方参与、共同治理的城乡社区治理体系，从社会管理到社会治理，从加快形成科学有效的社会治理体制到打造共建共治共享的社会治理格局，社会治理的社会化、法治化、智能化、专业化水平不断提升，全市所有城乡社区党群服务中心建设全部达标。扩大城乡社区服务有效供给，全市社区综合服务设施覆盖率达到100%。社会工作者和志愿者的队伍不断壮大，出台全国首个与国家法规同步实施的志愿服务地方性法规，全市社会工作专业人才总量3.68万人、注册志愿者267万人，持证社工和志愿者数量占全市总人口比例分别为0.07%和17.1%。

依法治国基本方略全面落实。天津始终将依法治市、建设社会主义法治城市作为民主法治建设的奋斗目标，紧紧围绕发展大局，稳步推进、不断深化。党的十八大以来，社会公平正义不断彰显，依法治国基本方略全面落实，依法治国、依法执政、依法行政共同推进，司法体制机制改革深入推进，法治在体现人民利益、反映人民愿望、维护人民权利、增进人民福祉方面的作用更加彰显。

（三）天津全面建成小康社会的重大意义

在全面建成小康社会进程中明确天津发展方向。党的十八大以来，天津高举习近平新时代中国特色社会主义思想伟大旗帜，全面深入贯彻落实习近平总书记对天津工作"三个着力"重要要求，坚定不移贯彻新发展理念，坚定不移推进高质量发展，团结一心、攻坚克难，经济建设、政治建设、文化建设、社会建设、生态文明建设齐头并进，全面从严治党成效显著，开启全面建设社会主义现代化大都市的新征程。以推动高质量发展、构建新发展格局为目标，加快推进京津冀协同发展，加快构建现代化经济体系，加快形成"津城""滨城"双城发展格局，加快完善现代化大都市治理体系，努力实现"一基地三区"功能定位，打造国内大循环的重要节点、国内国际双循环的战略支点，为全面建成高质量小康社会明确了前进方向。

在全面建成小康社会进程中坚持天津发展定力。面临经济下行的巨大压力，天津横下一条心，盘清家底、还原本来，顶住各种质疑，大力度挤掉经济发展中的水分，着力提高发展质量和效益，面向未来扎扎实实打基础、增后劲。天津坚持"咬定青山不放松"的历史耐心，完整准确全面贯彻新发展理念，拼质量、拼效益爬坡过坎，调结构、优产能壮士断腕，挤水分、去虚高大刀阔斧，国有企业改革纵深推进，制造业立市强势回归，智慧港口、绿色港口志在万里，创新驱动"双源头"动力增强，消费商贸"双中心"培育建设，底盘厚实、马力提升、稳中有进、稳中向好的高质量发展态势加快形成。

在全面建成小康社会进程中体现了天津发展宗旨。天津坚持"一枝一叶总关情"的民生情怀，聚焦群众"急难愁盼"问题，紧抓重点，补足短板，筑牢保障线，用心帮助"一老一小"，着力解决看病难看病贵，加长供暖期温暖千家万户，清零式棚户区改造喜圆安居梦，精准化疫情防控彰显治理能力，高质量小康社会全面建成，为加快"五个现代化天津"建设、促进共同富裕集聚了宝贵的民心民气和精神动力。民生改善没有终点,只有连续不断的新起点。立足新发展阶段,天津将坚持把人民放在最高位置,倾心倾力打造民生建设的升级版,努力让群众的操心事、烦心事变成放心事、暖心事,让更多人实实在在分享高质量发展的成果,共同建好富强民主文明和谐美丽的新家园。

在全面建成小康社会进程中展现天津发展担当。天津坚持"风物长宜放眼量"的政治自觉,投入未来、投入长远、投入战略、投入基础,主动融入京津冀协同发展战略,科学布局"津城""滨城"双城发展,深入实施"871"生态工程,扎实解决历史遗留的债务问题,及时化解重大风险隐患,大力修复净化政治生态,不断夯实党的执政根基,精心培育干事创业强大气场,为天津长远发展夯基垒土,开辟了广阔的战略空间。

二、扎实打牢小康社会的经济基础

新中国成立以来，特别是改革开放以来，天津始终坚持以经济建设为中心，深化改革，扩大开放，不断加快发展步伐，经济发展与社会进步始终处于全国前列。党的十八大以来，面对世界百年未有之大变局，天津市委、市政府牢固树立和贯彻落实新发展理念，服务和融入新发展格局，笃定高质量发展不动摇，同心勠力、迎难而上、开拓创新、砥砺前行，以系统思维统筹发展和安全，统筹疫情防控和经济社会发展，积极推进共同富裕，经济综合实力显著增强，科技创新能力实现跨越式发展，产业结构持续优化升级，现代基础设施网络更加完善，扎实夯实小康社会经济基础，为实现中华民族伟大复兴的中国梦打下坚实基础。

（一）经济持续健康发展

1.综合实力显著增强

经济总量不断攀升。改革开放为天津迎来了难得的发展机遇，20世纪八九十年代，天津发展步伐开始加快，逐步从计划经济走向社会主义市场经济，由封闭发展走向京津冀协同发展、走向世界，经济发展速度稳步提高。第三产业占全市地区生产总值比重明显提高，消费对经济发展贡献超过了固定资产投资。天津无论是经济发展的水平，还是城市发展质量，均已超越中上等发展中国家，接近中等发达国家水平，成为全国经济发展最具活力的地区之一。

就业物价形势稳定。特别是党的十八大以来，天津落实"六稳""六保"要求，实施人才强市战略，聚焦稳就业、惠民生、强支撑、促和谐、优服务等方面，始终坚持"稳就业32条"等减负稳岗扩就业的高质量就业政策，突出创业带动就业作用，推动退役军人培训就业一体发展，用真情实招促进大学生、退役军人、农民工等重点群体好就业、就好业，就业形势保持稳定，就业质量不断提高，成为经济运行中的突出亮点。2011—2020年，城镇新增就业人数年均47.5万人，城镇登记失业率保持在3.6%以内，确保实现零就业家庭动态清零。天津始终坚持做好稳定物价工作，市场供应总体充足，居民消费价格温和上涨，2011—2020年居民消费价格年均上涨2.5%。

消费成为经济增长的主要拉动力。在扩大内需政策及措施的作用下，居民消费潜力有序释放，消费升级势能持续增强，消费的基础性作用不断发挥，成为天津经济增长的主要推动力。改革开放以来，天津经济实力持续快速提升，1978年人均地区生产总值仅为1133元；1996年首次突破万元，达到11734元，同比增长14%。2011—2020年，全市人均地区生产总值从61458元增长到101614元，年均增长5.3%，到2021年，天津人均地区生产总值达到113732元，位居全国前列。消费赋能引领作用显著提升，1996年提前4年实现地区生产总值比1980年翻两番的目标。1997年，城乡居民的恩格尔系数低于50%，表明天津居民生活水平整体进入小康阶段。2013—2020年，全市居民人均可支配收入和人均消费支出分别从26359.2元和20418.7元增长到43854.1元和28461.4元，均高于全国同期水平。从20世纪70年代末，价值百元的手表、自行车、缝纫机、收音机"三转一响"的"老四件"，到80年代价值千元的电视机、电风扇、录音机、洗衣机、电冰箱、照相机"新六件"，90年代的空调、影碟机、电脑等新产品更新换代，再到当前汽车、珠宝、化妆品、电子产品等，发展享受型商品和文化体育娱乐、休闲旅游、教育培训、医疗保健等服务性消费成为新时尚。以佛罗伦萨小镇、V1汽车世界、创意米兰生活广场为代表的新型消费商圈逐渐形成，大众消费品不断升级，人民群众获得感、幸福感、安全感显著提升。

2.质量效益稳步提高

财政实力日益雄厚。新中国成立初期，天津财政比较困难，经过一系列财政体制机制变革，1978年，全市一般公共预算收入39.25亿元，是1949年的89.2倍。改革开放之后，特别是1994年"分税制"财政管理体制实施后，天津财政收入进入快速增长阶段，1998年突破百亿元大关，2010年迈上千亿元台阶。党的十八大之后，天津在大力实施结构性减税政策的情况下，不断优化财税结构，财政收入仍保持较好水平，为加强经济社会发展中的薄弱环节、切实保障和改善民生、有效应对各种风险和自然灾害的冲击，提供了有力的资金支持。2011—2020年，一般公共预算收入年均增长超过9%，税收收入占一般公共预算收入的比重从69%提高到78%；一般公共预算支出从1796.33亿元增长到3151.35亿元，其中在教育、社会保障和就业、卫生健康、住房保障、环境保护等民生领域支出占比超过40%。

经济发展动能加快转换。改革开放之初，天津三次产业结构为6.1：69.6：24.3，随后全市产业结构由原来的工业拉动转变为工业、服务业双轮驱动。天津工业主体从20世纪八九十年代石油化工、冶金、轻工纺织业，到21世纪前10年发展为电子信息、汽车、生物技术与现代医药、新能源及环保等8大支柱优势产业。党的十八大之后，天津围绕实现"一基地三区"的城市定位，坚持走新型工业化道路，以提高发展质量和效益为中心，以先进制造为支撑，以创新驱动为核心，做强天津制造、唱响天津品牌，加快构建以智能科技产业为引领的现代工业产业体系。2020年，高技术产业（制造业）增加值增长4.6%、工业战略性新兴产业增加值增长4.4%。服务业持续较快发展，对经济社会发展的支撑带动作用与日俱增，2011—2020年，服务业增加值年均增长6.64%，比地区生产总值增速高出近1个百分点。2010年，服务业（即第三产业）增加值比重首次超过第二产业，成为天津经济第一大产业，占地区生产总值比重不断提升；2020年提升至64.4%，其中高技术服务业和战略性新兴服务业营业收入分别增长5.4%和4.9%，均快于规模以上服务业平均水平，占比分别超过1/3和1/4。

经济发展方式优化升级。经济发展方式从粗放型向集约型转变，劳动生产效率逐步提高，社会劳动生产率由1978年的2300元/人上升到1993年的10901元/人、突破万元，连续多年保持两位数增速，2010年首次突破"10万元大关"，到2020年全市社会劳动生产率达到215677元/人。从节能降耗来看，天津结构调整和技术创新促进能源利用效率不断提高，以较少的能源消耗支撑了经济的较快增长，节能降耗水平始终位居全国前列。改革开放之初，天津工业万元产值能耗折合标准煤4.69吨。党的十八大以来，天津深入贯彻"绿水青山就是金山银山"理念，坚持绿色发展，持续推进产业转型升级、淘汰落后产能、高耗能企业节能改造等政策措施，加快调整优化经济结构，能源消费增长明显回落，2015年仅为0.69吨，2016年天津节能减排降幅位居全国第二位。"十三五"时期，规模以上工业万元增加值能耗累计下降16%，全市万元地区生产总值能耗下降19.1%。

数字赋能提速加力。实施数字化发展3年行动，出台数字经济"1+3"行动方案，打造"津产发"数字经济综合应用平台和41个应用场景，工业互联网进一步拓展，现代冶金、轻纺产业加速迈向智能化高端化绿色化，海尔互联工厂成为全球"灯塔工厂"。北方大数据交易中心加快建设，"云服务""云体验"等新业态新模式不断涌现，用云量规模和赋智量增速位居全国上游。动漫产业公共技术服务平台达到世界领先水平。

3.经济活力不断增强

多种所有制经济共同发展。改革开放以来，天津在巩固发展、优化调整国有经济的同时，加大对民营企业和外资企业的支持力度，逐渐形成国有、民营、外资携手共进的发展局面。特别是党的十八大以来，天津持续深化"放管服"改革，扎实推进供给侧结构性改革，不断激发市场主体活力。通过改企转制、资产重组、资本上市等多种方式，不断深化国有企业改革，国有资本活力、影响力和带动力明显增强。2020年，在规模以上工业企业中，国有企业增加值占比27.9%。民营市场活力不断释放，民营经济日益成为拉动天津经济增长的生力军；天津新登记市场主体25.62万户，其中民营市场主体达到25.45万户，民营经济增加值占全市经济的比重为35.9%；外商及港澳台商企业快速发展，新批外商投资企业570家，合同外资额362.48亿美元，实际直接利用外资347.35亿美元，成为天津对外贸易的重要经营主体。

企业规模持续扩大。新中国成立以来，天津经济建设和社会事业全面发展，进一步巩固了中国重要综合性工业基地和商贸中心的地位。改革开放以来，天津作为沿海港口城市的优势不断增强，坚持继承并巩固老工业基地优势，抓住滨海新区被纳入国家总体发展战略这一重大的历史性发展机遇，调整优化产业结构，加快推进先进制造业发展，完成了从传统工业到先进制造业的历史蜕变，工业企业实力显著增强。2018年，全市规模以上工业企业4292个，资产总计20939.55亿元，实现主营业务收入17549.67亿元，是1978年的124倍；利税总额1948.19亿元，是1978年的52.6倍；2021年，全市规模以上工业企业营业收入增长超过20%。

现代商业经济发展快速。作为北方传统商贸重镇，天津现代商业市场出现在20世纪二三十年代。在这一时期，国民经济快速发展，此时的天津成为仅次于上海的中国第二大都市。1978年，天津批发和零售业商业购销总额为222.98亿元；1993年，突破千亿大关，达到1713.23亿元；2007年，迈上万亿台阶；2017年，批发和零售商品销售额接近50000亿元；2020年，限额以上民营企业批发和零售业商品销售额增长7.1%，快于全市平均水平6.7个百分点，占比达到59.1%，民营企业出口实现增长21%。

经济转型升级态势持续。天津以混合所有制改革为突破口深化供给侧结构性改革，围绕引资、引制、引业、引治，推动国企走出困境、实现健康发展，探索出一条国企改革发展的新路径。截至2021年底，全市累计完成17家市管企业混改，带动792户二级及以下企业引入市场化机制，国有资本活力、影响力和带动力明显增强。

营商环境持续优化。党的十八大以来，天津持续深化"放管服"改革，加快实施"一制三化"改革升级版。"证照分离"改革全面落地，截至"十三五"时期末，办理涉企经营许可事项超过13万件。全力推行企业登记"一网通办"，制定网上办、一次办、马上办、零跑动、全市通办等事项清单，服务效能不断提升。建成中国（天津）知识产权保护中心，城市综合信用排名稳居全国前列。2021年，实现新登记市场主体26.78万户，增长4.5%，其中民营市场主体26.58万户，增长4.4%。

4.开放型经济再创新高

经济发展实现与国际接轨。1980年，天津仅有一家中外合资企业，而2012年1年就新批外商投资企业632家，合同外资额185.85亿美元，实际直接利用外资150.16亿美元。近年来，天津借助夏季达沃斯论坛、津洽会、中国国际矿业大会、中国旅游产业博览会、首届绿色智慧建筑博览会、中国（天津）非公有制经济发展论坛、全国糖酒会、中国（天津）国际汽车展等大型会展活动的举办，积极扩大产业链招商规模和水平。利用外资增长较快，利用外资质量显著提升，外资结构不断优化，开放载体建设扎实推进，津门已成为吸引世界各国投资的重要汇聚地，利用外资增幅始终保持全国前列。服务国家总体外交的作用进一步凸显，国际友好城市增至96个，成为国家对外交往重要窗口。融入"一带一路"建设成效明显，跨境电子商务创新试验园区能级和品质持续提升，中埃·泰达苏伊士经贸合作区、天津意大利中小企业园等重点项目加快推进。到2021年，天津新设境外企业机构100家，对外承包工程新签合同额66.5亿美元，已累计建成鲁班工坊20个。值得一提的是，天津经济技术开发区吸引了90个世界500强企业、投资项目200多个，自商务部开展国家级开发区评比以来，曾连续16年位列全国国家级开发区综合评价第一名。

对外贸易规模创历史新高。新中国成立初期，天津作为历史悠久的对外通商口岸，对外经济为全市经济发展贡献突出。改革开放以来，天津充分发挥区位优势，紧紧把握全国首批沿海开放城市、"一带一路"建设、自贸试验区建设等重大历史性机遇，努力开拓国际市场，出台了促进外贸稳定增长的多项措施，对外贸易稳定增长。1978年，天津出口仅有8.6亿美元。2001年，中国加入世贸组织以后，天津开放型经济进入了快速发展的新阶段，2020年外贸进出口总额达到1059.31亿美元，约为1978年的107倍。党的十八大以来，天津持续优化贸易产品结构，一般贸易持续增长，加工贸易比重下降。进出口商品结构向"优进优出"转型，先进技术设备、关键零部件以及节能环保、清洁能源商品成为全市进口的重点领域，自主知识产权、自主品牌、自主营销，高技术含量、高附加值、高效益产品出口快速增长。2021年，外贸出口增长26.1%，创近5年内新高，与欧盟、美国、日本、韩国、东盟贸易合作日益密切，"一带一路"、区域全面经济伙伴关系协定市场份额不断提升，对共建"一带一路"国家出口占比超过30%，对区域全面经济伙伴关系协定成员国出口占比达到将近1/3。

自由贸易试验区引领开放作用持续增强。2014年，国务院批准设立中国（天津）自由贸易试验区，是我国北方第一个自由贸易试验区，也是继中国（上海）自由贸易试验区之后，中央政府设立的第二批自由贸易试验区之一。党的十八大以来，天津自由贸易试验区紧紧把握"京津冀协同发展高水平对外开放平台、全国改革开放先行区和制度创新试验田、面向世界的高水平自由贸易园区"的战略定位，大胆试、大胆闯、自主改，在投资、贸易、金融、数据等领域创新监管机制和服务方式，先后推出"一个部门、一颗印章"审批、经营许可"一址多证"、税务"综合一窗"、外资和境外投资项目备案"无纸化一日办结"、经营性租赁收取外币租金、大型租赁物异地委托监管、全国率先实现区域通关一体化等天津特色的创新举措，助推融资租赁、商业保理、平行进口汽车等形成全国领跑优势，打造制度创新天津样本。在国家超级计算天津中心、国家干细胞工程产品产业化基地挂牌成立联动创新示范基地，实现与滨海高新区、中新生态城联动创新。2020年，天津自贸试验区用天津1%的面积创造了14.76%的税收、46.3%的实际利用外资额、55.4%的境外投资中方协议投资额和近1/3的外贸进出口额；自贸试验区新增市场主体达到6707户，增长34.9%，注册资本1855.9亿元。2021年，"保税租赁海关监管新模式"入选国务院自由贸易试验区第四批"最佳实践案例"，累计实施制度创新措施502项、向全国复制推广试点经验和实践案例38项，占全国集中复制推广数量的1/5，发挥了制度创新试验田作用。

京津冀协同发展成果丰硕。天津始终以强烈的机遇意识和主动精神，统筹推动、有序对接，全力推进协同发展向纵深拓展，携手京冀两地人民共同奔小康。全力服务承接北京非首都功能疏解，与国家开发投资集团、华润集团、中国科学院、中国医学科学院北京协和医学院等10余家单位签署战略合作协议，滨海—中关村科技园累计注册企业突破3000家，宝坻京津中关村科技城等承接载体加快建设，京津合作示范区体制机制全面理顺。"轨道上的京津冀"提速发力，京唐、京滨、津兴高铁加快建设，津静线市域（郊）铁路首段开工，津石高速天津东段、塘承高速滨海新区段主体完工。京津通勤便利化措施全面落实，高铁天津南站至北京南站实现"预约+直刷"乘车模式，京津两市地铁手机应用程序支付互认，基本形成京津冀核心区1小时交通圈、相邻城市间1.5小时交通圈。京津冀异地就医医保门诊联网直接结算覆盖各级各类医院超过1000家，有效提升了三地医疗服务便利化水平。

（二）科技实力跨越式发展

1.科技创新投入持续增加

以创新驱动引领经济社会发展。改革开放后，天津一直坚持实施科教兴市战略，早在20世纪80年代就提出，"四个现代化"是以科学技术现代化为基础的，要把依靠技术进步、增加经济效益作为重要的硬指标。20世纪90年代至21世纪初，天津科技创新蓬勃发展，在天津市第七次党代会和天津市十三届人大一次会议上，确定了天津的经济建设必须走出一条依靠科技进步、提高整体素质、实现加快发展、增强经济实力的新路径。党的十八大以来，天津科技创新发展跨入跃升期，科技型中小企业成为经济转型升级的亮点，战略性新兴产业迅速发展，京津冀协同创新和开放创新发展取得显著成效。根据《中国区域科技创新评价报告2021》，天津综合科技创新水平指数达到80.88%，位列全国第四，居全国综合科技创新水平第一梯队；天津科技创新环境指数为92.91%，其中科技人力资源指数和科研物质条件指数均居全国首位。天津始终坚持以科技支撑制造业立市，持续加强创新链和产业链深入融合，以科学研究和技术服务业、软件和信息技术服务业等行业为代表的知识密集型服务业增加值，占地区生产总值比重连续2年居全国第三位，高技术产业主营业务收入与就业人员之比提升至全国首位，产业结构调整优化成效凸显，科技创新引领能力持续提升。

财政资金扶持力度加大。天津坚持科技创新与体制机制创新双轮驱动，着力培育高质量发展的内生动力，研发经费投入规模不断扩大、投入力度持续提高，政府层面对科技创新扶持引导作用不断加强。经费条件的保障与投入水平的提高，为天津科技创新实现"并跑"和"领跑"创造了有利条件。2011—2020年，研究与试验发展经费支出从297.76亿元增长到485.01亿元，研究与试验发展经费投入强度达到3.44%。2020年天津位列"世界区域创新集群百强榜"第五十六位，"自然指数—科研城市2020"第二十四位。税收减免政策落实效果显著，研发费用加计扣除减免税、高新技术企业减免税等政策的不断完善，对天津落实创新驱动发展战略、促进产业升级发挥了积极作用。健全科技型企业全生命周期金融支持措施，政府引导投资科技型企业219家，带动投融资81亿元。

京津冀协同创新共同体建设步伐加快。2016年，党中央召开全国科技创新大会，发布《国家创新驱动发展战略纲要》，吹响"三步走"建设世界科技强国的号角。天津市委、市政府制定出台《中共天津市委、天津市人民政府关于贯彻落实〈国家创新驱动发展战略纲要〉的实施意见》，提出"三步走"全面建成全球一流创

新型城市、世界重要产业创新中心的宏伟目标，天津科技创新迎来
又一个春天。天津已初步形成以武清、宝坻、东丽等五大创新社区
为载体的特色产业集群，部市会商、院地合作、委区共建工作机制
不断完善，引进1000多家中关村企业落户，累计承担国家重大科
技项目5000多项，获得国家经费支持超过80亿元，与60多个国家
和地区，60多个海外政府机构，上百所国际知名大学、科研机构、
科技产业园区建立了科技合作关系，与中国科学院、中国工程院、
军事医学科学院等中央院所和科技集团建立了深层次院地合作关
系，形成了200多项实质性国际合作项目。设立京津冀协同发展产
业投资基金、京津冀（天津）科技成果转化基金，京津冀国家技术
创新中心天津中心完成挂牌。

2.科技创新队伍不断壮大

人才引进和培养力度加强。人才是创新的第一资源。天津先后
实施"千企万人"计划和人才"绿卡"制度，出台杰出人才培养计
划，实施加快引进海外高端人才三年推进计划，深入实施人才引领
战略，打造"海河英才"行动计划升级版，第一届全国博士后创新
创业大赛上金奖和获奖数均位居全国第二，天津大学小口径人工血
管项目获得全国青年创新创业大赛科技创新金奖。到2020年，全
市共有两院院士36名，遴选306个创新创业团队"带土移植"。

创新主体地位全面强化。党的十八大之后，天津制定出台
《打造百家领军企业产学研用创新联盟实施方案》和实施细则，
大力支持科技领军企业牵头高校院所及上下游企业，组建产学研
用创新联盟，进一步整合创新资源，打通创新链条。天津支持建
成的产学研用创新联盟在引领技术创新、带动产业集群发展等方

面的积极作用加快显现。其中，海天量子科技发展有限公司牵头组建的中国通用设备安全节能创新战略联盟，汇集了一批顶尖专家，成员涵盖国内外近20家知名企业和12家高校院所及行业协会，有望引领通用设备服务模式变革。实施高新技术企业倍增计划，优化科技型企业梯度培育机制。

基础研究机构布局更加优化。天津基础研究机构的空间分布现状是在原有基础上逐渐发展、聚集而成的，呈"分类集中、局部辐射"的主要特点。初步形成了以南开大学、天津大学、天津医科大学等10余所重点高等院校为主体的南开高教密集区，主要以自然科学、工程技术医学及社会人文方面的研究开发为主。形成了若干个以产业特色为依托的区县产业技术研发基地，为产业发展提供技术支撑和创新源泉，主要包括以天津市技术物理研究所、天津市激光技术研究所等机构为主体的南开光机电一体化产业技术研发基地，以国家生物医药联合研究院、国家干细胞工程技术中心等为主体的滨海新区生物医药产业基础研究与试验发展基地，以新型电源国家工程中心和力神电池企业技术中心为主体的华苑新能源产业技术研发与创新基地，以天津市机电工业科技信息研究所、天津市轻工机械设计研究所等机构为主体的红桥机械电气产业技术研发与创新基地，以天津市电子计算机研究所、天津市工业自动化仪表研究所等机构为主体的河西自动化产业技术研发与创新基地。

3.科技创新成果实现新突破

关键核心技术攻关成效显著。天津科技在改革开放初期全面发展的基础上，不断取得辉煌成就，"八五"与"九五"时期，天津科技对经济发展和社会进步的作用显著提高，科技进步贡献率从

1995年的40%提高到1999年的47%。到了"十五""十一五"时期，天津按照构筑自主创新高地和率先建成创新型城市的总体要求，以提高自主创新能力作为科技工作的主线，培育巩固了干细胞等一批重点技术，开发了330多项具有国内外领先水平的新产品，自主创新能力和产业化居全国领先水平，综合科技进步水平一直保持在全国前列。进入"十二五"时期，特别是党的十八大以来，天津自主创新能力持续提升，在人工智能、生物医药、新材料等重点领域取得银河麒麟操作系统V10、酵母长染色体精准定制合成、高效手性螺环催化剂、配网带电作业机器人等一批原创标志性成果，以及抗肿瘤疫苗、混合动力汽车控制系统、新型载药支架、高效中空纤维系列膜组件、基于28纳米工艺的移动智能手机基带芯片、国内第一台磁力轴承真空分子泵、埃博拉病毒疫苗、GBase 8t通用数据库等一批重大创新成果，综合科技进步水平指数稳居全国前列，创新型城市建设率先进入国家创新型省市行列。攻克酶蛋白理性设计等关键核心技术，断热稀土涂层打破国外垄断，二氧化碳人工合成淀粉实现实验室条件下"从0到1"的突破，银河麒麟操作系统、"神工"脑机交互系统等在解决"卡脖子"问题中发挥重要作用。

重大创新平台建设取得突破性进展。国家超级计算天津中心（NSCC TJ）是科技部2009年5月正式批准建设，以国家高技术研究发展计划信息技术领域"高效能计算机及网格服务环境"重大项目"千万亿次高效能计算机系统"研制成果为基础构建的国家级超级计算中心，天津中心的主业务计算机是当前世界上运算速度最快之一的"天河一号"超级计算机，广泛应用于纺织工程、建筑信息、动漫产业、互联网金融以及生物基因五大领域，并逐步向数据分析、景象模拟、科技研发等多方向发展，为全世界的高性能计算用户提供了高质量的高性能计算和云服务。"十三五"时期，大型地震工程模拟研究设施、国家合成生物技术创新中心等重大创新平台建设实现突破，成功举办五届世界智能大会，现代中药创新中心成为部市共建国家级制造业创新中心，国家人工智能创新应用先导区、国家先进制造业与现代服务业"两业"融合试点区成功获批，飞腾CPU+麒麟操作系统的"PK"体系市场占有率接近80%。天津已汇集了全国顶级科学家和科研团队，打造了物质绿色创造与制造、先进计算与关键软件（信创）、合成生物学、现代中医药、细胞生态5个海河实验室，加快建设新一代超级计算机、组分中药国家重点实验室等天津版"国之重器"，着力打造高校成果转化"首站"、区域创新创业"核心孵化园"和新兴产业"策源地"。2021年，全市认定4家高水平大学科技园，孵化企业130余家，转化科技成果60余项，有力推动了科技、教育、经济融通发展。

4.创新支撑体系更加完善

国家自主创新示范区引领功能显著提升。自2015年2月揭牌启动建设以来，天津国家自主创新示范区工作指导和统计监测体系逐步完善，示范区条例立法进程加快推进，示范区产业发展规划编制发布。2015年2月15日，市政府正式印发《天津国家自主创新示范区"一区二十一园"规划方案》，实施统一产业布局、统一管理创新，各分园科技资源开放共享、要素合理流动、产业发展优势互补，不断先行先试，勇于大胆创新，推出了一系列激发创新创业活力的政策措施。推广全国首创的创通票制度，通过互联网管理系统，把现行政策资金兑现的财政后补贴方式调整为先由第三方机构垫付、再由合作银行兑现的新方式，重点破解困扰企业的融资难和政策兑现难两大难题。实施创新模式、精准扶持，支持今日头条、力神电池等企业实现了爆发式增长；凯发电气、天堰医教等一批自主培育企业通过跨境并购全面开拓国际市场。作为天津国家自主创新示范区核心区，滨海高新技术产业开发区是首批国家创新型科技园区，培育了新能源汽车、新一代信息技术等高端产业集群，已经成为全国创新型产业集群的重要高地、科技型中小企业发展最具活力的区域。天津国家自主创新示范区注册企业累计达到12万家，成为创新驱动的重要阵地。

科技服务体系加快发展。科技体制机制创新迈出新步伐，开展科研项目经费"包干制"试点，纯太阳能车等项目通过"揭榜挂帅"模式成功实施，建成运行科技成果展示交易运营中心。建立线上线下有机结合的科技资源开放共享服务网络，搭建"科服网"，构建科技资源线上开放共享网络，涵盖"科淘"、大型仪器共享、科技金融等功能平台；打造科技特派员队伍，强化科技资源开放，共享线下服务。从高校院所选派青年骨干、技术专家作为企业科技特派员带技术、带项目入驻企业，通过主动对接、上门服务，打开高校院所的"围墙"，推动优质科技资源开放共享。科技中介服务体系不断完善，积极建立包括科技咨询培训、科技孵化服务、技术创新服务、投融资服务等方面、分层次的科技中介服务体系，科技企业孵化器等科技服务机构不断壮大，服务能力明显提升。

知识产权助力科技创新发展。党的十八大以来，天津在知识产权运用水平上大幅度提高，积极构建科学合理的权益分配机制；建成华北知识产权运营中心，持续推进"1+N"知识产权运营平台体系建设，促进知识产权军民融合，为知识产权转移转化、收购托管、交易流转、质押融资提供平台支撑；大力发展知识产权密集型产业。2020年，天津在国家知识产权局发布的知识产权保护满意度中位居全国第八位，滨海新区获批国家知识产权运营服务体系建设城市。中国（天津）知识产权保护中心于3月正式通过国家验收，与2019年建成的中国（滨海新区）知识产权保护中心形成了"双中心"，共同服务天津科技创新发展。与此同时，不断加大知识产权保护力度，积极推动构建多方联动的知识产权大保护工作格局，加大行政执法力度，深入开展打击侵犯知识产权和制售假冒伪劣商品专项行动，营造"严保"知识产权的良好氛围，为创新驱动顺利推进保驾护航。

（三）现代产业结构优化升级

1.现代工业产业体系更加健全

新旧动能转换效果显现。新中国成立初期，天津以轻纺工业为主，轻纺工业总产值占工业总产值的90%。改革开放初期，天津工业创造了多个"新中国第一"，飞鸽自行车、海鸥手表、北京电视机等名牌产品享誉全国，轻重工业基本平衡。1992年，天津重工业占工业总产值的比重首次超过轻工业，进入工业化中期。从1996年开始，天津重工业总产值占工业总产值的比重持续上升，重工业化加速发展。21世纪初，中国正式加入世贸组织，天津制造迎来了改革开放后发展最快的时期，人均产出和生产效率稳步提高，实现了跨越式发展。在2010年达到最大值，重工业总产值占比达到84%，重工业发展的带动作用更加明显，至此，天津工业基本完成以原材料加工工业为重心的重工业化发展阶段。从天津制造到天津创造，天津制造业发展始终保持全国先进水平，不仅助力天津经济腾飞，而且为中国制造作出了卓越的贡献。

党的十八大以来，天津抢抓发展机遇，实施制造业立市战略，全面建设全国先进制造研发基地，以构建"1+3+4"产业体系为抓手，大力培育以智能科技为引领的新型产业矩阵。北京奇虎科技有限公司、TCL北方总部等总部企业成功落户，云账户技术（天津）有限公司、北京字节跳动科技有限公司、北京小桔科技有限公司等新业态企业加快培育壮大。工业经济效益显著提升，智能科技产业引领产业转型升级，人工智能产业加快培育，国家新一代人工智能创新发展试验区、天津（西青）国家级车联网先导区成功获批。随着供给侧结构性改革的深入推进，天津工业绿色转型步伐逐渐加快，钢铁、煤炭等行业化解过剩产能年度目标全面超额完成，产能利用率明显回升，市场供需关系得到改善，企业生产经营环境改观，营利能力增强。

1978—2020年天津制造业主要成就

时间	主要成就
20世纪80年代初	郁美净儿童霜——填补中国儿童护肤用品的空白
1980年	天津市船舶机械修造厂试制成功中国自行设计制造的第一艘污水处理船
1983年	速效救心丸——天津市第六中药厂生产，国家机密品种，中国第一个实现了规模化生产与临床普及应用的重要滴丸剂型 马西油田——大港油田建成我国第一个深层油田
1984年	天津大发——国内第一辆由中日合作生产的微型车 天津发电设备厂试制成功我国第一台大型灯泡贯流式水轮发电机组，填补了国内大功率低水头水力发电设备的一项空白

续表

时间	主要成就
1985年	天津正式向国内其他省市输出14英寸彩色电视机成套散件，成为我国第一个可以输出彩色电视机成套散件的工业城市
1990年	我国首家国际性综合饮料中心——天津津美饮料有限公司开业
1993年	天津轧钢一厂冷轧薄板工程带负荷试车成功，并轧制出第一块薄板，标志着天津结束冷轧薄板长期依赖进口的历史
1999年	天津光电通信技术有限公司自行研制开发的我国第一台全部国产化天津光电OEF219型传真机通过鉴定并投产
2009年	首架在天津完成总装飞机——空客A320，完成生产并测试成功
2010年	中国航空工业集团公司自主研发的AC311轻型多用途民用直升机在天津总装下线首飞成功
2014年	天津比亚迪汽车有限公司生产的首批新型纯电动公交车下线，填补了天津新能源大客车整车制造的历史空白
2016年2月	中国航天科技集团公司一院天津火箭公司首次完成长征七号运载火箭总装工作
2016年12月	天士力复方丹参滴丸——天津天士力控股集团有限公司生产，全球首例完成美国FDAⅢ期试验的复方中药制剂
2017年8月	新港船舶重工有限公司建造的4700载重吨液态硫磺运输船——"长江碧玉"轮正式投入运营，是国内技术最先进、最节能环保、吨位最大的专用液态硫磺运输船
2017年9月	首架"天津产"A330飞机完成交付
2017年11月	中交天津航道局有限公司设计的首艘我国自主设计建造的亚洲最大、技术最先进的绞吸挖泥船"天鲲号"成功下水
2018年1月	天津港航工程有限公司建造的"港航平9"多功能海上自升式施工平台船交付使用，达到我国海上风电施工装备最高水平
2018年4月	全球首台无人驾驶电动卡车在天津港试运营
2018年7月	天津大学研发的世界首套基于超声技术的水下两相湿气流量测量装置通过认证并正式发布
2020年4月	太重（天津）滨海重型机械有限公司首台具有完全自主知识产权的自升式钻井平台"TZ301-1"投入使用
2020年10月	天津港全球首次集装箱传统码头无人自动化改造全流程实船系统测试获得成功

资料来源：根据历年统计年鉴大事记整理。

产业空间布局不断优化。天津已基本形成"两带集聚、多极带动、周边辐射"的产业空间布局，累计建成11个国家新型工业化产业示范基地，产业集聚度进一步增强。滨海新区以开发区、保税区、高新区、中心商务区、中新生态城、东疆保税区、临港经济区等为重点，优化创新资源布局，推动以高端装备制造、新能源、生物医药、节能环保、跨境电子商务等为代表的新兴业态快速发展，其工业产值占全市比重保持在50%以上，龙头带动作用进一步发挥。中心城区、环城四区、远郊区围绕战略性新兴产业发展，建设了一批科技和产业园区，加快培育都市产业、高端产业和特色产业，形成了各具特色的产业发展格局。"钢铁围城"基本破解，通过局部退出、减量调整，实现集中布局、提质增效、绿色发展。"园区围城"治理基本完成，整合形成以国家级园区为龙头、市级园区为支撑的空间格局，为产业高质量发展腾出空间。

战略性新兴产业激发新动能。党的十八大以来，战略性新兴产业成为引领天津工业转型升级的重要产业。天津大力实施示范工程、科技创新和产业化项目，通过政策引导、应用示范、项目带动，一批新兴领域实现突破性发展，产业结构逐步向"多极驱动"转变。航空航天产业迅速崛起，聚集产业链上下游航空航天企业600余家，形成航空航天制造业与航空服务业联动发展的产业格局，成为国内重要的航空和航天产业基地。生物医药产业注重发挥重大创新平台引领作用，形成生物制药、研发外包、医疗器械、大健康等领域集聚发展优势。新能源产业发展有新活力，在风电控制系统、动力电池和新一代太阳能电池开发上取得突破，以风力发电、绿色高能电池、太阳能电池为主的产业规模不断壮大。新材料产业集聚发展态势初步形成，培育了东丽钢铁材料基地、南港化工新材料工业园区、滨海高新区半导体材料研发基地、宝坻新能源电池材料产业基地等多个集群，半导体材料、新能源电池材料、高性能纤维等关键战略材料产业化持续推进，区熔硅单晶国内市场占有率达80%。节能环保产业规模持续扩大，形成污水处理、垃圾处理设备及节能减排产品产业化等重点领域。高端装备制造业实力显著增强，成套化、智能化水平不断提升，天津成为全国重要的高端装备制造基地。新能源汽车产业蓄势待发，在整车开发、动力电池、控制系统、试验检测和推广应用等方面取得重要突破，形成较为完整的产业链条。新一代信息技术产业支撑作用不断增强，集成电路先进生产线加快布局，拥有8英寸晶圆生产线、6英寸0.35微米特色工艺产线、微机电系统射频工艺产线，12英寸单晶硅片打破国际垄断。

传统产业升级使天津制造工业焕发光彩。天津是中国现代化学工业的发源地，2009年，中石油、中海油、中石化、渤海化工四大集团的总产值在全市化工产业总产值中的比重就超过70%。党的十八大以来，天津积极推进传统产业转型升级，产品结构进一步优化，以石油化工、冶金为代表的传统产业中符合转型升级方向的细分行业增长较快，石油化工区域产业优势明显，已形成以大学、科研院所、企业研发部门为核心的自主研发体系。2016年6月30日，天津石化"小乙烯"首批50吨聚乙烯新产品LM2790D成功下线，是中石化"气液法流化床聚乙烯工艺成套技术"的又一次成功应用，填补了国内高端市场空白。在优化产能方面，随着供给侧结构性改革不断深入，天津钢铁、煤炭、石化、建材等传统行业的过剩产能减量调整不断推进，行业市场供需关系得到改善，企业生产经营环境改观，营利能力增强。同时，天津积极协同京冀两地积极推进跨行业、跨地区兼并重组，结合"一带一路"建设积极开展国际产能合作，进一步促进了传统行业产能优化升级。通过企业重组、结构调整、提高资源利用水平等方式，天津传统工业企业在工业装备、流程优化、企业管理、市场营销和节能减排等方面的自动化和信息化水平大幅度提升。

2.现代服务业撑起半壁江山

现代服务业成为经济增长新引擎。党的十八大以来，天津服务业保持快速增长，成为缓解经济下行压力的"稳定器"，服务业增加值由2013年的5383.55亿元增长到2021年的9615.37亿元，"十三五"时期服务业增加值年均增长5.1%，高于地区生产总值增速1.3个百分点。国民经济产业结构由"二三一"转变为"三二一"，2010年，服务业增加值首次超过第二产业、占比突破50%，此后比重不断提升，2021年服务业在国民经济中的比重为61.3%，比第二产业高出24个百分点，现代服务业已撑起天津经济总量的半壁江山。服务业对地区生产总值的贡献率显著提升，2012年全市服务业对经济增长贡献率首次超过第二产业并一举突破50%，2018年创历史新高达到97.5%，"十三五"时期服务业对经济增长年均贡献率超过70%。服务业成为全市新增市场主体的主力军和新动能的主要来源，在商事制度改革的推动下，天津服务业新登记注册企业数量连创新高，市场活力进一步释放，2020年全市新增服务业市场主体22万户，占全市新增市场主体的85.9%。随着一二产业转型升级步伐的加快，服务业积极吸收和消化产业转岗人员，推动城镇新增就业平稳增长。

"互联网+"服务业催生新业态。党的十八大以来，互联网与各行业加速融合、交融共进，互联网经济呈爆发式增长，天津市委、市政府高度重视现代信息技术及网信事业的发展，先后颁布实施《"宽带天津"实施方案（2014—2016年）》《关于积极推进

"互联网+"行动的实施意见》《天津市网络强市战略实施纲要》等政策，为天津信息化发展明确"路线图"，强化互联网经济在天津经济社会发展中的战略地位。经过多年建设，天津互联网基础环境全面优化，互联网企业发展突飞猛进，以云计算、大数据、物联网、人工智能为代表的新一代信息技术不断孕育、蓬勃兴起，加速与服务业快速融合发展，涌现出工业互联网、"大数据+"、工业旅游、全域旅游、信创产业等一大批新模式新业态，建立起人与人、人与物、人与信息之间的广泛连接和交流，人民群众在日常思维、生产工作、生活方式等方面都发生了深刻变化，经济社会取得了长足的进步与发展。

生产性服务业与先进制造业加速融合。天津以商贸、金融为支柱，信息服务、科技服务、商务服务等新兴服务快速成长的服务业发展格局加快形成，于家堡金融区、航空物流区、东疆保税港区、国际贸易与航运服务中心、棉三创意产业园等一批特色现代服务业载体辐射功能进一步增强。商贸与金融服务支撑作用明显，2015年天津成为拥有金融"全牌照"城市，推进区域性股权市场制度和业务创新试点，商业保理公司资产总额、发放保理融资款余额居全国第一，国内首笔跨境人民币保理业务成功落地。东疆综合保税区成功打造融资租赁升级版，全市金融租赁资产超过全国的1/4，飞机、国际航运船舶、海工平台租赁和处置业务规模占全国总量的80%以上，金融资产交易所、储宝钢材市场、北方自行车市场等市场交易辐射全国。航空物流全产业链初步形成，空港航空物流区汇聚了天津货运航空、天津航空、顺丰、中通、普洛斯等各类企业，形成了涵盖航空运输、快递、仓储物流、货代等领域的全产业链。信息技术服务为先进研发基地建设保驾护航，"十二五"时期，天津相继实施了一批"两化融合"示范项目，围绕集成电路、大数据与云计算、移动互联网等高技术和战略性新兴产业领域，促进新一代信息技术产业创新能力不断增强。"十三五"时期，高新区推动飞腾、曙光、北京奇虎科技有限公司等信创产业龙头企业集聚，加快打造"中国信创谷"，信息传输软件和信息技术服务业、租赁和商务服务业、科学研究和技术服务业增加值占服务业增加值的比重分别为6.1%、5.1%、6.8%。

"幸福产业"发展驶入快车道。天津市委、市政府在党中央的领导下准确把握消费领域新变化，出台了一系列加快旅游、文化、健康养老等幸福产业发展的重要措施，消费领域供给侧结构性改革成效显著，消费产品日益丰富，人民群众的消费品质大幅度提升，消费方式更加绿色多元。"旅游+"战略实施效果明显。先后出台《天津市促进旅游业发展两年行动计划（2019—2020年）》《天津市人民政府办公厅关于促进我市旅游业改革发展的实施意见》等政策，积极创建国家5A级旅游景区，打造主题鲜明网红"打卡地"，邮轮母港、佛罗伦萨小镇、文化中心、民园广场等休闲娱乐场所投入运营。中国邮轮旅游发展实验区建设成效显著，邮轮母港综合配套设施不断完善，"十三五"时期，天津邮轮母港累计接待游客突破300万人次。文体产业繁荣发展。加强大运河保护与文化开发利用，推出杨柳青古镇、精武门·中华武林园、小站稻耕文化特色小镇、独流古镇等一系列特色文化项目，连续多年举办中国·天津五大道国际文化旅游节、海河文化旅游节、黄崖关长城国际马拉松旅游、中国·天津妈祖文化节等重大活动。国家动漫产业综合示范园、国家3D影视创意园、国家影视网络动漫实验园、国家影视网络动漫研究院等国家级项目纷纷落户。健康养老服务业快速崛起。

积极培育以静海区康宁津园为代表的优质企业，创新国际化医疗康养机构合作模式，加强健康旅游示范基地建设，探索中医药健康旅游示范基地建设。打造一批以体检、疾病治疗为主的实体型高端医疗园区，开发和推介一批体验性强、参与度广的中医药、康复疗养、休闲养生等健康旅游路线和产品。

3.农业农村发展基础更加稳固

现代都市型农业升级发展效果显著。改革开放前，天津农业以传统种植业为主，1978年在农林牧渔业总产值中，种植业占比达到80.4%，改革开放以来不断调整产业结构，种植业占比下降，林业、畜牧业、渔业占比大幅度提高，农林牧渔服务业从无到有。党的十八大以后，农业生产提质增效，2013—2021年农林牧渔业总产值从412.36亿元上升到476.44亿元，农林牧渔服务业从10.28亿

海河风光游带动天津旅游市场升温

元上升到18.4亿元。粮食和重要农产品产能建设持续增强，全面完成粮食生产功能区和基本保障型蔬菜生产功能区划定，建成高标准农田24.67万公顷，粮食综合生产能力保持在200万吨以上，蔬菜、肉类、禽蛋、牛奶等"菜篮子"产品自给率在大城市中保持较高水平。大力实施质量兴农和品牌强农战略，地产农产品抽检合格率达到98.68%，全市整建制建成"农产品质量安全市"，小站稻和宝坻区分别列入全国全产业链重点链和水稻全产业链典型县，小站稻种植面积达6.79万公顷。

农业技术装备和科技创新能力持续提升。天津继续加大农业科技创新力度，完善农业技术推广体系，农业科技进步贡献率达到68%，标志着全市农业发展由过去主要依靠资源要素投入增加，逐步转变为主要依靠科技进步。实施农机具购置补贴政策，推动农业机械化发展，农作物耕种收综合机械化率达到90.15%。农业机械化水平的提高改变了主要依靠人畜力进行农业劳作的传统生产方式，有效地缓解了农村青壮年劳动力短缺的矛盾，极大地提高了农业劳动生产率。现代种业创新发展，水稻、花椰菜、黄瓜、生猪、肉羊等优势种业在全国处于领先地位，培育出一批特色农产品形成种子（苗）生产基地和畜禽水产良种繁育基地，高水平举办中国天津种业振兴大会。农业信息化水平不断提高，建成3318个益农信息社，智能农业研究院落地天津。

农业经济发展活力明显增强。农村改革不断深化，"十三五"时期，3628个村集体经济组织改革全部到位，蓟州区、静海区首批160个村宅基地制度改革试点稳步推进，农村产权流转交易市场体系全面建立，承包土地确权颁证全面完成，多种形式土地适度规模经营比重达到65%以上。农村一二三产业融合发展，生产、加工、冷链物流、销售一体化发展成为促进农民分享农业增值收益的重要途径，形成京津冀都市圈1小时鲜活农产品物流圈。农业与旅游、教育、文化、养老等产业深度融合，生态农业、观光农业、创意农业等不断发展，多种形式的农家乐、休闲农庄、特色民宿等农业新业态快速涌现，以牛顿庄园等为代表的众筹农业、定制农业、电商农业快速发展，采摘、垂钓、餐饮住宿、农事体验等新型农业经营活动方兴未艾，全市休闲农业和乡村旅游接待人数达到1700万人。家庭农场、农民合作社、农业龙头企业等各种类型的新型农业生产经营主体快速发展，逐步成为现代农业建设的重要力量。目前，市级以上农业产业化龙头企业达到146家，家庭农场总数超过1万家，合作社达到1.13万家。

新农村建设水平不断提高。现代农业产业园、优势特色产业集群、农业产业强镇、创新创业园区和基地等产业融合载体建设取得新进展，武清区、宝坻区、静海区以示范小城镇为抓手，持续推进"三区"联动发展，城镇化水平不断提升。农民收入水平居于全国前列，2020年农村居民人均可支配收入达到25691元，"十三五"时期年均增长达到6.8%。农村基础设施和公共服务持续改善，农村水、电、路、气、通信、广播电视、物流等基础设施全面完善，居民基本医疗、基本养老保障水平显著提高，低保标准实现统筹，农村教育、卫生、文化、体育等公共服务水平全面提升。农村人居和生态环境显著改善，蓟州区、宝坻区获评全国休闲农业重点县。农村"厕所革命"深入推进，农村卫生厕所基本实现全覆盖。落实最严格的耕地保护制度，地下水超采综合治理力度不断加强，农田灌溉水有效利用率处于全国领先水平。

（四）现代基础设施网络持续完善

1.综合交通体系日益完善

京津冀交通一体化再上新台阶。百年之前的老龙头火车站（今天津站）是我国第一条铁路津榆线的终点站。随着京津城际、天津站改扩建、蓟港铁路扩能、津秦客运专线、京沪高速铁路、天津西站至天津站地下直径线等重点项目建设完工，天津铁路建设得到长足发展。铁路交通网延伸至我国大部分地区，天津站、天津西站、天津北站、天津南站承担了全市大量客货运输任务。2008年，京津城际铁路正式开通运营，成为我国第一条时速超过350公里的城际铁路，实现了京津2地30分钟通达，也是第一条满足中国高速铁路定义的城际铁路。2015年，《京津冀协同发展交通一体化规划》正式发布，提出扎实推进京津冀地区交通的网络化布局、智能化管理和一体化服务。同年，京蓟城际快速列车"盘山号"开通运行，成为国内首条县域始发、直达首都北京的城际快速列车，标志着北京到蓟州区轨道交通从无到有的历史性突破。目前，天津市域货运铁路环线基本建成，基本形成环放式市域货运铁路网和"北进北出、南进南出"集疏港铁路网。京津城际延长线实现公交化运行，成功开行津蓟市郊列车、京蓟城际列车，初步实现京津雄0.5—1小时通达，铁路客运服务更加便捷惠民。2020年，铁路总里程1368公里，其中高铁城际里程达到310公里，铁路运营里程密度位居全国第一。

区域互联畅通公路网基本建成。天津是全国较早建设高速公路的地区，改革开放之初，天津规划实施了"三环十四射"的道路系统建设，打造了交通网络的基本骨架，至20世纪末"三环十四射"承担的交通量已占中心城区交通量的80%。1993年，开通中国第一条高速公路——京津塘高速，标志着我国公路建设登上了新的高峰。随着京沈高速公路天津段、津石高速天津西段、唐廊高速（一期）、京秦高速等重点工程建成通车，快速路洞庭路、津汉立交等重要节点立交主体结构加紧施工，天津对外高速公路接口增加至16个，实现31个普通省际接口与京冀同标准对接。建成"津城"绕城高速、"滨城"绕城高速，建成G104国道、九园公路等外环线国道功能外迁工程，建设了一批区区互通互联工程，市域骨干公路网现已实现联网贯通。海空两港集疏运网络加快完善，建成疏港联络线、塘汉公路。"四好农村路"建设成效显著，蓟州区西井峪路荣获全国"十大最美农村路"称号，实现建制村村村通客车、村村直接通邮和具备条件的建制村通公交，蓟州区、武清区成为"四好

京津城际"复兴号"列车

农村路"全国示范区。全面完成撤销高速公路省界收费站，实现省界不停车快捷收费，实现高速公路100%联网收费和电子不停车收费系统（ETC）车道100%覆盖。2020年，公路总里程达到16411公里，高速公路网密度位居全国第二。

城市立体公共交通体系更加完善。轨道交通骨干地位显著上升。1970年，继北京之后，天津成为全国第二个拥有地铁的城市，称之为"7047工程"。随后逐步确立了优先发展公共交通战略，提出按照以大运量轨道交通为骨干、以常规公共汽车为主体、以出租汽车等其他交通方式为补充的模式构建城市公共交通体系。目前，地铁1号线及东延线、2号线、3号线、4号线、5号线、6号线（一期）、9号线轻轨等线路均已通车，轨道交通运营里程达到232公里，地铁和轻轨实现统一运营管理，实现银行卡、手机应用程序和交通一卡通等多渠道支付，京津冀交通一卡通覆盖全部地铁、公交线路，2020年全市轨道交通日均客运量92.55万人次。实施公交优先"八大工程"，建设智能化新型公交，建成国家公交都市建设示范城市。开通、延长、调整公交线路超过300条，建成194公里公交专用道，公交站点500米覆盖率达到100%，新能源公交车辆占比达到80%，全面推进城乡公交一体化，实施公共汽车运营成本规制，智慧安全运营水平明显提升。2020年，日均客运量达到173万人次。规范管理出租汽车行业，建成网约车监管平台，实施"三站一场"驻站式管理、出租汽车"亮星"管理等创新举措。共享单车运营管理逐步规范，形成"总量控制、动态调节"的管理模式，2020年，中心城区投放总量控制在34万辆，群众出行更加便捷。

2.北方国际航运核心区建设成效显著

基本建成世界一流智慧绿色港口。作为西北部地区的重要出海口，天津港是我国北方第一大港和世界最大人工港，也是天津核心优势和战略资源所在。1984年，天津港成为获国务院批准的全国第一个实行港口管理体制改革的沿海港口。20世纪90年代中后期，天津港以每年1000万吨的增长速度实现了跨越式发展。2001年，天津港吞吐量首次超过亿吨，成为我国北方第一个亿吨大港。2004年，突破2亿吨，成为北方唯一的2亿吨大港，吞吐量进入世界港口前10名。

2019年，习近平总书记考察天津港码头时指出："要志在万里，努力打造世界一流的智慧港口、绿色港口，更好服务京津冀协同发展和共建'一带一路'。"天津港落实国家海运强国战略，港口设施能级持续提升，建成高沙岭港区10万吨级航道一期工程、大

天津港

港港区 10 万吨级航道工程等，万吨级以上泊位达到 123 个、航道达到 5 条。完成全球第一个既有码头（五洲国际）集装箱堆场自动化改造，实现全球首批完全无人驾驶电动集卡商业化运营，成为全球首个获批建设自动驾驶示范区的港口。2021 年，北疆港区 C 段智能化集装箱码头投产运营，成为全球首个"智慧零碳"码头，集装箱吞吐量突破 2000 万标准箱，达到 2026.94 万标准箱，港口货物吞吐量 5.30 亿吨，位居全球十大港口前列。累计开通集装箱航线 130 条、每月航班 550 余班次，遍及世界上 200 多个国家和地区、500 多个港口，建成覆盖天津港主要腹地的内陆营销中心 111 个。口岸整体通关效率大幅度提升，陆运收提箱 30 分钟完成比例为 87.49%，60 分钟完成比例为 98.34%。天津港实现了天津口岸由传统走向现代、由分散走向聚合、由繁杂走向标准、由口岸走向内地、由国内走向国际质的飞跃。

区域航空枢纽建设初见成效。天津地处环渤海地区中心位置，内陆腹地广阔，区位优势明显，口岸资源丰富，是我国参与经济全球化和区域经济一体化的重要窗口。作为空港主要资源的天津滨海国际机场，于 1974—2005 年先后历经 5 次扩建和改造，由此进入基础设施建设和客货吞吐量双双加快发展的新阶段。党的十八大以来，天津进一步加快北方国际航运核心区建设，滨海国际机场完成二期扩建工程，建成地下交通中心，实现 6 种运输方式有效衔接，机场高峰小时容量由 28 架次提高至"31+1"架次，实现"双区、双楼、双跑道"运营。区域航空枢纽功能显著增强，初步形成国内干支结合，国际主要通航东北亚、东南亚和欧洲的客运航线网络，开通客运航线 270 条、通航城市 159 个，累计建成异地城市候机楼（厅）30 座、开通地面班线 9 条，创新"飞机+高铁""飞机+邮轮"

模式，试点开展国内中转旅客跨航司行李直挂服务，获评亚太地区旅客吞吐量1500万—2000万量级最佳机场。航空物流中心建设有序推进，货运通航线路20条、货运通航城市20个，建成大通关基地一期、中外运二期、顺丰电商产业园，空港口岸具备水果、种苗、食用水生动物、冰鲜水产品等指定监管场地功能。

3.邮政服务能力进一步提升

邮政基础设施更趋完善。"十三五"时期以来，天津推动邮政业顶层设计，发布全国首个省级快递物流园区专项规划，推动出台《天津市交通运输领域财政事权和支出责任划分改革方案》，制定《智能邮件快件箱》《农村地区邮政与快递服务规范》《寄递企业安全中心建设与管理规范》等多个地方标准。经过多年努力，空港、武清、东疆港3大快递物流园区建设成效凸显，天津国际邮件互换局入驻空港大通关基地，承接非首都核心功能疏解。全国知名龙头电商、跨境电商及快递企业进驻。航空快递发展迅速，顺丰、中通、圆通、京东等相继开通货运航线。高铁快递稳步推进，顺丰、京东、邮政先后与中铁快递开展合作。到2020年，天津自动化分拨枢纽中心建成11个，智能快件箱铺设近6000组，格口56万余个，搭建农村邮乐购站点近3400个。

邮政行业建设成果丰硕。智能快件箱、服务驿站和快运等业务健康发展。人工智能、大数据、第五代移动通信、物联网、区块链等新科技在行业应用，顺丰、中通、圆通、申通、韵达、百世等企业广泛使用自动化分拣设备；甩挂运输模式不断推广，菜鸟无人车在天津大学、天津师范大学投入使用，爬楼机在德邦试点应用。服务民生能力显著提升。天津已全面完成"邮政在乡"任务，实现建制村100%直接通邮，连续4年实施邮政业更贴近民生7件实事，行业服务满意度持续提升，有效申诉率不断下降。安全发展进一步巩固，成立了天津市邮政业安全中心，发挥体制机制作用，有效应对自然灾害和重大突发事件，在新冠肺炎疫情防控和复工复产中发挥了重要作用。到"十三五"时期末，天津邮政业务总量651.3亿元、业务收入537.2亿元，较"十二五"时期分别增长2.7倍、1.9倍；邮政普遍服务营业场所424处，累计实现就业超过3万人。

快递业发展异军突起。快递业在服务社会生产、方便群众生活、支撑电子商务交易、降低流通成本、扩大内需、增加就业渠道、促进社会创业创新等方面发挥了积极作用。目前，天津已经初步建成空港航空快递物流园、东疆港跨境快递物流园、武清电商快递物流园3大快递专业类物流园区，基本建立末端配送网络；次晨达、次日达、上门取件等快递业务稳步增加，快递上机、高铁极速达、冷链快递、跨境包裹、农村快递等新兴业务迅速增长；积极创建国家绿色货运配送示范城市，实现配送车辆统一标识、统一车型、统一平台管理、统一智能监控。持续推进"快递进厂"，推动天津市内快递企业与闻名全国的电动车、地毯、乐器制造企业对接；积极探索"快递出海"，在全国城市中第一个实现国际快递业务经营许可审批权限下放。积极助力小站稻、七里海河蟹、茶淀葡萄等特色农产品销售。"十三五"时期，天津快递业务量31.2亿件，实现业务收入438.7亿元，较"十二五"时期分别增长4.4倍、2.9倍，许可快递企业547家，快递末端网点3200余个，年人均快递使用量为66.9件。2020年，天津快递业支撑网上零售额达1100亿元，带动农产品产值达到7亿元。

4.智慧城市建设步伐加快

城乡信息基础设施实现跨越式发展。2011年，天津将"智慧城市"建设作为信息化发展的重要战略任务，提出基本构建起以智能、融合、惠民、安全为目标的"智慧天津"总体框架，信息化整体水平达到国内领先、世界先进。经过多年建设，天津移动宽带、固定宽带下载速率均跃居全国第三位，光纤到户/办公室（FTTH/O）用户数增速排名全国第十六位，中心城区、滨海新区主城区等区域实现第五代移动通信网络全覆盖，互联网协议第六版城域网与国家互联网协议第六版骨干网实现互联互通。在全国率先建成电子政务万兆骨干光网，国家、市、区、乡镇（街道）、村（社区）五级网络实现贯通，全网共铺设光缆路由60000芯公里。智慧应用场景不断丰富。持续深化高校智慧校园建设及"互联网+智慧医疗""互联网+人社"服务模式，构建起"云、网、端"一体化的智慧校园服务体系，通过智慧门诊、"健康天津"手机应用程序等方式为市民提供预约挂号、自助机服务、在线支付等便民惠民服务，开通"天津人力社保"应用程序、"津社保"微信公众号等服务平台，电子社保卡签发量排名位居全国前列。抗击新冠肺炎疫情初期，天津微医互联网医院迅速推出"新冠肺炎实时救助平台"，向全国推广疫情防控的"天津模式"。

政务服务持续优化。稳步推进"互联网+"政务服务建设，建成天津网上办事大厅和"津心办"政务手机服务应用程序，除特殊事项外，政务服务事项全部实现"一网通办"，网上实办率达到98%，做到让数据多跑路、群众少跑腿。实现数据实时共享交换和业务协同，做到了一口受理、分类审批、一口出件。信息资源共享开放持续深化，建成天津市信息资源统一共享交换平台，目前已实现上连国家数据共享交换平台，下连16个区，接入67个市级政务部门和5个公共服务机构，梳理发布信息资源目录40593类，累计交换数据量超过1550亿条次。建成天津市信息资源统一开放平台，51个部门面向社会提供数据开放服务，市民、企业和数据开发者可以通过网站、移动端、微信小程序3个开放渠道进行访问。网络安全不断加强，电子政务外网实现网络边界安全、接入安全和网间数据交换安全防护，"政务一网通"平台通过核心数据加密、审计、脱敏、防泄漏等措施，确保平台和数据安全。

智慧城市治理水平不断提升。社会治理一体化不断推进，建设完成"津治通"全市一体化社会治理信息化平台，实现市、区、乡镇（街道）、村（社区）四级贯通应用。升级优化天津市便民热线信息服务平台，整合全市76个政府热线号码和服务资源，集市民咨询、求助、投诉、办事于一体，全方位提供24小时服务，完善网格化报送、市民随手拍等舆情风险发现渠道。智慧环保成效显著，大气污染防治信息化体系逐步完善，实现水、土、声、核辐射、应急监测等领域的信息化全覆盖。在国家首批"互联网+监管"试点地区中率先完成系统主体建设，建立了市场监管、金融监管等全市统一的监管风险预警模型，为监管创新提供高效技术支撑。

5.公共事业服务能力提升

供水能力和品质显著提升。新中国成立初期，天津的水利工程建设就以治污、防洪、开源为重点。改革开放后，由于上游来水量骤减且水污染严重，开拓水源和水环境治理成为天津开发利用水资源的重点环节。20世纪80年代初，党中央、国务院决定引滦入津。

1983年，引滦入津工程向天津正式送水，滦河水因其稳定、可靠、洁净的特点，成为天津饮用水的主要来源，结束了天津人民喝苦咸水的历史。2000年以来，引滦上游来水日趋减少，天津先后实施7次引黄济津应急调水，南水北调中线一期工程通水后，天津年均新增可供水量约8.6亿立方米。同时，中心城区、滨海新区等经济发展核心区也实现了引滦、引江双水源保障，城市供水依赖性、单一性、脆弱性的矛盾得到有效化解，很大程度上缓解了天津水资源紧缺的问题。

目前，天津相继建成南水北调中线入尔王庄水库和武清、宁汉等原水管线，南水北调中线、引滦双水源供水工程体系进一步完善，其中南水北调中线供水覆盖范围扩大到14个区，受益人口近1200万人。再生水利用率由30%提高到42%，淡化海水年利用量由4100万立方米提高到4700万立方米，非常规水成为有效的补充水源。全市水质始终保持在地表水Ⅱ类标准以上，有力保障了水量充足、水质优良的城乡供水生命线。城镇排水和污水处理能力稳步提高，中心城区大暴雨量级下主干道路退水时间由24小时缩短至12小时，全市污水处理能力和城镇污水集中处理率分别提高到401万吨/日和95.97%，基本实现城镇污水处理设施全覆盖。

现代电力体系安全高效、清洁低碳。改革开放初期，天津为缓解全市整体供电紧张情况，先后扩建和改建了大港电厂、军粮城电厂和第一热电厂。1980年，天津电压标准化改造正式结束，全市实现了简化电压等级和网络结构合理化的规划。为提高用电使用率，天津电力部门安装了调相机，到1982年，地区无功负荷与无功电源之比达到1∶1.3，基本实现了无功平衡。从1982年开始，对市区配电网络进行全面技术改造。20世纪90年代以后，华北地区电网建设有了更大发展，北京房山至天津北郊的500千伏超高压输电线路工程和天津北郊500千伏变电站等工程相继建成并投入运行。1991—2002年，天津重点实施城市和农村电网改造工程，有效缓解了电力供需矛盾。

党的十八大之后，天津相继建成北郊等6座500千伏变电站，锡林郭勒盟—天津南—山东、蒙西—天津南2条特高压交流受电通道，以及海河特高压站，形成"两通道一落点"特高压电网格局。供电能力不断增强，500千伏电网基本建成多方向、多通道受电格局的双环网，220千伏电网形成6个合理供电分区，110千伏链式联络线路占比提升至33.54%，10千伏电网形成电缆双环网、单环网和架空线多分段适度联络的标准网架结构。煤电升级改造工程成效显著，清洁能源比重大幅度提升。天津电网已覆盖中心城区、环城四区、滨海新区以及远郊区，成为华北电网的重要组成部分。2020年，天津电网供电可靠率达到99.932%，综合电压合格率达到99.989%，清洁能源装机在全市发电装机总容量中占比34.6%。

燃气供应设施日益完善。新中国成立前，天津居民做饭取暖主要使用燃煤，少数城市居民使用液化气。自1965年起，天津开始供应液化石油气；1975年开始从大港油田供应天然气；为实现市政府提出3年实现煤气化的目标，建成了供气28万立方米和60万立方米的2个煤制气厂。进入20世纪80年代，天津实施了"三年气化"工程，建设了第一、第二煤制气厂，增加了新的气源，燃气行业进入了蓬勃发展的时期。90年代以后，在国家大力发展天然气的大好形势下，天津于1997年和1998年先后引进了渤西油田和陕甘宁气田的天然气。2000年，西气东输工程正式立项，2002年开工建设。2006年底前，第一、第二煤气厂的用户已全部转换成天然气。

2003—2007年，天津铺设了通往静海、宝坻等区和滨海新区的燃气高压管道，天然气管道总长度达到9076公里。中石油多次增供陆上气资源，中海油调配液化天然气资源为全市冬季调峰提供保障，陈塘庄热电厂"煤改气"等重点用气领域得到保障；中石化南港液化天然气项目于2016年投产供气；中海油蒙西煤制气管道、天津渤海化工内蒙古能源综合基地项目进展顺利。目前，天津已实现对16个建成区和经济园区的全覆盖，形成国产气、进口气相结合，管道气和液化天然气相结合的多气源、多方向供应格局。

节能减排的高效供热格局逐步形成。改革开放之前，天津人民冬季采暖主要使用煤炉，1985年以第一热电厂建成和体院北住宅区第一口地热井开凿成功为标志，城市集中供热正式起步。到20世纪90年代初期，天津以危陋平房改造为契机，推进住宅集中供热较快发展；到90年代末，陈塘庄热电厂、杨柳青热电厂相继完成延至市中心供热管网铺设任务，供热面积增加230万平方米，全市居民供热面积为3026万平方米，热化率47.7%，集中供热普及率43.2%。自2000年起，天津相继实施了以"八大片"居民区老住宅供热补建为核心的"三年热化"、热电联产和供热小锅炉并网改造等工程，供热事业得到了迅猛发展。目前，全市已形成以燃煤锅炉房集中供热为主，热电联产供热为辅，多种能源、多种供热方式相结合的供热格局，集中供热面积达51409万平方米，集中供热普及率达到99.9%。

三、大幅度提升小康社会的民生福祉

全面小康，民生为先。党坚持以人民为中心的发展思想，把改善人民生活、增进人民福祉作为出发点和落脚点，不断解决关系人民切身利益的突出问题，不断提升人民的获得感幸福感安全感。在以习近平同志为核心的党中央坚强领导下，天津始终把人民安危冷暖、安居乐业放在首位，认真贯彻落实全面建成小康社会的战略目标和方针政策，牢牢坚持"增进人民福祉、促进人的全面发展、朝着共同富裕方向稳步前进"，紧紧围绕"着力解决收入分配差距较大问题，使发展成果更多更公平惠及全体人民"，坚决打好脱贫攻坚战，成效显著。市委、市政府坚持民评民说是标准，各级党员干部深入群众、扎根基层，以"向群众汇报"的方式接受群众评说，摸实情、出实招、求实效，"和平夜话"知民情，"五常五送"解民忧，"百姓问政"让民评。

党的十八大以来，城乡居民收入实现持续较快增长，收入差距不断缩小，消费水平和质量持续提高，消费结构升级换代趋势明显；商品房市场不断健全，保障性住房体系不断完善，城乡居民住房质量不断提升；就业规模持续扩大，就业结构不断优化，创业活力不断增强；社会保障水平全面提高，社会救助体系进一步健全，城乡居民获得新实惠，人民生活实现新改善。天津在幼有所育、学有所教、劳有所得、病有所医、老有所养、住有所居、弱有所扶上取得显著发展。

（一）城乡居民收入显著提高

全面小康，富民为本。党的十八大以来，为使广大居民充分享受到改革开放和经济发展成果，天津市委、市政府高度重视民生工作。扎实做好各项工作，城乡居民收入保持较快增长，城乡统筹更加协调，收入分配差距逐步缩小，居民生活水平和质量逐步提高，消费结构不断升级换代，城市居民消费从发展型转向享受型，农村居民生活从温饱步入小康，城乡居民总体生活水平进入富裕时期。在全面建成小康社会的进程中，城乡分割逐步被打破，城乡发展差距不断缩小，农村与城镇双轮驱动、相辅相成、齐头并进。

1.城乡居民收入显著增长

改革开放以前，由于受体制的束缚，城市居民收入增长比较缓慢，生活基本维持在温饱状态。党的十一届三中全会重新确立解放思想、实事求是的指导思想，作出了实行改革开放的重大决策，从此天津经济发展插上了腾飞的翅膀。经济体制改革步伐的深入、"三五八十"四大奋斗目标的圆满实现、创新发展"三步走"战略目标的顺利推进、滨海新区的开发开放，不仅推动了经济快速发展，也给城市居民收入快速增长装上了助推器。城市居民家庭生活由温饱变富裕，家庭各项收入不断增长，特别是党的十八大以来，天津积极落实居民收入增长与经济增长同步要求，努力让人民群众更多地拥有和分享发展成果。

居民收入快速增长。随着社会财富的不断积累、分配结构的日益优化和收入渠道的多元扩展，居民收入水平持续提高，2020年天津居民人均可支配收入43854元，增长3.4%。居民收入年均增速快于同期地区生产总值年均增速1.9个百分点，其中，全市居民工资净收入27339元，增长1.2%；财产净收入4240元，增长8.5%；转移净收入9478元，增长12.9%。2021年全市居民人均可支配收入47449元，在2020年的基础上增长8.2%。其中，工资净收入29775元，增长8.9%；经营净收入3243元，增长15.9%；财产净收入4576元，增长7.9%；转移净收入9855元，增长4.0%。

转移净收入和财产净收入占比提高。党的十八大报告强调，要多渠道增加居民财产性收入。规范收入分配秩序，保护合法收入，增加低收入者收入，调节过高收入。2012年以来，市委、市政府多措并举，从增加居民财产性收入、转移性收入着手，全力为居民增收注入新动力。2020年，全市居民工资净收入占人均可支配收入62.3%，比2019年下降0.6个百分点；经营净收入占6.4%，比2019年下降1.1个百分点；财产净收入占9.7%，比2019年上升0.5个百分点；转移净收入占21.6%，比2019年上升1.8个百分点。

（1）城镇居民收入实现跨越式增长

居民收入稳步增加。全市城镇居民人均可支配收入在2017年超过4万元，2020年城镇居民家庭人均可支配收入达到47658元，比2012年的29625元增长79.2%。居民家庭收入来源也由单纯的以工资性收入为主转变为工资性收入、经营性收入、财产性收入和转移性收入等多项收入共同发展的局面，收入来源渠道日益拓宽。

2012年，城镇居民人均可支配收入29625元，其中工资性收入18407元，经营性收入1200元，财产性收入515元，转移性收入9503元。工资性收入占人均可支配构成的62.1%，经营性收入占4.1%，财产性收入占1.7%，转移性收入占32.1%。

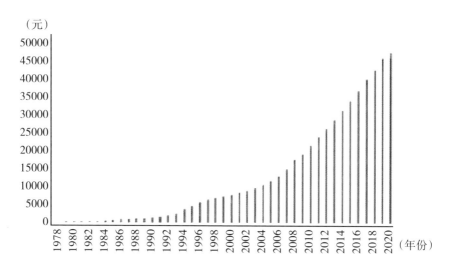

注：2013年统计口径有变化。

资料来源：根据天津历年统计年鉴数据整理。

1978—2020年天津城镇居民人均可支配收入

工资性收入占据主要地位。工资性收入在居民家庭收入中多年来一直占据重要地位，对带动居民收入增长起着举足轻重的作用。改革开放以来，天津各类从业人员劳动报酬一直保持快速增长的态势，对提高居民收入、改善生活质量起到决定性的作用。通过1985年、1993年工资改革，天津已逐步建立符合企业、事业单位和机关各自特点的工资制度和正常的工资增长制度；最低生活保障、最低工资保障等制度的建立，也保证了城市低收入群体收入的稳定增长；离退休人员的工资也有大幅度增加，尤其是

2004年以来离退休人员的工资连续上调，居民的整体收入水平有了很大提高。城镇居民的工资性收入从2012年的18407元增加到了2020年的30053元。

收入由单一走向多元。改革开放以前，由于中国实行严格的计划经济体制，城市居民收入绝大部分以工资性收入为主。据统计数据显示，1978年家庭收入中有96.4%来自职工的工资性收入，非工资的其他方面收入仅占3.6%。改革开放以后，随着多种所有制经济的快速发展，就业渠道和投资渠道的拓宽、居民的投资理财意识不断增强，以及社会保障制度的建立和不断完善，使得居民家庭收入来源渠道由单一工资制向多元化发展。党的十八大以来，天津市政府从多渠道增加居民财产性收入，离退休金和养老金收入、个体经营净收入、各种财产性收入、社会救济收入、赡养和捐赠收入、提取住房公积金等收入成为家庭收入的重要组成部分。2020年，城镇居民经营性收入2216元，比2012年增长84.7%；财产性收入4824元，比2012年增长了8.4倍；转移性收入10565元，比2012年增长11.2%。经营性收入占人均可支配收入4.6%，比2012年上升了0.5个百分点；财产性收入占比10.1%，比2012年上升了8.4个百分点；转移性收入占比22.2%，比2012年下降了9.9个百分点。

收入增速进入新常态。根据调查统计数据显示，天津城市居民家庭人均可支配收入年均增长速度"六五"时期为7.1%、"七五"时期为3.5%、"八五"时期为7.8%、"九五"时期为8.4%、"十五"时期为9.5%、"十一五"时期为9.7%、"十二五"时期为9.6%、"十三五"时期为7%。

（2）农村居民收入大幅度增长

农村居民人均可支配收入在2016年超过2万元，2020年达到

25691元，年均增长6.8%。随着新的农村经济体制框架的建立，农民的就业空间日益扩大，农村劳动力转移速度加快，农村居民增收渠道不断拓宽，收入来源趋于多元化，并实现了突飞猛进的增长。

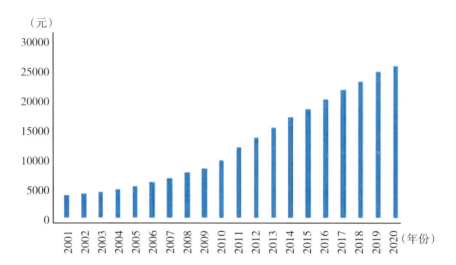

注：2011年之前统计口径为农村居民人均纯收入，此后为农村居民人均可支配收入。

资料来源：根据天津历年统计年鉴数据整理。

2001—2020年天津农村居民人均可支配收入

农村居民收入阶段性增长趋势明显。1978—1984年，农村经济体制改革开启阶段，农民恢复生产热情，农村各行业迅速发展。1985—1991年，农村居民人均纯收入在总量上持续增长，由于市场负面效应显现，财政对农业的投资减少，增速放缓。1992—1997年，由于深化农村改革、调整工农产品比价关系、增加对农业的投入和构建市场经济体系等一系列有关政策措施，天津农业生产和农村经济呈现蓬勃发展的新局面，农村居民人均纯收入连跨2个1000元台阶，1997年达到3548元。1998—2000年，农产品市场由过去的卖方市场转向买方市场，农产品价格下跌，同时受东南亚金融危机的影响，这一时期农村居民人均纯收入增长缓慢。2000年以来，随着农村税费制度的根本性变革，一系列惠农政策相继出台，多项促进农民增收措施不断推出，农村居民人均纯收入呈现线性增长态势。

2012年，美丽乡村建设如火如荼，特别是随着"村村通"政策的深入推进，农村的道路建设、通信建设和电力建设等都有了不同程度的改善。农村的生活环境变得更好，农村居民谋生也不仅仅停留于所在村落和土地，反而有了更多的选择，如农副产品和相关产业线上建设，周边村落、县区生产集群建设等，也在无形之中增加了农民的收入。特别是网络经济的快速发展，使农民生产的农产品和农副产品不仅仅依赖于收购商收购，自己也可以作为供货商，通过抖音、快手等平台直播带货。农产品库存积压率较以往明显降低，农民收入明显提高。

农村居民增收渠道日趋多样。自20世纪50年代农业集体化开始，农业生产经营粗放，农民收入来源单一，主要是从村集体统一经营中获取。改革开放以后，特别是80年代中后期，随着经济结构的调整和市场经济的发展，这一格局发生了根本变化，收入来源已从单一性走向了多元性，增收渠道不断拓宽，结构逐渐优化，农、林、牧、渔等第一产业纯收入比重大幅度下降，非农业收入比重显著提高，工资性收入成为农民收入的主体。党的十八大以来，党和国家高度重视农民收入问题，把促进农民增收工作放在重要位置，明确提出要着力促进农民增收，保持农民收入持续较快增长。2020年，天津农村居民工资性收入14385元，比2012年增长80%；经营性收入5568元，比2012年增长34.9%；财产性收入1451元，比2012年增长57.7%；转移性收入4287元，比2012年增长了5.1倍。

2.城乡居民生活质量和消费层次显著提升

党的十八大以来，天津加快建立扩大消费需求的长效机制，持续完善消费市场的软硬件设施，着力构建良好的市场氛围，营造便利、安心、放心的消费环境，有效增强了居民的消费信心，释放了居民的消费潜力。居民消费支出快速增长，消费结构不断优化，消费形态已经从模仿型、排浪式基本消费逐步转变为个性化、多样化的高品质消费。

居民生活质量不断提升。2020年，全国居民人均消费支出28461元，比2012年增加5477元，增长了23.8%。消费结构升级步伐加快，发展型、享受型消费占比明显上升。2020年，全市居民恩格尔系数为29.9%，比2012年下降了2.91个百分点，接近联合国划分的20%—30%的富足标准；2020年，交通通信、教育文化娱乐、医疗保健支出占消费支出的比重分别达到13.2%、7.9%、9.2%，居民物质和精神生活不断丰富。

消费结构提档升级。2020年，全年限额以上单位商品零售额中，粮油类、蔬菜类、饮料类零售额分别增长6.8%、41%和2.5倍，体育、娱乐用品类零售额增长62.9%，文化办公用品类零售额增长27.7%，智能家用电器和音像器材零售额增长2.2倍，新能源汽车零售额增长47.9%，智能手机零售额增长33.1%。

（1）城市居民消费从发展型转向享受型

膳食结构日趋优化。天津人民的餐桌发生了明显变化，瓜果蔬菜、肉禽蛋奶，食品种类日渐丰富。在满足需求的同时，居民膳食结构也发生了显著变化，健康和营养食品成为新的关注点；绿色、无污染的食品已经成为食品消费者的追求；各种速冻食品、方便食品也受到了广大居民的青睐。

高档耐用品不断进入居民家庭。党的十八大以来，居民生活中突出的变化体现在家用耐用消费品的更迭变迁上，各种高档耐用品不断进入居民家庭，成为居民家庭生活水平提高的重要标志。

服务性消费比重不断加大。随着收入水平的提高，满足基本生活需要之后的精神生活享受成为居民的追求之一，居民消费需求日益个性化、多元化，与品质消费相关的健康养生、文化娱乐、休闲享受等商品消费明显升温，消费升级不断加快，"买服务"成为城镇居民的必选项，服务性消费快速增长促进了消费结构持续优化。2020年，居民人均教育文化娱乐、医疗保健及其他用品和服务支出6293元，比2012年的4710元增长33.6%，其中教育文化娱乐消费支出2531元，增长12.3%，人均医疗保健消费支出2811元，增长80.6%。

（2）农村居民消费由简朴生存型转向初级享受型

农民生活质量发生了翻天覆地的变化。党的十八大以来，乡村振兴全面升级加力，坚持农业农村优先发展，不断提高农业供给质量，积极改善农村环境，提高农民收入，在扩大内需政策措施的作用下，居民消费潜力有序释放，消费升级势能持续增强，消费的基础性作用不断发挥。2020年，天津农村居民消费性支出16844元，比2012年增长64.2%，恩格尔系数从2012年的36.2%下降到33.3%，吃、穿、住、用全面改善，生活由简朴生存型向初级享受型转变。现在的农民吃得科学、穿得大方、用得高档、住得舒适，物质生活丰富，精神生活充实，并随着收入的增加不断向更高层次迈进。

精神生活更加充实。报纸、杂志看的人多了，电脑开始走入家庭。以往足不出户的农民，现在也离开了田间地头，去其他地方旅游，走出去看看外边的世界。许多村里还建立了农村文化中心，农村居民的精神生活日益丰富多彩。据统计，2020年全市农村居民文教娱乐支出人均932元，比2012年增加了166元，增长21.7%。

网络消费保持快速增长态势。随着物流体系逐步向农村地域建设延伸和人们消费观念的转变革新，网购迅速融入百姓生活，"互联网+"正改变着人们的生活方式和消费习惯，网购消费支出呈井喷式发展。随着农民收入不断增加，农村消费市场也被越来越多的经营者发现，许多地区开始推行社区购物等新型购物模式，新兴起的微商、网络直播带货等形式深受欢迎。农村居民开始享受网上购物、社区带货等新型购物模式，农村的快递站点建设也有了明显改善。农村居民可以通过网络直播购物等方式购买自己想要的商品，而便利的交通条件可以让农民快速收到自己想要的货物。农村居民体会到网上购物的乐趣后，自然会主动参与到下一次购物中，继而带动农村区域的网络消费。

（二）社会保障体系全民覆盖

社会保障体系健全不仅是全面建成小康社会的重要标志，而且是维系国家长治久安和人民福祉，进而引领全体人民走向共同富裕的必然要求。在全面建成小康社会的进程中，社会保障作为强有力的再分配机制，具有基础性、关键性地位，是解除人民群众各种生活后顾之忧的基本制度安排，更是让全体人民共享国家发展成果的基本途径与制度保证。党的十八大以来，天津深入学习贯彻习近平新时代中国特色社会主义思想，坚持以人民为中心的发展思想，按照人人参与、人人尽力、人人享有的要求，坚守底线、突出重点、完善制度、引导预期，坚持全覆盖、保基本、多层次、可持续的方针，建立健全更加公平更可持续的社会保险制度。以增强公平性、适应流动性、保障可持续性为重点，深化社会保障制度改革，不断完善各项社会保险制度，实施全民参保计划，社会保险覆盖范围持续扩大，待遇水平稳步提高，基金收支保持基本平衡，管理服务不断加强，覆盖城乡的社会保障体系建设取得了杰出成就。

1.社会保障制度发展历程

社会保障制度改革起步（1978—1985年）。为适应城市经济体制改革的中心环节——搞活企业的要求，国家确定进行企业劳动合同制度试点工作，天津初步改革了劳动合同制工人的养老保险政策，以实现职工能进能出的用工制度。与此同时，全市职工劳保福利费用有较大幅度增长，1985年总额达到9.24亿元，比1980年增长1.4倍。为解决城乡居民生活困难，调整提高了补助标准。

社会保障社会化替代社会保障单位化（1986—1992年）。1986年4月，六届全国人大四次会议通过的《中华人民共和国国民经济和社会发展第七个五年计划》，首次提出"社会保障"的概念，并阐述了社会保障的改革和社会化问题。天津按照国家的部署，坚持既稳妥又循序渐进的原则，开展了养老保险社会统筹和失业保险制度建设。截至1992年末，全市参加养老保险社会统筹的职工232.30万人，收缴统筹基金8.3亿元，养老保险由单位负担向社会保险转变初见雏形。参加失业保险的职工110万人，筹集失业保险基金1160.4

2.社会保障体系发展成就

（1）社会保险制度建设更加完善

探索形成"天津模式"。自20世纪90年代开始，天津逐步建立了城镇职工基本养老、城镇职工基本医疗，城镇居民养老、城镇居民医疗、失业、工伤、生育保险体系和城镇最低生活保障制度。2012年以来，在天津，无论是城镇职工，还是进城务工人员、农村居民、学生儿童，或者台港澳在津人员、在津外国人，都可以按照同样的政策，自愿选择参加社会保险。为适应经济快速发展、城镇化进程加快，城乡产业结构调整和人力资源流动需求加大，天津率先在全国建立了省级城乡统筹的养老、医疗保险制度，建立了意外伤害附加保险制度，实施了城乡统筹的居民生育保险制度，目前形成了具有天津特色的"6+4"模式："6"是指建立了覆盖城镇用人单位及职工的养老、医疗、工伤、失业、生育和意外伤害保险6项制度；"4"是指建立了覆盖城乡居民的养老、医疗、生育和意外伤害保险4项制度，走出了城乡社会保障统筹发展的"天津模式"。

建立统一的城乡居民基本养老保险制度。制度统一、市级统筹，凡是具有天津户籍年满16周岁不满60周岁，不符合城镇职工养老保险参保条件的城镇非从业居民和农村居民，都可以参加城乡居民基本养老保险。凡是具有天津户籍的全部农村居民、城镇非从业居民，以及在天津就读的进城务工人员子女、外地户籍和外国学生儿童，均可参加居民基本医疗保险。自愿选择、分档缴费，城乡居民基本养老保险个人缴费标准设定为10个档次，市财政对应给予缴费补贴。城乡居民可自主选择缴费档次参保，养老金由基础养老金和个人账户养老金2部分组成。

医疗保障制度体系日趋健全。建立职工大病保险制度，实现大病保险制度的全覆盖，进一步补齐政策，形成了以基本医疗保险为基础、大病保险为补充、医疗救助为托底的多层次医疗保障制度体系。整合城乡居民基本医疗保险制度取得积极进展，基本医保制度公平性进一步提高，参保人员特别是农村居民保障水平得到提升。全面实施城乡居民大病保险，大病保险支付比例达到50%以上。

完善因病支出型困难家庭医疗救助制度。2016年，按照精准扶贫的要求，进一步巩固完善大病保险，对贫困人口等困难人员实行精准施策，在起付线、报销比例等方面给予重点倾斜。开展长期护理保险制度试点，为长期失能人员的基本生活照料及与基本生活密切相关的医疗护理提供保障。职工生育保险与职工基本医保合并实施，进一步增强基金共济能力、提升管理综合效能、降低管理运行成本。完善职工大额医疗救助制度，加强职工大额救助资金管理。2012年修订《天津市城乡居民生育保险规定》，医疗保障基金平稳运行。

促进养老保险可持续发展。在收、支、管方面共同发力，通过降低企业职工养老保险单位缴费比例、规范补缴费政策、加强特岗和病退提前退休管理、贯彻落实企业职工基本养老保险基金中央调剂制度、完善养老金计发领取办法等措施，推动企业养老保险制度平衡持续发展。积极推进机关事业单位养老保险制度改革，搭建起制度的"四梁八柱"，机关事业单位养老保险制度体系基本完备，改革前后待遇平稳衔接。逐步完善城乡居民养老保险制度，建立起城乡居民基本养老保险待遇确定和基础养老金正常调整机制。搭建起了企/职业年金基金管理政策框架，启动企/职业年金投资运营，实现企/职业年金保值增值。

启动失业保险援企稳岗"护航行动"。制定使用失业保险基金支持产业结构调整、经济转型升级企业稳定职工队伍的政策措施，对不裁员、少裁员的企业和提升职业技能的参保职工，由失业保险基金给予继续教育培训补贴、续签长期劳动合同社会保险补贴、稳岗返还、五项社保费返还。在经济下行压力增大、企业面临转型升级、职工失业风险加大的情况下，发挥了失业保险预防失业、稳定就业岗位的政策导向作用。降低失业保险费率，失业保险费返还政策条件由原来的依法足额缴纳失业保险费24个月放宽至12个月，返还比例由25%提高到50%；经办方式由原市、区两级申报审核调整为单位参保区直接申报审核，使政策惠及更多企业。先后出台学历、技能、职称提升补贴政策，充分发挥失业保险作用。不断加强失业保险监管力度，采取数据核查与实地抽查相结合、公示与事中抽查并联处理等方式，对资金使用情况进行核查，确保资金发放合规。

进一步构建工伤预防、补偿和康复"三位一体"工作体系。修订颁布了《天津市工伤保险若干规定》。相继制定建筑业按项目参加工伤保险，小规模建设项目参加工伤保险，铁路、公路、水运、水利、能源、机场工程建设项目参加工伤保险等政策，对建设工程项目领域务工群体给予了有力保障。出台工伤认定操作规程，修订完善工伤预防费管理办法、工伤劳动能力鉴定实施办法和停工留薪期管理办法，对日常工作实施精细化管理。规范工伤保险服务机构协议管理和工伤预防培训费使用管理，进一步完善了工伤预防、补偿和康复"三位一体"制度框架体系。连续5年出台政策提高工伤职工伤残津贴、生活护理费、供养亲属抚恤金等8项待遇水平。

（2）社会保险覆盖范围不断扩大

全民参保计划稳步推进。党的十八大以来，天津以实现社会保险全覆盖为目标，深入实施全民参保计划，各项社会保险覆盖范围不断扩大，加快推进社会保险体系由制度全覆盖向人员全覆盖延伸。全民参保计划助推参保扩面成效显著，通过数据动态管理、分析，聚焦重点人群分类施策，精准锁定未参保资源，入户排查促保等措施，助力全民参保计划稳步推行，使人民群众获得感幸福感安全感持续增强。

截至2020年末，全市参加城镇职工基本养老保险人数730.83万人，参加城乡居民养老保险人数169.72万人，分别比2012年末增加240.57万人和66.6万人，分别比2019年增长5.1%和3.2%；参加城镇职工基本医疗保险人数618.43万人，比2012年末增加139.36万人，参加城乡居民基本医疗保险人数545.67万人，比2012年增加43.44万人；参加城镇职工工伤保险人数405.63万人，比2012年末增加75.57万人；参加城镇职工失业保险人数349.12万人，比2012年末增加80.43万人；参加城镇职工生育保险人数353.51万人，比2012年末增加110.79万人。

（3）社会保险待遇水平稳步提高

提高参保人员保障性收入。领取失业保险的人员也被纳入城镇职工基本医疗保险保障，由失业保险基金支付医保费用，个人不缴费，可享有与在职参保职工相同的门（急）诊大额医疗费、住院及门诊特殊病、大额医疗费救助等各项医疗保险待遇。天津连续几年提高城乡居民医疗保险的最高支付限额、住院报销比例。对已经纳入低保、特困范围的重度残疾人员、单亲家庭成员、失独家庭成员、农村"五保"人员和城市"三无"人员5类群体，如患病治疗发生医疗费用，由按照居民医保最低筹资档次参保报销，改为按照最高筹资档次参保报销，个人不缴费，由政府全额补助，最大限度减少因病致贫的现象出现。

城镇企业参保退休人员基本养老金水平大幅度提高，并在普遍调整的同时，注意向高龄退休人员适当倾斜。完善城乡居民基本养老保险待遇确定和基础养老金正常调整机制，提高城乡居民基础养老金、老年人生活补助、工伤职工伤残津贴和失业保险待遇水平，保障制度不断健全。

（4）社保经办服务水平不断提升

整合政府部门数据资源，推进互联网与社会保险经办深度融合。以开展全民参保计划和异地居住人员领取社会保险待遇资格协助认证、"五证合一"登记制度改革为契机，主动打破目前公共服务部门之间数据不通、信息不畅形成的"信息孤岛"情况，积极推动数据共享和互联互通，推动社保经办业务与"互联网＋"技术深度融合，推动服务向移动终端、自助终端延伸。

不断优化服务效能。"一窗通办"全面落实到位，服务标准化、规范化水平显著提升；"一网通办"持续拓展完善，36个业务全部实现"网上办""掌上办"；"全城通办"更加便捷高效，高频社保服务事项全部实现"全城通办"；"服务流程"不断改造升级，养老待遇领取资格实现"无形认证"，失业保险取消企业核定，实现即申即享即时办结，推出"适老化"便民服务举措，让老年人、残疾人等特殊群体办事体验感更优，获得感更强。落实"降成本"要求，继续实行阶段性降费政策。推行"社保银行一体化"，不断完善社保卡使用功能，逐步实现一卡在手，社保全有。

医疗保险支付方式改革整体推进。结合医疗保险基金收支预算管理，全面推进基本医疗保险付费总额控制，积极探索多种付费方式。医保关系转移接续、异地就医住院费用结算更为顺畅。从明确进城落户人员参保政策、规范关系转移接续手续、保障关系转移接续中的有关权益、经办服务能力建设和落实组织实施工作等方面，进一步完善了基本医保关系转移接续政策。

（5）社会保险信息化建设不断推进

建设完善的异地业务系统。加快推动异地就医系统建设，成功实现京津冀跨省异地就医门诊联网直接结算，京津冀门诊直接结算取得突破性进展。三地门诊直接结算主要覆盖参加城镇职工、城乡居民基本医疗保险，且符合京津冀基本医疗保险规定的异地安置退休的、异地长期居住的，以及常驻异地工作的3类人群，目前62家医疗机构实现三地门诊直接结算。异地领取养老金资格认证工作已全面实现网上协助认证目标，并将认证范围由城镇职工逐步扩展到城乡居民。

深入实施"天津市政务一网通"工程，对行政许可事项和公共服务事项进行了全面梳理和改造。大力推行"互联网+人社"项目实施，充分利用大数据、互联网和信息平台，推进各种线上及自助经办系统建设，形成市、区、街、社区四级网络管理和完整的四级网上经办体系。大力开展行风政风专项建设，从制度设计、机构设置、日常监管等各方面采取实质行动。

提供精确化管理辅助手段。开通人力社保手机应用程序，功能覆盖权益查询、社保卡办理、个人缴费、养老金测算、政策一点通等方面，支持微信、支付宝、银联多种缴费渠道，累计注册用户280万人。逐步将公共就业服务事项丰富到门户网站办事大厅模块中，网站累计访问量近3亿，日均访问量30万。在人社204项服务事项中的134项业务完全实现了"网上办",18项业务实现了"掌上办",无人审批、场景式审批等新模式加快发展,超过30项业务实现了"自主办"。社会保障卡推广及功能建设稳步推进,实现就医凭证、缴费扣款、待遇发放等共80余项应用。

社会保障信息化工程建设加快推进。2019年,试点推出社保卡自助发卡模式,积极推进电子社保卡签发应用,通过人力社保和金医宝应用程序等各种渠道签发电子卡120万张。2020年,完善《天津市第三代社会保障卡建设方案》。全力保障"智慧城市"、社保税征职能划转、职/企业年金、全民参保、社保卡发放养老金、新会计制度、社银平台联调测试等多项重点工作。完善在线实名认证、线上缴费功能,开通银联、支付宝、微信缴费和认证渠道,加快推进"互联网+人力社保"行动。

(三)就业形势长期稳定

就业是最大的民生。改革开放以来,天津市委、市政府坚持把就业创业作为民生之本、幸福之源,劳动就业和社会保障工作发生了翻天覆地的变化。劳动保障工作也由计划经济条件下国家统包就业、社会保障、福利待遇的"铁饭碗",变为市场经济条件下就业靠市场双向选择、上岗凭技能讲求竞争、保险靠勤奋劳动积累的新局面。党的十八大以来,天津坚持实施就业优先战略和更加积极的就业政策,大力推动大众创业万众创新,牢牢稳住就业基本盘,积极推进就业转型,不断提升就业质量,突出抓好重点群体就业创业,实现了就业形势总体稳定、稳中向好,为保障和改善民生、促进经济社会持续健康发展作出了重要贡献。

从计划分配到市场就业、自由择业、自主创业，从传统就业方式到新就业形态，劳动者的就业观念深刻变革、就业空间更加广阔、就业方式日益多元。

1.劳动就业发展历程

国家统包的就业制度。20世纪70年代末至80年代初，延续计划经济就业制度。在这期间，仍然实行新中国成立后确定的计划就业、指标安排、政府统包就业的就业方针，国家对就业实行计划管理、国家统包。受当时生产力发展水平的限制，国家规定中专以上毕业生属于干部，由人事部门按照干部管理权限安置就业；其他劳动力属于工人，由劳动部门按照指标计划统一分配。在这一阶段，主管就业的劳动局定计划下指标，各大工业局接收，并向下属企业分配就业指标，劳动局的职能是定计划、下指标、盖公章。城镇所有人的就业完全由国家包揽。1978年后，历届下乡知青集中返城，实行顶替父母岗位、组建劳服企业、兴办家属集体企业、允许个体户经营等就业安置。

完成劳动合同制度建立。20世纪80年代末至90年代中期，劳动用工合同制度初显端倪。这一时期计划经济与市场经济并存，中国社会活力空前，各种所有制成分共同发展，经济呈现快速增长态势，劳动就业增长。同时，农村乡镇企业迅猛发展，外资企业纷纷开办，农村富余劳动力开始涌向城市，固定工和国家统包用工的体制已不能完全适应经济社会发展需求，劳动力资源急需通过市场实现合理配置。各地劳动人事部门纷纷建立劳动力市场和人才市场，催生劳动用工制度由计划经济体制向市场经济体制转变。据统计，80年代末至90年代初，天津劳动力市场和人才市场每年流动存档人员超过30万人，原有的固定工制度发生松动，并向合同用工、协议用工制度转变。1983年，国务院出台劳动合同制度实施试点办法。1985年，天津对新招用的企业公示开始实行劳动合同制度，同时实施就业保险制度和养老保险制度，拉开了我国劳动就业制度改革的帷幕。

1995年，基本建立市场导向就业机制。历经10年修订，数易其稿，《中华人民共和国劳动合同法》正式实施，制定了个人自主择业、政府促进就业、市场调节就业的市场经济条件下的就业方针，推动我国劳动就业制度向市场就业新机制发展。这一时期，紧紧抓住结构调整这条主线，立足长远，加快产业结构调整，使结构调整成为促进经济增长的新动力。随着产业结构的优化调整，就业结构显著改善，呈现一二产业从业人员比重下降，第三产业从业人员比重迅速提高的良好态势。2005年末，第三产业从业人员比重首次超过第二产业，第三产业成为扩大就业的主导产业。天津以公有制为主体、多种所有制经济共同发展的格局更加明显，非公有制经济快速发展，成为全市经济的重要组成部分，就业人员显著增加。非公经济就业人员比重升至41%，非公经济成为重要的就业增长点。以市场为导向的就业机制基本建立起来。

实现经济发展和劳动就业良性互动。"十一五"时期，劳动者自主择业、市场调节就业、政府促进就业、全社会齐抓共管的就业促进机制基本形成，经济发展与扩大就业实现良性互动。天津制定一系列政策，使大项目成为天津新增就业岗位的重要依托。以2008年上半年为例，通过项目吸纳就业8.2万人，占单位新增就业人数38%。民营经济的大力发展，有效带动了就业，到2011年，全市民营经济的从业人员增加到220万人，占全社会就业人员28.8%。第三产业的快速发展也带动了就业，"十一五"时期第三产业就业弹性系数由"十五"时期的0.418上升为0.562，第三产业吸纳就业的能力相对较强。这一时期，加大鼓励灵活就业和非正式就业的政策扶持力度，稳定了就业队伍，提升了就业水平。"十一五"时期，累计新增就业186万人，是"十五"时期的2倍。这一时期就业弹性系数由"十五"时期的0.156上升至0.377，就业的拉动能力得到显著提升，实现了经济增长与就业的良性互动。

进入"大众创业、万众创新"新阶段。"十二五"时期，实施就业优先战略，就业局势保持稳定，同时更加注重自主创新能力的增强，科技中小企业成长计划全面实施。2015年以来，天津积极响应国家"大众创业、万众创新"的号召，大力推进众创空间建设，制定《关于发展众创空间推进大众创新创业的政策措施》，出台22个相关文件，形成发展众创空间推进大众创新创业政策体系。在市级层面建立了由11个职能部门组成的创新创业联席会议制度，加强统筹协调，审议研究有关重大事项，指导推动创新创业工作。建立了众创空间现场点评推动建设等工作机制，定期举办区和高校众创空间现场推动会，通过现场考察、当场点评，交流工作经验，及时解决存在的问题。各区政府成立了相应的领导机构，建立了众创空间服务专员和政府流动服务站制度，为创业者提供政策咨询、创业指导、融资服务等"一站式"服务。搭建众创空间建设发展信息平台，开展线上线下资源对接服务，形成由创业孵化行业、投融资机构、企业的从业人员和高校专家、投资人、企业家等组成的50人咨询专家库和200人的创业导师队伍。

2.劳动就业取得的成就

（1）就业规模不断扩大

改革开放前，天津实行国家统包统配的就业制度，在计划经济体制下有效地满足了生产发展和社会稳定的需要。改革开放以后，以市场为导向的新型就业体制逐步形成，工业化、城市化进程的加快为劳动力就业提供了更多的机会和岗位。改革开放初期经济的快速发展带动就业总量迅速增加，"五五"时期后2年就业总量年均增长14万人，年均递增3.8%；"六五"时期就业总量年均增长12.2万人，年均递增2.9%。此后的"七五"至"九五"时期，经济体制改革不断深化，结构调整逐步升级，快速积累的资本和飞速发展的科技进步成为推动经济增长的主要动力，就业增长速度放缓，就业总量从"七五"初期的466.9万人攀升至"八五"末期的515.3万人后有所回落。

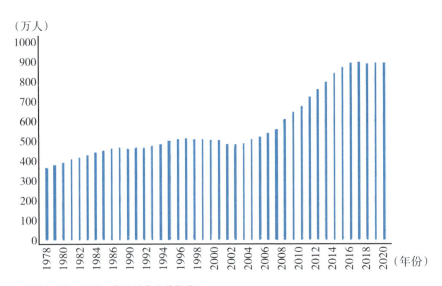

资料来源：根据天津历年统计年鉴数据整理。

1978—2020年天津社会从业人员合计人数

进入 21 世纪，结构调整成效显现，天津经济发展进入加快增长的快车道，为促进就业创造了有利条件，带动就业总量迅速扩大。"十五"时期和"十一五"时期，全社会从业人员年均增加 24 万人，年均递增速度达到 4.5%。"十二五"时期，实施就业优先战略，积极就业政策体系更加完善，就业规模不断扩大，就业质量不断提高，就业局势保持稳定，这一期间城镇新增就业 241 万人。"十三五"时期，实施积极的就业政策，营造大众创业良好环境，统筹做好重点群体就业、推动创业带动就业等各项工作，城镇新增就业 247 万人。

城镇新增就业连续保持较高水平。近年来，天津经济增速进入换挡期，地区生产总值增速由高速增长转为中高速增长。在经济增速换挡、产业结构调整、劳动年龄人口总量依然庞大的背景下，天津就业压力特别是城镇就业压力仍然较大。面对巨大的就业压力和繁重的安置任务，市委、市政府不断丰富完善促进就业创业的政策措施，多方拓宽就业渠道，围绕战略性新兴产业、民营经济以及平台经济等新经济形态，持续扩大就业规模，就业人员总量保持了平稳增长，经济增长的就业弹性增强，确保了就业预期目标超额完成，2020 年城镇新增就业达到 37.05 万人。

失业率稳定在较低水平。登记失业率持续稳定，劳动力市场供需两旺，公共就业服务机构市场岗位需求人数始终略大于求职人数，就业市场整体活跃，人力资源供求关系基本平衡。2012—2020 年，天津城镇年末登记失业人数均维持在 27 万人以下，城镇登记失业率长期稳定在 3.5%—3.6% 之间，远低于 4.5% 的控制目标。

（2）就业结构持续优化

随着三次产业结构调整，三次产业的就业结构也发生了重大变化。天津作为新中国成立后的重要工业基地，在计划经济体制下经济以工业为主导。改革开放以后，随着经济结构和产业结构调整，特别是进入20世纪90年代后，科学技术的飞速发展和新兴行业的兴起，就业结构发生了明显变化。进入21世纪，以互联网技术为代表的新经济的崛起，带动信息技术、电子传媒、电信等行业迅速发展，同时，金融、房地产、旅游、商业、餐饮、娱乐、居民服务等社会服务业蓬勃发展，第三产业呈现广阔的就业空间，劳动力逐渐从一二产业向第三产业转移。党的十八大以来，随着大众创业、万众创新蓬勃发展，大量新兴就业岗位不断涌现，第三产业成为吸纳就业的主渠道。2017年，第三产业就业人口占比首次超过六成，2019年占比进一步提高到63.1%。

第三产业的蓬勃发展为就业提供了广阔的增长和提升空间，带动和助推就业人员快速增加，服务业成为吸纳就业的主体。第三产业从业人员所占比重在2005年首次超过了第二产业，2013年首次突破50%。1985年以来，天津第三产业从业人员所占比重上升趋势明显，第二产业及第一产业从业人员所占比重呈现下降态势。尤其是2013年之后，第二产业与第三产业从业人员所占比重之间的"剪刀差"进一步扩大。三次产业就业结构的高低排序从"二三一"的发展型模式提升到了"三二一"的现代模式，三次产业的就业结构与产值结构的协调性明显提高后，初步改变了三次产业就业结构长期滞后于产值结构的局面，服务业拉动就业作用显著增加。

（3）劳动力市场建设日益成熟

在传统计划经济体制下，政府充当了劳动力就业安置的行为主体，劳动力和用人单位即劳动力供需双方均处于被动地位。随着社会主义市场经济的确立和发展，劳动力资源的配置方式逐步由计划转向市场。天津在20世纪90年代初期开始培育和发展劳动力市场，成立了组织劳动力市场的专门服务机构——职业介绍所，向劳动力提供职业介绍、职业指导与就业咨询服务，劳动力资源配置逐步实现市场化。

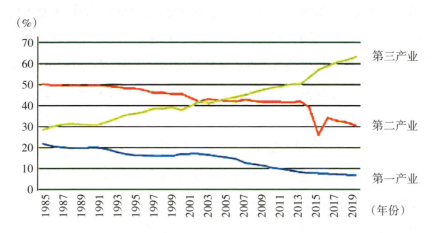

资料来源：根据天津历年统计年鉴数据整理。

1985—2019年天津社会从业人员按三次产业划分就业构成

劳动者自主择业、市场调节就业、政府促进就业的市场就业机制逐步形成。建立和完善了机制健全、运行规范、服务周到、监督有力的劳动力市场，实现了劳动力市场建设的科学化、规范化、现代化。劳动就业服务体系不断完善，就业指导、职业介绍、职业培训工作水平不断提高。劳动力市场信息网络日趋完善，形成了覆盖市、区、乡镇（街道）、村（社区）多层次、类别齐全、功能完善的公共就业服务平台，打破了资源条块分割，实现了劳动力供需资源共享，促进了劳动力供求的信息交流。

就业管理服务体系日益健全。坚持政府、市场双用力，努力为劳动者提供便捷高效优质的服务，建立了城乡一体的就业管理服务制度。在天津16个区、242个乡镇（街道）、1800个社区和3100个行政村建立了劳服中心或工作站，公共就业服务信息系统实现全覆盖，形成了"两级政府、三级管理、四级网络"的服务体系。积极培育和完善人力资源市场，国家级人力资源服务产业园挂牌运行，北方人才市场等一批骨干机构发展壮大。截至2019年底，全市人力资源服务机构达到1214家，公共就业服务能力进一步加强。不断完善就业创业服务机制，全面推进公共就业服务精细化、专业化、标准化和信息化建设，依托"互联网+"，引入微博、微信、手机应用程序等手段，优质高效服务群众。

（4）劳动关系和谐稳定，劳动用工更加规范

截至2019年底，全市有效劳动关系和谐企业6234户。12家企业及京滨工业园被命名为国家级劳动关系和谐企业、和谐园区。"十三五"时期，共受理劳动仲裁争议案件9.98万件，涉及劳动者11.17万人，审结案件9.68万件，为劳动者挽回经济损失24.8亿元。各级调解组织调解受理案件4.78万件，涉及劳动者4.24万人，调解结案4.38万件，达成调解协议及和解4.09万件，为劳动者挽回经济损失5.4亿元。各级劳动保障监察机构共检查用人单位26.92万户次，涉及职工924.62万人次，查处劳动保障监察案件1.07万件，补签劳动合同4.03万份，追缴社会保险费5827万元，补发拖欠劳动者工资2.68亿元，其中包括拖欠农民工工资1.42亿元。

制定贯彻落实劳动合同法实施细则、劳动合同管理工作指引，牵头制定京津冀劳动合同参考文本，规范企业用工行为。开发完善"互联网+劳动合同"备案平台，为企业与职工提供便捷备案服务，"十三五"时期，新增劳动合同有效信息80万条。开展和谐劳动关系指数考核，将三方机制建设、劳动用工管理、和谐企业评选、加

强对企业管理服务纳入考核范围，确保各项措施落地见效。建立了来人、来信、电话、网络"四位一体"的群众举报投诉渠道。各级调解仲裁机构做到案件快立、快审、快结，及时有效维护了劳资双方的合法权益。根治欠薪成效显著。制定根治欠薪长效机制，加大对欠薪违法行为查处力度，对符合条件的列入拖欠工资"黑名单"管理并实施联合惩戒，圆满实现"两个清零"目标。

（5）创业就业服务体系不断完善

公共就业服务平台建设逐渐加强。大力推进投资贸易便利化制度创新，搭建了跨境投融资、跨境电商、产品展示交易等公共服务平台，为"双创"企业更好地对接国际市场创造便利。大力推进创新要素流动制度创新，面向全球组织创新资源，探索建设海外人才离岸创新创业基地，积极吸引国际研发机构、国际技术转移服务机构落户，吸引国际化人才在特区注册企业并进行离岸孵化，打造具有招才引智引技、创业孵化、专业服务等功能的国际化创业平台。自主创新示范区等创新平台建设加快推进，引进清华大学电子信息研究院等一批高水平研发机构，组建产学研用创新联盟30个，众创空间达到139家。

服务保障不断优化。完善政府公共服务体系，企业"动嘴"，政府"跑腿"，提供"专家+管家"服务。通过政府购买服务的方式引入专业机构，构建了由"线下服务管家+线上'双创通'服务平台"组成的专业化服务体系，方便企业足不出户获取相关服务。加快建设人才公寓和高水平区域生活服务中心，完善商业、休闲、教育医疗设施，让"双创"人员来得了、留得住、干得好。着力完善多层次投融资体系，广泛集聚国内外各类创投基金，探索开展互联网股权众筹融资试点，推动"双创"企业与境内外资本对接。着力聚焦高精尖人才，出台一揽子专项政策措施，支持双创特区建成人才改革试验区，吸引青年大学生、科技人才、海外人才等入区创新创业。

（6）职业培训由普惠性向精准化转型

大力开展技能培训，"百万技能人才培训福利计划"圆满收官。2015年，开始实施为期3年的"百万技能人才培训福利计划"，支持和鼓励劳动者参加职业技能培训，培养天津急需的技能人才。截至2017年，全市有128.6万人取得职业资格证书，超额完成任务目标。2019年，实施"海河工匠"建设，推进职业技能提升行动，积极推动全市职业能力建设工作提水平、上层次，为经济提质升级和企业高质量发展提供了高技能人才支撑。启动"3年百万青年见习计划"，扩大就业见习范围，提高补贴标准，就业见习基地达1419家。2019年前后，出台《天津市中长期职业技能培训规划（2019—2025年）》《天津市人民政府办公厅关于实施"海河工匠"建设的通知》《天津市职业技能提升行动实施方案（2019—2021年）》，切实发挥企业在职业技能培训中的主体作用。累计认定205家企业培训中心、10家企业公共实训基地，建设10个市级高技能人才培训基地和10个市级大师工作室。授权20家企业开展职业技能等级自主认定。聚焦天津战略性新兴产业和主导产业，每年在全市高技能人才中优中选优，评选出10名"海河工匠"。出台了企业新型学徒制实施办法、职业技能竞赛管理办法等一系列政策，对首批100余名企业职工启动新型学徒制培训。全市取得职业资格证书的劳动者达到271.6万人，高级工以上高技能人才77.4万人，高技能人才占取证人员的比例为28%。

创业培训不断加强。围绕产业紧缺、社会急需的职业工种，面向企业职工、院校学生、失业人员和农村劳动力等各类劳动者广泛开展职业技能培训，投入财政资金33亿元，已使120万人获得职业资格证书。创新职业教育培训模式，开发应用"职业培训包"，开办"培训超市"，累计开发242个职业工种、1056个技能培训包，推进职业培训鉴定由目标型结果管理向精细化过程管理转变。加快搭建高技能人才成长平台，新建国家高技能人才培养基地2个、国家级技能大师工作室4个，总数分别达到12个和16个。

（7）加强重点群体就业优先帮扶

将大学生就业摆在突出位置，实施离校未就业毕业生就业计划和大学生创业引领计划，每年应届高校毕业生就业率在90%以上。健全高校毕业生到基层工作的服务保障机制，对初创期科技型企业和小微企业吸纳大学生就业的，给予社保补贴和岗位补贴。对参加就业见习的毕业学年大学生，给予生活费等补贴，对见习单位留用见习大学生的再给予一定奖励性补贴。截至目前，已发展见习基地982家，"十三五"时期以来，已组织4.42万名大学生参加见习。鼓励大学生自主创业，对毕业前2年至毕业后5年内的大学生，给予创业担保贷款、免费创业培训支持和房租补贴、岗位补贴、社保补贴、创业导师授业补贴和大学生创业孵化基地补贴等支持。全市现有大学生创业孵化基地50家。

健全就业援助制度。通过公益性安置等途径，对就业困难人员优先帮扶和重点帮助，修订完善就业困难人员认定办法和援助办法，将就业援助范围由"4050"人员，扩大到零就业家庭人员、低保家庭人员、单亲家庭等10类困难群体，建立"对准人头、跟踪服务、盯人帮扶、托底安置"的长效机制，实施精细化的分类帮扶和实名制动态管理。"十三五"时期，累计帮扶19.84万名就业困难人员实现就业，零就业家庭保持动态清零，其他就业困难群体安置率达85%以上。对困难家庭高校毕业生给予3000元的一次性求职创业补贴，累计向2.8万名困难家庭高校毕业生，发放一次性求职创业补贴8393.4万元。妥善安置去产能分流职工，出台关于做好化解钢铁过剩产能企业人员安置工作的10条政策措施，通过内部退养、经济补偿金补贴、稳岗补贴、培训补贴等，多渠道分流安置职工。

（8）创业创新激发就业活力

创业带动就业成效明显。党的十八大以来，简政放权、放管结合、优化服务改革不断深化，知识产权保护明显加强，公平竞争市场环境进一步完善，人才培养与流动机制逐步健全，有效激发了社会创业创新的积极性。为解决就业结构性矛盾，天津进一步完善创业扶持政策，鼓励大众创业创新，扩大创业担保贷款规模，建立"一站式"创业服务模式。随着大众创业、万众创新蓬勃发展，市场主体大量涌现，大学生和返乡人员创业热情高涨，新登记市场主体增长迅猛，发展势头良好，创业成为带动就业增长的重要源泉。新产业新业态新商业模式吸纳就业效应显著。新产业新业态新商业模式日新月异，平台经济、数字经济、共享经济、创客经济等百花齐放，将越来越多的劳动力从传统产业和传统就业岗位吸引到新职业、新工种、新岗位，使新就业形态大量涌现，就业渠道进一步拓宽。

（四）住房保障体系日益完善

随着经济不断发展，天津住房制度改革取得了巨大成就，结束了以统包统分为特点的住房制度，实现了实物分房向货币分房的转化，实现了住房社会化、商品化，天津商品房市场逐步建立并不断扩大。根据党的十九大报告提出的坚持房子是用来住的、不是用来炒的定位，加快建立多主体供给、多渠道保障、租购并举的住房制度，让全体人民住有所居。为更好地解决困难群众的住房问题，天津住房保障体系不断健全，受益范围不断扩大。坚持改善城乡居民的居住条件，城乡居民住房质量不断提高。

1. 住房制度改革逐步深化

长期以来，天津实行以统包统分为特点的低租金、福利制、实物分配的住房制度。住房作为固定资产投资列入计划管理体制，政府或企业为职工建房。住房建成后无偿分给职工，收取低廉租金，不能以租养房。修房资金不足时，差额又由国家根据财力酌情补贴，实际用于职工住房建设和修缮的大量资金以"暗贴"的形式投入到住房消费中去。这种资金分配体制，限制了住房建设的发展，不利于促进住房问题的解决。为此，天津推出了一系列改革举措。

住房制度改革部署实施（1992—1994年）。1992年1月1日，经国务院批准，《天津市城镇住房制度改革方案》出台，实行公积金制、分步提租发贴、租房购买债券、鼓励职工购房、发展合作建房、建立单位住房基金6项改革全面实施，天津城镇住房制度改革全面启动。一是按照职工月标准工资的5%，职工个人和所在单位分别按月缴存住房公积金，用于职工购房、建房和自有住房的大修；二是将公房租金分步提高到成本租金水平，同时相应发给职工一定比例的住房补贴；三是职工住房分配仍然实行租赁制的，由承租人认购住房租赁债券；四是为加快住房建设资金的筹集和周转，合理调整职工、居民的消费结构，转变住房观念，鼓励职工和居民购买新建住房和现住公有旧住房；五是按照国家、单位和个人共同负担解决住房问题的原则，开展合作建房和集资建房；六是建立市和单位两级住房基金，专户储存，定向用于购建和维修住房。

进一步扩大住房制度改革范围（1995—1998年）。1995年1月，为贯彻《国务院关于深化城镇住房制度改革的决定》，市政府印发了《天津市贯彻〈国务院关于深化城镇住房制度改革的决定〉的实施方案》，按照整体推进、重点突破、积极稳妥、配套改革的原则，进一步扩大改革范围，确立了住房社会化、商品化的改革方向。尤其是住房公积金制、共有住房提租、出售公有住房和加快住房建设发展迅速，城镇住房制度改革上了一个新台阶，其中住房公积金制度在推进住房制度改革，加快城镇住房建设，改善人民群众居住条件等方面发挥了重要作用。职工通过提取住房公积金、申请个人住房公积金贷款2种方式有效提高了住房支付能力。

住房分配体制改革取得突破（1999—2007年）。为落实《国务院关于深化城镇住房制度改革加快住房建设的通知》，1999年市政府颁布了《天津市进一步深化城镇住房制度改革实施办法》，宣布全市停止住房实物分配，逐步实行住房货币分配，实现了住房分配制度改革的重大突破。同时，继续推进现有公有住房改革，积极培育和规范住房交易市场，大力发展住房金融和物业管理，初步建立住房新制度。

住房保障制度逐步完善（2008—2021年）。2008年，确立了廉租住房、经济租赁房、经济适用住房和限价商品住房4项住房保障制度，明确了至2012年解决城市低收入家庭住房困难的发展规划。天津加强预期引导，探索新的发展模式，坚持租购并举，加快发展长租房市场，推进保障性住房建设，商品房交易市场逐渐扩大。住房制度改革工作已经完成打破旧体制的任务，进入了全面建立住房新体制的阶段。

2.住房保障体系逐步健全

党的十八大以来，天津按照住有所居的要求，持续完善住房保障体系，住房保障制度框架逐步构建，已形成梯次衔接、分层保障的住房保障体系。

起步探索保障性住房建设（1990—2002年）。用4.5亿元房改增值资金，建设了6片30万平方米解困房，为6000户生活困难职工解决了住房问题。在北辰区普康里建设了2万平方米的廉租房，并按成本价向住房困难群众出租或出售。采取国家、单位、个人3方共同负担方式，集资兴建了300多万平方米合作建房，解决了4万余户中低收入职工住房困难。自1997年以来，对承租公房的低保和优抚家庭实行公房租金核减，租金标准按每平方米使用面积0.83元收取。

初步建立天津特色的住房保障体系（2003—2007年）。自2003年以来，天津按照国家关于建立健全住房保障制度的要求，结合自身实际情况，本着适度、分层次、多形式保障的原则，有步骤、有计划地对中低收入住房困难家庭实施住房保障。为解决生活、住房"双困"家庭的住房困难，集中建设了廉租住房，共4个项目、48万平方米、7282套，面向市内6区住房拆迁、具有本市非农业常住户口、家庭人均住房使用面积低于（含）7.5平方米低保和优抚家庭配租，租金标准为每平方米使用面积1元；为解决"夹心层"家庭住房安置问题，建立了经济租赁房制度，采取实物配租和租房补贴2种方式，对拆迁低收入住房困难家庭实施保障；建立经济适用住房制度，按照"四带"条件兴建经济适用房，妥善安置城市拆迁的中低收入住房困难家庭；采取发放廉租住房租房补贴方式向城镇住房困难的低保和优抚家庭发放租房补贴，逐步建立了以廉租住房、经济租赁房、经济适用住房和限价商品住房为主的具有天津特色的住房保障体系。

完善住房保障管理体系（2008—2012年）。根据国务院《关于解决城市低收入家庭住房困难的若干意见》，按照市第九次党代会"改善群众的居住条件，扩大住房保障覆盖面"的要求，2008年5月1日，市政府出台并开始实施廉租住房、经济租赁房、经济适用住房、限价商品住房4项住房保障管理办法，编制了2008—2012年解决城市低收入家庭住房困难的发展规划和年度计划。2009年4月，天津组建了保障性性住房建设投资公司，成为全国首家专项投资危陋房屋拆迁和保障性住房建设的企业。2009年6月，中国首支保障性住房投资基金在天津设立，开创了通过募集社会资金进行保障性住房建设的模式。2009—2010年，审计署京津冀特派办连续2年对天津市政府投资保障性住房情况进行专项审计调查。天津有关部门根据审计调查结果，积极整改，从改进家庭收入审核方式、完善监管工作规定、完善网络管理系统和建立长效化定期检查机制等方面完善住房保障管理体系。

扩大住房保障收益范围（2012—2021年）。自2012年以来，天津持续加快保障房建设，不断扩大住房保障受益范围。市第十次党代会报告将住房保障列为保障和改善民生的重要工作之一，要求抓好保障性住房建设工作，完善租房补贴政策，扩大保障覆盖范围，加大农村危房改造力度，2年完成外环线以内城中村改造，3年完成中心城区旧楼区居住功能综合提升改造，5年完成市区危陋房屋改造，促进房地产市场长期平稳健康发展，明确了工作重点、订立了任务目标。2012年10月，《天津市基本住房保障管理办法》正式施行，天津成为直辖市中首个进行住房保障立法的城市。此后，又陆续出台《天津市公共租赁住房管理办法》《天津市住房保障监督管理办法》《天津市住房保障档案管理办法》等一系列规范性文件，形成了较为完备的保障体系。此后，进一步整合保障形式，健全完善了发放3种补贴、建设3种住房的制度框架，向不同层面困难家庭提供住房保障，构建起低端有保障、中端有支持、高端有市场的住房供应体系。住房保障申请条件随着城市居民收入增长而适时调整，受益范围不断扩大，基本实现了应保尽保。

3. 住房条件逐步改善

（1）城市居民住房质量不断提升

天津城市住宅建设规模不断扩大，群众居住条件明显改善。1978年，天津人均住宅建筑面积4.32平方米，很多家都是老少三代同居一室，住房问题成为当时市委、市政府需要为百姓解决的头等大事。20世纪80年代初以震后恢复重建为契机，天津住房建设进入一个较快发展时期，采取新旧区结合、恢复重建和新建并举的方式，相继完成了贵阳路、大营门、大直沽等11片震损严重区的重建任务，新开辟了丁字沽、体院北、天拖南等14个新居住区，10年间新建住宅3234万平方米，群众的居住条件得到较大改善。

20世纪90年代以后，随着改革开放步伐的加快，天津的住宅建设迎来了第二个大发展时期。1985年，对全市近2万间"三级跳坑"住房进行了彻底改造，全市1.3万多户居民结束了居住"三级跳坑"的历史。1994年，市委、市政府提出，要用5—7年时间基本完成对成片危陋平房的改造，到2000年底累计拆除危陋平房836万平方米，新建住宅2073万平方米，基本实现这一阶段性奋斗目标。在危改实施过程中，天津创造了货币还迁、以路带危改等一批成功经验，形成了"造福人民，知难而进；万众一心，共创大业"的危改精神。天津危陋平房改造工程2001年荣获建设部首次颁发的中国人居环境范例奖，被誉为中国旧城改造典范。2000年之后，天津将住房建设的重点放在经济适用房等保障性住房和商品房建设上，充分发挥政府的主导作用，加快套型结构、价位结构和区位结构调整，扩大市场总量供应，2003年率先启动住房保障体系建设。

住房保障受益范围不断扩大。党的十八大以来，天津加大住房保障政策支持力度，稳步加大保障性住房开发建设力度，使更多住房困难家庭受益。随着2013年天津最大的棚户区——西于庄棚户区改造项目启动，天津计划分批次、分阶段开展新一轮棚户区改造。棚户区改造和改造危陋房屋连续多年被列入20项民心工程，通过实施3年棚户区改造，实现中心城区成片棚户区和危房100%消除，6.3万户、近30万棚户区居民得到妥善安置。住房保障制度框架逐步构建，形成梯次衔接、分层保障的住房保障体系。"十三五"时期，全市开工建设棚户区改造安置房13.5万套，销售限价商品住房2万套，推出18个公共租赁住房项目共2.49万套房源。2021年，老旧小区改造开工154个，面积778.54万平方米，惠及10.18万户居民。住宅环境、配套设施、结构功能、智能服务、物业管理水平等大幅度提升，群众的居住质量有了明显改善，居民房屋财产价值普遍升值。

普通商品房适度供应。把握住房居住属性，顺应市场形势，平稳推动普通商品房用地供应，满足刚性和改善性住房需求；支持企业在津南、北辰、西青、东丽等环外周边建设普通商品房，满足群众对高品质美好生活的需求。2021年，房地产开发投资增长6.2%；全市新建商品房销售面积增长9.8%，其中住宅销售面积增长9.3%；商品房销售额增长9.9%，其中住宅销售额增长9.1%。

房地产调控取得实效。坚持"房住不炒"的房地产业发展定位，实施房地产调控常态化。一是保障房、普通商品房有效供应增加。综合运用规划、计划等管理手段，引导支持企业开发建设中低价位、中小套型普通商品住房项目，基本满足百姓购房需求。二是落实差别化信贷、税收政策，住房消费更趋理性。跟踪市场变化情况，动态调整相关政策，支持和鼓励自住、改善型购房需求。在全市新建商品住宅成交中，自住、改善型购房比重保持在90%以上。三是加强房地产市场调控，确保房地产市场供求基本平衡。探索确定了住房需求、房屋供应、土地供应（已供住房用地可形成的上市量）之间1∶2∶3的控制目标，制定差别化的房地产市场调控政策，有保有压，确定不同区域土地供应计划，促进房地产市场供需基本平衡。

全面普及绿色建筑。绿色建筑涵盖规划、设计、建造、管理等各个环节，培育壮大了一批绿色建筑服务企业，促进绿色建筑检测、咨询、合同能源管理等服务企业蓬勃发展，为绿色建筑市场注入新的活力。居住建筑执行75%节能标准，公共建筑执行65%节能标准，新开工建设房地产项目全部执行建筑节能强制性标准。对项目绿色建筑等级、预制装配建设、节能环保等方面严格把关，督促开发建设单位等相关各方认真落实有关要求。"十三五"时期，全市新开工建设房地产开发项目100%执行绿色建筑设计标准，新建装配式建筑857万平方米。

（2）农村居住条件不断改善

住房保障体系持续完善。天津坚持用城市化标准推进新农村建设，融入文化艺术理念，高起点规划、高标准建设、高效能管理，农村面貌发生了巨大变化。据统计，1978年农村人均住房面积仅有9.04平方米。改革开放后仅几年，农民在吃穿方面得到基本满足后，转而将资金投向住房，改善居住条件，出现了持续多年的"建房热"，建房支出大幅度增长，居住面积逐年扩大，房屋质量明显提高。农民住房由单纯居住低质型逐步向高质型、方便型、享受型和豪华型转变，由求量向求质转变。居住条件越来越舒适，房间功能齐全，卫生设施、暖气设备已经进入农家，不少高收入农户甚至安装了太阳能设备，住上了令人羡慕的别墅式小楼房。

生活环境更加宜居。实施农村人居环境整治行动，环境集中清整活动基本实现常态化，基本实现全市农村卫生厕所全覆盖。农村困难群众老旧危陋住房改造累计完成约2.1万户。2020年，完成12.2万平方米市区零散棚户区改造和5087户农村困难群众存量危房改造。18个积水片区改造全部完工，建成150个农村人居环境整治示范村。实施农村全域清洁化工程，圆满完成新一轮农村饮水提质增效工程，累计让2061个村、202.2万农村居民喝上"安全水""放心水"。

注重推进生态文明建设。建设新型特色小镇示范引领工程，稳步推进西青区中北运河商务小镇、滨海新区中塘汽车橡塑小镇等14个特色小镇建设，环外周边村落逐步形成各具特色的新型小镇。项目开发与既有历史文化和自然资源相融合。根据天津山、河、海、湖、湿地、产业等丰富而独特的自然和历史文化资源，支持旅游、文化、教育、地产开发建设，津南海河教育文化园区等初步形成。项目开发与生态修复、生态移民相结合。蓟州伊甸园生态教育国际示范区积极借鉴国际先进的矿坑治理经验，处置改造已关停矿山，兴建大型生态旅游基地，成为中英合作"一带一路"新型城市化示范区。宁河未来科技城深入对接一批高端项目，项目南部安置区作为承接七里海生态移民的重要工程，一期105万平方米安置住宅已基本建成。

（五）特定困难群众生活得到保障

全面小康是全体人民共同享有发展成果的小康，贵在全面。全面建成小康社会，一个也不能少。天津高度重视对困难群众、老年人、残疾人等特定群体权益的保障，使他们享有均等机会，以平等身份充分参与经济、政治、文化、社会生活，共享发展成果。党的十八大以来，天津按照保基本、兜底线、救急难、可持续的总体思路，始终把保障困难群众基本权益作为社会救助的根本出发点和落脚点，推动巩固拓展脱贫攻坚兜底保障成果同乡村振兴有效衔接，健全以基本生活救助、专项社会救助、急难社会救助为主体，社会力量参与为补充，与其他保障制度相衔接的分层分类社会救助体系，实现精准、高效、温暖、智慧救助。

1.社会救助体系进一步健全

社会救助规范化、体系健全化。2014年，天津按照国务院要求，进一步调整完善了临时救助政策，对临时救助制度的对象范围、标准制定、申请审批程序、资金渠道等进行了细化、实化。2015年，出台《天津市社会救助办法》，制定《天津市低收入家庭经济状况核对办法》等文件，进一步明确救助对象范围，规范救助程序，完善救助事项，确保兜底线、广覆盖、救急难、保公平。建立了因病支出型困难家庭救助制度，搭建了核对系统平台。乡镇（街道）全面建立社会救助"一门受理、协同办理"的受理、转办工作流程。搭建救助对象需求与救助资源信息对接平台，推动社会力量参与社会救助机制建设，将各区社会救助工作绩效考核结果与市财政"以奖代补"资金分配挂钩。

城乡低保保障标准年均增幅超过10%，保障标准和人均补差额位居全国第三，救助覆盖面不断扩大，城乡低保、农村"五保"已实现动态管理下的应保尽保。大力实施分类救助政策，不断完善低收入家庭救助制度，扩大了医疗救助范围，提高了救助标准。完善城乡一体的医疗救助政策，实施大病医疗救助。健全完善临时救助制度，加强社会救助动态管理，完善家庭收入申报、审查和动态跟踪体系，形成低保对象有进有出、补助水平有升有降的动态管理机制。形成了以城市低保、农村"五保"、特困户救助和灾民救助制度为基础，以临时救助、社会互助为补充，以优惠政策为支撑，以运转协调、管理规范、网络健全、全覆盖、高效益为目标，配套医疗、教育、住房、司法等专项救助作为，对各种原因造成生活困难、不能维持最低生活水平的城乡居民，提供一定的物质援助的社会救助体系。

对困难群众救助力度加大。社会救助标准逐步提升，最低生活保障标准、低收入家庭救助标准实现城乡统一，到2020年，最低生活保障标准分别由2012年的城市居民每人每月480元、乡镇居民每人每月280元提升至每人每月1010元标准，城乡低收入家庭救助标准提升至每户每月303元，城市特困人员和农村特困人员集中供养标准提升至每人每月1870元，农村特困人员分散供养标准提升至每人每月1530元。"十三五"时期，累计救助困难群众1200万人次，累计发放城乡低保金78.56亿元、特困供养金9.5亿元、临时救助金6.21亿元、低收入家庭救助金1.54亿元。居民家庭经济状况核对系统持续完善，信息共享覆盖面涉及户籍、车辆、房产、税务等14类政务信息和存款、理财、股票、债券等6类金融资产信息，累计对69.5万户次申请和已享受社会救助的家庭进行信息核对。"救急难"服务平台系统已覆盖市区两级社会救助职能部门170个、街道（乡镇）251个、基金会82家，共有注册用户2991人，微信移动审批活动用户1374人，解决了困难群众"救急难"问题，社会救助基金（专项资金）全面覆盖城乡特殊困难群众，妥善解决了社会救助政策覆盖不到或救助后仍有困难的个案家庭。医疗救助管理服务水平持续提升，特困人员供养、因病支出型困难家庭救助、医疗救助、分类救助、临时救助等制度逐步健全，救助医疗机构范围持续扩大，提高门诊救助额度，全额资助城乡低保对象、特困供养人员和低收入救助对象参加城镇居民基本医疗保险并给予医疗救助，医疗救助对象在本市医疗救助机构就医时，其基本医疗保险、大病保险与医疗救助实行"一站式"即时结算。

家庭经济状况核对机制全面建立。居民家庭经济状况核对系统正式上线运行，市场监管、财政地税、人力社保、公安、国土房管、公积金、民政7部门信息实现共享，为城乡低保、低收入、特困供养、价补联动、临时救助、医疗救助、因病支出等救助审批工作提供信息化核对服务。覆盖市、区和街（乡镇）三级用户的低保管理系统基本建立，低保、低收入救助、特困人员供养一户一档，动态管理。

2.社会福利事业进展有序

建立了困境儿童分类保障制度。党的十八大以来，儿童福利保障体系不断完善，儿童福利保障制度向适度普惠型转变。天津相继出台《关于发放孤儿基本生活费的实施办法》《关于发放困境家庭儿童基本生活费的通知》等系列制度性保障文件，对困境儿童进行分类施策、精准帮扶，为保障天津各类困境儿童基本生活提供政策保障。困境未成年人已纳入困境儿童保障范围，落实事实无人抚养儿童基本生活保障政策，给予每人每月2540元补贴，位于全国前列。建立困境家庭儿童基本生活费制度，给予低保和低收入救助家庭儿童每人每月200元补贴。

启动未成年人救助保护中心建设项目，在全市全面完成未成年人社会保护试点工作，建立困境未成年人"发现报告、调查评估、转介帮扶"的机制。实现流浪未成年人救助保护工作全覆盖，帮助流浪未成年人顺利回归校园、融入社会、健康成长，城乡社区儿童之家覆盖率达到100%。全市现已建立大"十"字救助横向格局和救助管理工作网络格局。建立成年孤儿社会安置评估机制，为天津集中供养成年孤儿回归社会搭建平台。

健全困境儿童和农村留守儿童动态管理机制。各区建立相应领导机制，开展关爱保护专项行动。持续开展农村留守儿童"合力监护、相伴成长"专项行动工作，农村留守儿童无人监护、无户口登记、失学辍学等问题100%得到解决。提高社会散居孤儿、艾滋病病毒感染儿童、事实无人抚养儿童基本生活费，保障标准居全国最高。开展了儿童福利服务体系和未成年人社会保护试点工作。

3.养老服务事业健康发展

养老工作体制机制日益健全。在全国率先出台了养老服务地方性法规《天津市养老服务促进条例》，建立以27个部门为成员单位的市级养老服务联席会议制度，河东区、南开区、静海区、和平区先后被纳入全国居家和社区养老服务改革试点，河西区被确定为天津居家养老服务试点区，出台《关于加快养老服务发展的实施意见》等49项政策文件，形成了较完备的养老服务政策体系。居家社区机构相协调、医养康养相结合的养老服务体系加快形成，通过增项、扩面、调标、变现、统筹等措施，对低保、低收入、失能等7类人群，按照料等级给予居家养老服务补贴，拓展居家养老农村试点，创新居家社区养老"4+4"服务模式，保障困难老年人居家养老基本服务。引导社会力量参与机构养老，国办和社会办养老机构优势互补、有序发展的格局基本形成。截至2020年，全市有养老机构387家、各类养老床位7.6万张、照料中心（站）1257个，社会建养老机构占全市养老机构总数比重达到85%。养老服务风险防范能力加强，老年人保险保障体系不断完善，推广老年人意外伤害商业险和全民意外伤害附加保险，实施养老床位综合责任保险，实现"三重保险保老年人平安"。

4.残疾人公共服务水平不断提升

残疾人基本生活保障标准提升。符合城乡最低生活保障条件的残疾人家庭实现了应保尽保、低保标准城乡一体化，困难残疾人生活补贴和重度残疾人护理补贴制度更加完善，补贴标准逐步提高，累计18万人享受残疾人2项补贴政策、发放补贴资金18.8亿元。提前2年实现了"十三五"规划提出的制定实施困难残疾人生活用水、电、气、暖和特定信息消费补贴政策的目标，每年为5.3万户困难残疾人家庭每户发放400元冬季取暖补贴，为5.4万名困难残疾人发放水、电、燃气补贴，为6.3万名视力、听力、言语残疾人每人每月发放30元通信补贴。在全国率先将住房困难农村残疾人家庭100%纳入危改范围，"十三五"时期完成危房改造1415户，使困难农村残疾人的居住环境和生活质量明显提升。

残疾人精准康复服务深入推进。印发实施了《天津市残疾人精准康复服务行动实施方案（2016—2020年）》，残疾人精准康复服务实现了行政区域全覆盖、残疾类别全覆盖、人员年龄全覆盖、中国残联基本康复服务目录内容全覆盖，年服务人数达到5万—6万。天津有康复需求的残疾人基本康复服务率和辅助器具服务率均达到80%以上，提前实现2020年任务目标，且残疾人各项康复补贴标准不断提高。

残疾人托养服务加快发展。"十三五"时期，全市投入托养服务补贴资金2.68亿元，托养服务残疾人56628人，运营残疾人托养服务机构85家，服务1540人。对符合居家托养服务条件且有需求的残疾人实现全覆盖。

残疾人教育和就业体系不断完善。残疾儿童少年接受义务教育比例达到96.06%（中国残联要求目标值大于95%），适龄3类残疾儿童少年接受义务教育比例达到98%以上。制定实施了《天津市促进残疾人就业补贴奖励办法》。天津高校残疾人毕业生就业创业率达到80%以上。大力实施各类无障碍改造工作，对有需求且符合改造条件的残疾人家庭实施无障碍改造18097户，对1080个社区进行了无障碍改造。

四、积极推进小康社会的
公共服务建设

1979年，邓小平提出中国共产党要领导中国人民建成小康社会后，天津市委、市政府贯彻落实党中央全面建成小康社会的战略决策，带领全市人民砥砺前行、不懈努力。"十三五"时期，天津在教育、卫生、文化、体育方面达到全面建成小康社会水平，实现了党中央根据我国经济社会发展实际，确立了全面建成小康社会的相关目标及要求：形成比较完善的现代国民教育体系、科技和文化创新体系、全民健身和医疗卫生体系；文化产品更加丰富，公共文化服务体系基本建成，基本公共服务均等化总体实现。全民受教育程度和创新人才培养水平明显提高，教育现代化基本实现，人人享有基本医疗卫生服务，社会和谐稳定。

（一）受教育权利得到更好保障

教育是民族振兴和社会进步的基石。天津市委、市政府始终重视教育的发展，牢牢把握立德树人的根本任务，并按照小康社会的建设目标努力前行。1994年，提前6年率先基本实现普及九年制义务教育；2001年，初中毕业生升学率达到91%，提前完成党的十六大提出的"基本普及高中阶段教育，消除文盲"目标。党的十八大后，市委、市政府扎实贯彻会议精神，全面实施素质教育，深化教育领域综合改革，实现基础教育普惠均衡，高等教育创新服务能力明显增强。同时将职业教育聚焦经济社会发展，进一步深化特殊教育、成人教育，推进京津冀教育协同发展，提升教育国际化水平，完善终身教育体系，建设学习型社会，圆满完成全面建设小康社会的目标。

天津初中毕业生升学率（2001—2020年）　　　（单位：%）

年份	2001	2002	2003	2004	2005	2006	2007	2008	2009	2010
数值	91	92.02	93.1	94	94.5	99.75	99.85	100	104.99	110.26
年份	2011	2012	2013	2014	2015	2016	2017	2018	2019	2020
数值	105.6	109.11	97	99.85	97.1	98.5	96.2	96	96.06	98.17

资料来源：根据天津历年统计年鉴数据整理。

1.教育改革持续推进，小康阶段性目标达成

党的十一届三中全会以后，天津教育系统按照党中央的部署，落实知识分子政策。市委、市政府结合全市实际情况提出了"科教兴市""人才兴市"的发展战略，把发展教育事业摆在突出位置上，持续深入推进教育改革，不断加强学校内涵建设和体制机制建设，教育事业得到了全社会的关注和空前的发展，完成了"基本普及高中阶段教育，消除文盲"目标。

（1）教育投入持续增长

党的十一届三中全会以前，天津教育事业经费主要是国家财政拨款；党的十一届三中全会以后，逐步形成以国家拨付经费为主，

多渠道筹集教育经费的格局。政府除将中央财政每年核定的经费预算指标依数拨给教育行政部门外，市级和区级财政每年还加大了从机动财力中的拨付力度，用于校容校貌的整修和基本办学条件的改善。由于各级党政领导对教育工作的重视，天津教育经费持续增长，并大大高于经常性财政收入增长的水平。

进入20世纪90年代，国家相继制定和颁布了《中国教育改革和发展纲要》《中华人民共和国教育法》《中华人民共和国义务教育法》，以法律的形式确定了国办学校以财政拨款为主，其他渠道筹措教育经费为辅的体制，实现了规定教育经费的"三个增长"。天津严格贯彻落实，教育事业进入了大发展时期。

（2）九年义务教育基本普及

从1979年起，根据中共中央、国务院转发的《全国托幼工作会议纪要》精神，天津采取了除积极发展国办园外，坚持动员和依靠社会力量，多渠道、多形式发展幼儿教育事业的方针，办起了各种类型的幼儿园，入园幼儿大幅度增加。2012年末，全市幼儿园在园幼儿达到22.85万人。

天津还积极贯彻《中华人民共和国义务教育法》，于1994年提前6年率先基本实现普及九年制义务教育，并通过了国家验收。在完成了实施义务教育的第一步战略目标后，市委、市政府又及时提出第二个战略目标，制定了"普九"新标准，并根据人口数量的变化和教育改革的需要，对原有的中小学校进行了整合。根据教育部办好一批重点校的通知精神，天津1978年确定了25所重点中小学，这些重点校在教学改革中起到了重要的示范带动作用。2001年，天津初中毕业生升学率达到91%，提前完成党的十六大提出的"基本普及高中阶段教育，消除文盲"目标。21世纪以来，天津加快推进普通高中现代化建设，在不断提升全市基础教育综合实力的基础上，推广特色教育，对学生因材施教，部分特色高中的办学经验在全国产生较大影响。

为保障在津的流动人口子女能够接受义务教育，天津采取了一系列措施：一是以公办学校为主，采取多种形式，就近接收流动人口子女接受义务教育；二是流动人口在津持有蓝印户口或有身份证、临时居住证，其子女入学与本市居民享受同等待遇，就近入学不收义务教育补偿金；三是流动人口子女在入学、入队、升学等方面，享受与本市学生同等的待遇。

（3）高等教育水平显著增强

改革开放以来，天津高等教育体制改革稳步推进，向着中央和天津市两级管理、分工负责，以天津市政府统筹为主、条块有机结合的体制框架迈出决定性步伐。同时，天津抓紧抓实高校思想政治教育工作，教育资源不断扩展，学科建设和内涵建设不断加强，高等教育综合实力显著增强。1978年，天津本科高等学校仅有12所，在校生为2.36万人（当年统计数据未剔除专科在校生数），本科专任教师6323人。2012年，天津有普通高校55所，年末在校生47.31万人，专任教师2.99万人。高等教育还坚持在学科建设上下功夫，各校学科整体水平有了很大提高，国家重点学科与天津重点学科数量有了较大增长，取得了一批在国内外有影响的标志性成果。20世纪末颁布实施的《中华人民共和国高等教育法》，极大地促进了民办高等教育的迅速发展，形成了多元化的办学格局，办学空间不断拓展，办学活力不断增强。

（4）职业教育特色化发展

党的十一届三中全会给天津职业教育带来生机。在坚持抓职业教育就是抓经济建设的理念下，依托行业、企业办学，着力培养高素质技能型人才，走出了具有天津特色的职业教育发展之路。遵照中央关于改革中等教育结构，大力发展职业教育的精神，天津采取了一系列措施发展职业教育：一是适应经济建设对中专人才的需求，扩大普通中专的教育规模；二是将部分普通中学改办为职业高中，同时恢复技工学校的招生。中等职业技术教育的突破性发展，从根本上改变了中等教育不合理的结构，初步形成了一个与普通教育体系并列的职业技术教育体系。通过采取合并、联合、划转、撤并等一系列措施，中等职业学校总数合理精简，7所中职学校入选国家中职示范校立项建设单位。2012年末，中等专业学校在校学生7.09万人，职业中学在校学生2.62万人，技工学校在校学生2.13万人，成人中专在校学生0.86万人。1999年，天津成为全国首批按照新的运行机制和新的管理模式发展高等职业教育的试点城市。经过多年的探索与发展，全市已形成中、高等职业教育相互衔接的合理布局。全市高等职业教育教学质量全面提高，中德应用技术大学6个本科专业通过教育部备案。

（5）特殊教育、成人教育体系日趋完善

改革开放以来，天津特殊教育依照《天津市特殊教育发展规划》，坚持对视力、听力、智力3类残疾学生的教育并重，建校、建班、随班就读3条渠道并存，教育、医疗康复、就业安置3项内容并举的原则，使特殊教育事业扎实推进。特殊教育的发展已经辐射到全市各区，全市视力、听力、智力3类残疾学生全面普及了九年义务教育，视力、听力残疾学生高中阶段入学率也已经接近天津基础教育相应学段的同等水平。2012年末，全市有特殊教育学校20所，在校学生2963人，专任教师575人。

改革开放后，天津成人教育也得到恢复和发展。改革开放初期，举办高等教育自学考试和广播电视大学、农业广播电视学校教育；恢复和发展了社会力量办学，为提高青壮年职工和农民的文化技术水平，开展了"职工双补""农民双补"和全市性的扫盲识字教育。到20世纪90年代初，已经形成一个多形式、多层次、多规格、多渠道、多对象的能够适应和推进经济社会发展的成人教育体系。2000年后，以电大、函授、夜大、自学考试辅导、网校等为主要形式的成人高等教育迅速发展。

2.教育事业高质量发展，圆满完成小康建设目标

2018年，习近平总书记在全国教育大会上的讲话中指出："教育是国之大计、党之大计……培养德智体美劳全面发展的社会主义建设者和接班人，加快推进教育现代化、建设教育强国、办好人民满意的教育。"党的十八大以来，按照国家的创新驱动发展战略，天津将教育摆在了更加优先发展的战略地位：经济社会发展规划优先安排教育，财政投入优先保障教育，资源配置优先满足教育。各类举措综合发力，不断推动全市各级各类教育高质量发展。全市各级各类教育蓬勃发展，多形式、多渠道、多层次的教育体系不断成熟和完善，教育资源、教育成果更广泛、更直接地惠及全市人民，为加快推进全市基本公共服务均等化进程夯实了基础，超额完成了党的十八大提出的"全民受教育程度和创新人才培养水平明显提高，进入人才强国和人力资源强国行列，教育现代化基本实现"的目标。

（1）基础教育实现普惠均衡

党的十八大以来，天津大力实施学前教育3年行动计划和学前

小学生在天津滨海新区图书馆举办活动

教育提升计划，印发了《天津市普惠性民办幼儿园认定办法》和《奖补办法》，通过新建、改扩建幼儿园，在进城务工人员居住集中地区设立"阳光乐园"，对幼儿园园长和幼儿教师进行培训，制定并实施公办幼儿园生均公用经费标准等实际措施保证学前教育全面稳步发展。2021年，天津有幼儿园2346所，在园幼儿31.6万人。

天津以保障教育公平作为主攻方向，围绕公平普惠和优质均衡2条主线，不断深化教育改革。如进一步完善城乡义务教育经费保障机制，将民办中小学义务教育阶段学生纳入"两免一补"范围，深入推进第三轮义务教育学校现代化标准建设，出台市级巡回督导实施办法，完善义务教育学校教师校长交流轮岗机制等多项均衡措施，切实扩大优质教育资源的覆盖面。借力教育信息化，充分发挥优质资源的辐射作用，缩小全市各区间、城乡间、校际的差距。2021年，天津提升改造C级校舍12.54万平方米，新增中小学学位

5.9万个，配置中小学教学仪器设备91万台（套、件），提升改造学校体育运动场馆52.2万平方米，已整体通过国务院教育督导委员会评估，成为继上海、北京之后，全国第三个实现义务教育发展基本均衡的地区。

在不断推进义务教育向优质均衡迈进的同时，天津着力推进与高考改革相适应的普通高中课程改革，2016年出台《天津市普通高中学生综合素质评价实施办法》，启动综合素质评价信息化管理工作和品牌高中建设工作。落实天津居住证管理办法，妥善解决符合条件的居住证持有人随迁子女在津接受义务教育，并与本市户籍学生共享优质教育资源。

天津中学生参加学校运动会

（2）高等教育创新服务能力明显增强

党的十八大以后，天津高校以思想政治教育护航，突出学科建设重点，通过体制机制改革激发高校发展动力和活力，进一步提升高校的内涵建设，着力推进卓越人才系列培养计划，研究制定《天津市推进一流大学和一流学科建设实施方案》，明确天津"双一流"建设的目标任务。"十三五"时期，天津国家级重点学科达到88个，新增2个博士学位授权单位和2个服务国家特殊需求博士人才培养项目。2021年，高校"双一流"建设项目全部通过国家首轮验收，"世界一流"建设学科增至14个。在加强学科建设和内涵建设的同时，天津进一步加强高校新校区建设。西青高校园区和海河教育园区等陆续建成并投入使用，办学规模不断扩大。

天津还围绕创新驱动发展战略，进一步深化高校教育改革，出台科技成果使用、处置和收益管理改革措施。为调动高校科技创新和成果转化的积极性，研究制定了《天津市高校基本科研业务费管理暂行办法》《天津市促进高校科技成果转移转化工作的实施意见》及配套文件，并完善高校科技创新成果转化中心运行机制，在高校和各区建立分支机构，形成"一园多区、一体多翼"的格局，使高校创新引领能力和科技成果转化能力显著提升。天津高校社会服务能力也明显提升。通过实施"2011计划"，建成2个国家级、14个市级、20个校级协同创新中心。高校成果转化中心成为国家级技术转移示范机构，高校专利授权量年增长26.7%，高校获得国家自然科学奖、技术发明奖和科技进步奖占全市比例分别达到100%、75%和50%。

（3）职业教育聚焦经济社会发展

"要把加快发展现代职业教育摆在更加突出的位置，更好支持和帮助职业教育发展，为实现'两个一百年'奋斗目标和中华民族伟大复兴的中国梦提供坚实人才保障。"党的十八大以后，在市委、市政府的正确领导下，天津深入学习贯彻落实习近平总书记关于职业教育工作的重要指示批示精神，落实全国职业教育大会精神和《国家职业教育改革实施方案》，始终坚持深化产教融合，加强校企合作，深化教学改革，加强能力培养，不断提高技术技能人才培养质量。天津建立了国家职业教育改革创新示范区并继续推进示范区升级建设；作为大赛主赛场，连续举办多届全国职业院校技能大赛；成立全国职业院校技能大赛成果转化中心和国家职业教育教学资源开发与制作中心；与企业、行业、产业以及政府建立多元合作平台等，使职业教育进一步走向现代化。

天津职业院校主动融入"一基地三区"建设，服务"津滨"双城发展格局，紧密对接智能科技、生物医药、新能源、新材料等战略性新兴产业，航空航天、装备制造、石油化工、汽车工业等传统优势产业，以及养老、托育、家政、健康等现代服务业，优化专业布局，设置了云计算、大数据、人工智能、工业机器人、新能源汽车技术、智慧养老、家政服务等一批新专业。全市共有职业教育类大学2所，独立设置高职院校25所，中等职业学校71所。高职院校专业实现19个专业大类的全覆盖，对接"1+3+4"产业体系开设相关专业（点）287个，对接现代服务业相关专业（点）376个。2020年，全市职业院校招生规模超过11.5万人，在校生人数超过30万人。

（4）京津冀教育协同发展

2014年2月26日，习近平总书记主持召开座谈会听取京津冀协同发展专题汇报，提出实现京津冀协同发展是一个重大国家战略。2015年6月9日，中共中央、国务院印发《京津冀协同发展规划纲要》。天津深入贯彻执行重大国家发展战略，将公共服务融入并服务京津冀协同发展战略，研究制定了《京津冀协同发展教育重点工作实施方案》和《高等教育同城化试点实施方案》，建立了与教育部对接的联动工作机制。此外，还与教育部签署备忘录，促进国家大学创新园区建设。组建京津冀工业大学、医科大学等高校协同创新联盟，与教育部、河北省签署共建河北工业大学协议。

在职业教育层面，天津与河北省签署职业教育战略合作协议和现代职业教育帮扶合作框架协议，与京冀教育部门签署"通武廊"教育协同发展合作协议。搭建京津冀职业教育产教对接平台，成立京津冀技术转移协同创新联盟、京津冀先进制造业职业教育集团，积极推动"百万技能人才培训福利计划"，2017年还在雄安新区建立了天津市第一商业学校分校，在河北省建立了天津职业大学分校、天津交通职业技术学院分院。

（5）教育国际化水平提升

随着教育实力的日益增强，天津教育国际化水平也在不断提升。党的十八大以来，天津陆续出台了《天津市关于做好新时期教育对外开放工作的实施意见》和《天津市推进共建"一带一路"教育行动计划》。研究制定了《中国（天津）自由贸易试验区中外合作经营性培训机构管理暂行办法》和《中国（天津）自由贸易试验区外商投资自费出国留学中介服务资格认定与监管暂行办法》。天津将留学生项目纳入《天津市推进丝绸之路经济带和21世纪海上丝绸之路建设三年（2016—2018年）滚动实施方案》，设立天津外国留学生政府奖学金，对申请来津学习和正在天津学习的本专科及以上的优秀外国留学生进行资助。

随着教育对外开放的进一步加强，天津的中外合作办学项目也在不断增加，设立了天津音乐学院茱莉亚研究院、南开大学—诺欧商学院泰达联合学院，天津财经大学与美国西弗吉尼亚大学合作举办金融学专业本科教育项目也获得教育部批准。此外，天津还推动中医药大学与泰国华侨崇圣大学、天津职业技术师范大学与波黑巴尼亚卢卡大学合作设立孔子学院，推动苏格兰中小学孔子学院设立孔子课堂，天津渤海职业技术学院在泰国大城府设立鲁班工坊等。

（6）终身学习智慧便捷

为了便于市民通过网络进行终身学习，天津开通了终身学习网与全民智慧学习平台。终身学习网依托天津开放大学建立，具有学习课程、特色活动、兴趣社区、工作室、大讲堂和媒体联盟6大功能模块，注重线上线下互动。终身学习网覆盖全市，突出全高清视频模式，突出直播功能和互动学习特色，其中学习课程版块以开放教育模式为依托，为市民提供了生活保健、文化艺术、家庭教育、市民安全等高清视频课程24类2030门10000余节。已有10余万注册用户利用计算机、手机、网络电视等多种设备进行学习。全民智慧学习平台围绕"富强天津、民主天津、文明天津、和谐天津、美丽天津"5大版块为市民免费开放精品课程，并提供名家讲坛、通识课、电子书、期刊等丰富的学习资源，为每一位学习者打造一个在线学习空间。平台同时兼具"全局化""个性化""智能化"的特性，通过大数据分析让学习者更充分地了解自身的学习需要，真正掌握知识，令市民充分感受到学习型社会下完善的终身教育体系带来的幸福小康生活。

（二）卫生健康服务公平可及

改革开放后，在教育事业快步发展的同时，天津卫生医疗事业也得到了长足发展。党的十八大后，天津医疗资源进一步优化，医药卫生体制改革继续深入，通过实行家庭医生与医联体制度保障群众身体健康，实现了党的十八大提出的形成比较完善的医疗卫生体系，社会保障全民覆盖，人人享有基本医疗卫生服务的小康社会目标。天津还持续提高妇幼健康服务保障能力，积极传承与弘扬中医药事业，推进京津冀医疗卫生协同发展及智慧医疗建设。

1.卫生事业迅速发展，小康社会加快建设

党的十一届三中全会以来，随着改革的不断推进，天津卫生事业发展取得了显著成就。医疗卫生服务体系日益健全，服务的可及性和均等性不断提高，卫生科技水平迅速提升，疾病防治能力不断增强，医疗保障覆盖人口逐步扩大，人民群众健康水平明显改善，百姓切实享受到卫生事业的发展成果，全市健康水平达到世界发达国家中等水平。

（1）调整优化卫生资源

为满足人民群众不断增长的医疗需求，天津在"十五"时期通过合并精简了 19 个医疗卫生机构，扩建了 21 个医疗卫生机构，2003 年在全国率先制定区域卫生规划，提出了天津卫生发展阶段性纲领和卫生资源优化配置的目标，构建了以 3 个医学中心、5 个区域性医疗中心和一批重点专科医院为龙头的城市社区医疗服务体系。通过调整，2012 年，天津共有卫生事业机构 4551 个，其中医院、卫生院 465 个，平均每个医院负担人口 2.98 万人，床位数达到 5.35 万张。

天津卫生资源经过科学整合和重组，显现出巨大的技术优势。3 个医学中心、5 个区域性医疗中心和一批重点专科医院技术水平

不断提高，重点学科中获得国家自然科学二等奖1项，国家科学技术二等奖6项。中医针灸、肝移植、血液病学、乳腺癌防治、中西医结合治疗胆胰病等学科保持全国领先地位。天津还积极构建社区卫生服务网络，开放社会办医，推广家庭病床模式。2003年，发展并健全新的两层城市医疗网络，实现医疗、保健、预防、康复、健康教育和计划生育六位一体。

（2）建成天津特色卫生科技体系

改革开放后，天津卫生系统坚持科技兴医、深化卫生科技管理体制改革、加速科技管理一体化进程、加强重点学科建设、积极培育高素质的卫生科技队伍。1996年，确立了21个重点学科和13个重点发展学科，取得了突破性的进展，从而标志着天津以学科和人才建设为龙头，以同期拥有和建立的28所附设性研究所、5个高新技术研究基地、3所国家级重点实验室和高等医学院为技术依托的新型科技体系初步形成，并步入良性发展的轨道。"九五"时期，共承担各级科研课题776项，在移植外科领域创造了肝移植生存时间最长、移植例数最多的全国纪录。

为瞄准国际科技前沿，实现与国际先进水平接轨，天津选择确定放射介入、腔镜治疗、生物技术、器官移植和血液净化5项高新技术，并逐渐向各专业技术领域广泛渗透与延伸，在引进与创新的结合中，在国内形成了明显的技术优势。以心脑血管疾病和恶性肿瘤为主的慢性非传染疾病预防与控制工作和社区卫生服务继续保持国内领先，受到中国国家卫生健康委员会、世界银行和世界卫生组织的认可和高度评价。

（3）医疗体制深入改革

改革开放后，天津对医疗单位体制采取了一系列改革措施，如院长负责制、政企分离、转变服务模式、控制药品消费等，并大力提倡多种形式的社会办医，如各医院之间的协作或设专科分院、专业科室，横向联合，扩大社会服务项目等。

1994年，公费医疗、自费项目收费标准并轨，为医疗市场发展创造了环境。1998年12月，国务院于发布《关于建立城镇职工基本医疗保险制度的决定》，要求在全国范围内进行城镇职工医疗保险制度改革，所有用人单位（包括机关事业单位）及其职工全部参加城镇职工基本医疗保险制度。至此，公费医疗全部取消。

2003年以来，天津卫生总费用结构逐步调整，政府和社会卫生支出比例不断提高，个人支出占比逐年减少。

（4）中西医结合向纵深发展

改革开放后，天津坚持中西医并重，以机构建设为基础，以学术发展为根本，以人才培养为重点，以科学管理为保证，全面加强各项工作，综合实力和整体水平显著增强。

天津中医学院（现天津中医药大学）于1978年重建，先后举办过8期西医学习中医班，为全国尤其是天津市培养了一批西医造诣深、中医学得好的"西"学"中"学员。天津中医院（科）也积极充实人员和设备，使天津的中西医结合治疗向纵深发展打好基础，呈现出与中医、西医共同发展的良好局面。

（5）社区卫生服务网络逐渐健全

天津的社区卫生服务工作始终走在全国前列。市委、市政府1997年7月下发了《中共天津市委、天津市人民政府关于发展社区卫生服务的决定》，这是全国第一份由省级人民政府下发的关于发展城市社区卫生服务的政策性文件。还制定了一系列规范文件，建立和巩固了以学历教育和毕业后教育为核心、岗位培训为重点、继续教育为补充的三位一体的全科医学教育体系，并且扩大社区卫生服务网络覆盖率。2012年，天津共有社区服务机构1323个、便民利民服务网点9624个、职工5606人，社区服务志愿者人数达到12.54万人次。

2.医疗服务公平可及，全面完成小康目标

党的十八大以来，天津按照全面建成小康社会的要求，坚持以人民为中心，启动健康天津建设，不断优化资源配置，加强建设基本公共卫生服务体系，持续推进医药卫生体制综合改革，完善基本公共卫生服务项目，把人民身体健康作为全面建成小康社会的重要内涵，使全体人民享有更高水平的医疗卫生服务。

（1）医疗资源进一步优化

党的十八大以后，天津进一步优化医疗资源，2012年天津卫生资源继续深入调整，新建第二儿童医院、医大空港医院，改扩建环湖医院、胸科医院、中医一附院，中医二附院迁入新址等。建成25个国家级胸痛中心，覆盖全市。调整优化既保持了医院原有的特色，又补充融合了新的机制，充分调动发挥医疗资源的效能，为市民提供更优质更高效的服务。

截至2021年末，全市共有各类卫生机构6084个，其中医院432个；卫生机构床位6.88万张，其中医院6.22万张；卫生技术人员12.13万人，其中执业（助理）医师5.16万人，注册护士4.67万人；医疗卫生机构诊疗人数10907.4万人次，其中医院诊疗人数6552.9万人次。

（2）医药卫生体制改革继续深入

天津继续深入推进医药卫生体制综合改革。一是积极推动卫生

与健康工作，出台《关于推进健康天津建设的实施意见》《天津市深化医药卫生体制综合改革方案》及相关配套文件，启动"三区两院"医药卫生体制综合改革试点，探索建立现代医院管理制度。二是稳步推进公立医院改革，在4个直辖市中，天津率先破除实行了60多年的公立医院"以药补医"旧机制，严格落实采购"两票制"，取消耗材加成，调整医疗服务价格。三是实行分级诊疗制度，形成"健康进家庭、小病在基层、大病到医院、康复回基层"的新格局。四是强化基层卫生服务体系建设，持续实施家庭责任医生签约服务，增加人均基本公共卫生服务经费，试点推进涉农区镇村卫生服务一体化工作。五是推进医疗信息化建设，制定《关于促进和规范健康医疗大数据应用发展的实施方案》《天津智能医疗与健康专项行动计划》，全面推动以电子病历为核心的医院功能规范建设和智慧医疗建设。六是完善国家基本药物制度和药品供应保障机制，实施公立医院药品集中采购，加强药品采购全过程综合监管。七是大力发展社会力量办医，研究制定支持社会力量提供多层次、多样化医疗服务的实施意见，并从规划与准入管理、执业运营环境营造、执业行为监督与管理3个方面开展工作。医疗纠纷处置形成"三调节一保险"的天津模式。系统推进医保、医疗、医药"三医联动"改革，贴近群众、依靠群众、服务群众，让广大人民群众从改革中得到实惠，通过改革使人民群众健康水平不断提升。

（3）家庭医生与医联体保障群众健康

习近平总书记强调："要把人民健康放在优先发展的战略地位，加快推进健康中国建设，努力全方位、全周期保障人民健康。"面临人口老龄化和慢性病高发等新情况、新挑战，从2012年起，天津在全市试点家庭责任医生工作，在基层推进家庭医生签约服务，以社区为范围，以家庭为单位，以个性化需求为导向，以全面健康管理为目标，为签约居民提供融预防、医疗、保健、康复、健康教育等为一体的医疗保健服务，为居民提供基础性、综合性、连续性、可及性和协调性的社区卫生服务。截至2021年底，居民健康档案建档率达到83%，每年为超过130万的老年人提供免费健康体检，社区管理高血压和糖尿病患者达到150万人。

为了搭建合理的就医模式，吸引百姓首诊在基层，天津推动医疗、医保、医药"三医联动"，以及"区域医联体""信息化医联体""专病医联体"建设。各区以规划发展、分区包段、防治结合、行业监管的原则，发挥区政府主导作用，以行政区为服务区域，将服务区域按照医疗资源分布情况划分为若干网格，每个网格由1个医疗集团或医联体负责。区域医联体为网格内的居民提供疾病预防、诊断、治疗等一体化、连续性医疗服务。全市16个区全部完成区域医联体建设，已组建了胸痛、卒中、儿科、口腔、眼科、糖尿病防治、高危孕产妇救治、新生儿先天性心脏病救治等10家专科联盟，减少患者就诊跨行政区域流动，让群众享受到小康社会的便捷就医环境。

（4）妇幼健康服务保障能力逐步提高

2008年，天津相继制定了《天津市妇女儿童健康行动计划（2008—2012年）》和《天津市妇女儿童健康促进计划（2013—2020年）》，实施20项政府免费惠民项目。"两个计划"主要围绕母婴安全、控制缺陷、妇儿健康3个领域开展工作，获得了显著的成效。一是妇女儿童健康广覆盖，10多年来，共覆盖妇女儿童4286.4万人次，检出各类阳性疾病420余万人次。二是保障母婴安全，连续15年实现对孕产妇、婴儿死亡率，5岁以下儿童死亡率的理想控制，3个死亡率分别持续控制在10/10万、6‰和7‰以下，位居全国前列。三是出生缺陷控制取得显著成效，已连续13年将出生缺陷控制在低水平。四是妇女儿童健康状况得到改善，定期进行妇科病普查和有效干预。2021年，为了贯彻落实习近平新时代中国特色社会主义思想和党的十九大精神，落实习近平总书记在全国卫生与健康大会上提出"要关注和重视重点人群健康，保障妇幼健康"的要求，天津市政府颁布实施了《天津市妇女儿童健康提升计划（2021—2030年）》，让更多的妇女儿童享受到更好的健康服务，不断提升妇女儿童的健康福祉和获得感幸福感安全感。

（5）京津冀医疗卫生协同发展

党的十八大以来，随着京津冀协同发展的深入推进，三地卫生战略合作有效推进。一是签署并落实《京津冀卫生计生事业协同发展合作协议》，在区域医疗、公共卫生、综合监督、妇幼保健、基层卫生等11个方面加强合作。二是签订《京津冀卫生计生事业发展行动计划（2016—2017年）》，启动药品、医用耗材集中采购，并加强采购全过程综合监管，京津冀134家机构对27项临床检验项目、17项医学影像检查项目实施互认和共享，启动京津冀医疗机构、医师、护士电子化注册管理改革和京津冀医师区域注册试点工作。三是加强卫生管理人才与专科人才的培养，服务深化医改和"一带一路"建设。四是发挥武清、宝坻、静海、宁河及滨海新区等重点承接区和承接平台作用，积极疏解北京医疗卫生功能。五是成功主办2015年京津冀卫生应急综合演练。

此外，天津还积极推进中国中医科学院天津分院、中国医学科学院血液病医院项目和团泊国际糖尿病医院项目建设。2021年，京津冀异地就医医保门诊联网直接结算覆盖各级各类医院1013家，有力提升三地医疗服务便利化水平，京津冀医疗卫生协同发展不断深入。

（6）中医药事业得到传承与弘扬

党的十八大以来，制定《天津市贯彻中医药发展战略规划纲要（2016—2030年）》和《天津市加快推进中医药健康服务发展实施方案（2016—2020年）》，有序推进中医药科技支撑平台和项目建设。同时，加强中医临床研究基地建设，积极申报科技部国家临床研究中心；着力培育新兴业态，申报中医药健康旅游示范区、基地、项目建设；强化中医药人才培养，依托天津市国家中医药和中医护理培训基地优势，举办全国专业人才培训班，提高了中医药影响力；加强国医大师工作室建设，建设全国和基层名老中医专家传承工作室。

天津还同步推进公立中医医院改革，完善差别化中医医院改革政策。出台《天津市中医药综合治疗服务管理指南（试行）》，制定印发《天津市基层中医药服务能力提升工程"十三五"行动计划实施意见》，开展创建综合医院中西医结合重点专科培育项目，实施基层医疗卫生机构"中医馆"建设；出台《2017年基层医疗机构国医堂服务能力建设项目工作方案》，持续提升"国医堂"服务能力。中医"国医堂"建设基本覆盖全市基层医疗机构，100%城乡基层医疗卫生机构均能提供中医药服务，满足了人民群众对中医药服务的迫切需求。

（7）智慧医疗建设全面推进

党的十八大以来，天津致力于"智慧城市"建设，而智慧医疗是其中重要的组成部分。按照国家卫生健康委员会《互联网诊疗管理办法（试行）》等要求，天津市卫生健康委员会先后印发《市卫生健康委关于加强互联网诊疗和互联网医院管理有关工作的通知》

和《市卫生健康委关于疫情防控期间做好互联网诊疗咨询服务工作的通知》等文件，进一步细化互联网医院诊疗服务范围，明确互联网医院服务的负面清单，并对医疗机构、医师、信息安全、处方药事、病历资料等重点内容提出管理要求。同时，建设完成了互联网医疗服务监管平台，通过互联网医院接入该平台，可以监测互联网医院运行情况，发现问题及时进行干预，持续提升互联网医院的医疗质量。

2019年，启用"天津市健康医疗大数据超级平台"，对全市42家三级医院的医疗数据进行汇总，通过大数据分析决策，对重点数据实施监测，从而实现科学地服务与监管，患者的医疗档案还可在各级公立医疗机构实现共享。整合全市医疗资源，启动建设了"健康天津"手机应用程序，提供疫情防控、预约挂号、线上交费、自助取号、检验检查结果打印等全功能智慧化服务，并可支持多种支付方式。同时，通过大数据分析，优化完善分诊叫号功能，合理安排就诊患者数量，探索检验检查集中预约，减少患者往返周折。另外，还通过网络系统实行家庭医疗签约服务，并在全市范围内的救护车辆上搭载远程救治设备，随时与天津市120急救定点医院连接互动，提升救治效率。

（三）文化事业繁荣发展

党的十八大报告指出："文化是民族的血脉，是人民的精神家园。全面建成小康社会，实现中华民族伟大复兴，必须推动社会主义文化大发展大繁荣，兴起社会主义文化建设新高潮，提高国家文化软实力，发挥文化引领风尚、教育人民、服务社会、推动发展的作用。""十三五"时期，天津坚持马克思主义在意识形态领域指导地位，坚持以社会主义核心价值观为引领，完善了公共文化服务体系，大力推进文化产业的发展，通过发行天津文化惠民卡让文化贴近百姓、服务百姓，实现了文化旅游、图书文物的数字化、现代化发展。不仅提前完成了党的十六大提出的覆盖全社会的公共文化服务体系基本建立、文化产业占国民经济比重明显提高、国际竞争力显著增强、适应人民需要的文化产品更加丰富的全面建成小康社会目标，还圆满完成了党的十八大提出的文化软实力显著增强，社会主义核心价值体系深入人心，公民文明素质和社会文明程度明显提高，文化产品更加丰富，公共文化服务体系基本建成的小康社会建设更高目标。

1.文化艺术百花齐放，小康目标提前完成

改革开放后，天津的文学创作、美术、音乐、舞蹈、戏剧、摄影、书法、曲艺等也得到了快速的发展，新建改建一批图书馆、博物馆，群众喜闻乐见的文化形式多样，群众文化蓬勃发展。提前完成了"适应人民需要的文化产品更加丰富"等小康社会目标。

文学创作日益繁荣。改革开放后，天津众多作家勤奋耕耘，形成了一支专业与业余相结合、实力雄厚的创作队伍。小说创作在题材、手法、品种、风格上呈多样化，短篇、中篇、长篇小说各具特色，既有现实风格也有历史题材。汇集了孙犁、杨润身、柳溪、林呐、万国儒、鲍昌、蒋子龙、冯骥才、航鹰、李定兴、梁斌、王林、袁静、杨润身、王昌定、周骥良、石英等一批优秀作家，创作出《乔厂长上任记》《一个工厂秘书的日记》《拜年》《雕花烟斗》

《金鹿儿》《明姑娘》《芨芨草》《四姊妹》《祝福你，费尔马》《开拓者》《赤橙黄绿青蓝紫》《燕赵悲歌》《啊》《雾中人》《神鞭》《倾斜的阁楼》《庚子风云》《义和拳》《神灯》《烽烟图》《翻身纪事》《叱咤风云》《吉鸿昌》等一批优秀作品。

艺术活动遍地开花。天津的美术、音乐、舞蹈、戏剧、摄影、书法等文艺形式也得到了快速的发展。中国美术家协会天津分会多次组织大型美术创作活动、美术展览，展出作品万余件，对外美术交流也很活跃，市群众艺术馆，第一、第二工人文化宫，各区文化馆均有自己的业余美术队伍，鸣社、十个点、无花果、南郊油画会、北郊农民画会、和平国画会、宝坻工笔画会等美术小群体相继出现，尤其是被誉为"渤海明珠"的塘沽版画、汉沽版画的出现，在全国都产生很大影响。群众的业余音乐、舞蹈活动也十分活跃。各区的文化馆、俱乐部、文化宫，在普及音乐、舞蹈知识，培养和发现音乐人、舞蹈人方面做了大量工作，输送了大量人才，使天津被誉为"歌唱家之乡"。

曲艺杂技各放异彩。天津被称为中国北方曲艺之乡，曲种繁多，有单弦、大鼓、时调、快板书、相声、评书等10余种。改革开放后，天津曲艺舞台百花齐放，保持了旺盛的发展势头。天津市曲艺团、天津实验曲艺杂技团、中国北方曲艺学校、艺术研究所曲艺研究室、天津市相声研究会等曲艺团体，推动了天津曲艺杂技事业的健康发展。1979年，天津曲艺演员赴老山前线进行慰问演出，1980年、1982年、1984年连续举办3届"津门曲荟"，演出了多种题材、不同曲种的数百个节目。杂技艺术工作者也作为对外文化交流的使者多次出访。1975年后，天津杂技团先后到北欧5国、澳大利亚、法国、日本等地演出。

文博场馆布局全面。党的十一届三中全会后，天津全市各区已全部建立了图书馆，同时又新建立了一批区级少年儿童图书馆，天津各高等院校、科研单位以及许多机关、企业、学校、街道、乡镇等也建立了基层图书馆（室）。博物馆也有较大发展，特别是1979年后，新建了周恩来邓颖超纪念馆、天津民俗博物馆、天津市义和团纪念馆、天津戏剧博物馆、平津战役天津前线指挥部旧址陈列馆、觉悟社旧址纪念馆、天津黄崖关长城博物馆等。

群众文化事业蓬勃发展。改革开放后，天津群众文化事业机构逐步健全，布局比较合理。1983年，成立了天津群众文化工作委员会，负责协调、组织各系统、各部门之间的关系，促进群众文化工作的发展。天津市区110个街道和213个乡镇，普遍建立了文化站和文化中心，工厂企业的职工俱乐部和农村乡镇俱乐部也得到恢复和发展，市区的部分社区还建立了文化室。已基本形成市、区、街道（乡镇）和基层（工厂、企业、学校、农村、社区）四级群众文化网，群众文化事业得到蓬勃发展。

2.文化强市民众获益，小康目标超额完成

党的十八大以来，天津大力实施文化强市战略，扎实推进文化事业和文化产业发展，文化综合实力和竞争力显著提升，向文化繁荣、社会文明的魅力人文之都阔步迈进。截至2021年末，全市共有艺术表演团体115个、文化馆17个、博物馆69个、公共图书馆20个、街乡镇综合文化站255个；全市电影放映单位109个，放映场次111.92万场，观影人数1682.64万人次，实现票房收入7亿元，圆满完成了全面建成小康社会的战略目标。

（1）公共文化服务体系化

天津在全国率先出台《关于加快构建现代公共文化服务体系的实施意见》，3个区、5个项目入选国家公共文化服务体系示范区和示范项目，基层文化活动更加活跃。天津文化中心等重大公共文化设施建成投用，各区图书馆、文化馆、街道（乡镇）文化站、村（社区）文化活动室基本实现全覆盖并免费开放，四级公共文化设施网络更加完善。完成公共电子阅览室建设计划，天津图书馆和市内6区图书馆实现通借通还。

天津还开展村居综合性文化服务中心达标验收，推动基层文化设施建设。基层综合性文化服务中心达标验收工作坚持高标准、严要求，涵盖设施设备、功能配置、标识牌匾、开放时间、管理制度、服务项目、活动场次、人员配备、特色品牌、信息报送等30余项标准要求，既注重"硬件"，也注重"软件"。全市高标准验收通过达标的基层综合性文化服务中心近3000个，有效提升了基层综合性文化服务中心的建设品质，推动了基层文化设施建设的标准化、均等化。

（2）文化产业融合化

天津文化产业提速发展，形成了文化创意、广播影视、出版发行、演艺娱乐、文化旅游、数字内容和动漫、文化会展和广告、艺术品交易8大门类为主体的文化产业体系，运用"互联网+"、新型传播技术制作的文化产品和服务发展迅速。

天津通过出台《推进文化创意和设计服务与相关产业融合发展行动计划（2015—2020年）》《天津市文化产业发展三年行动计划（2014—2016年）》等政策，实施相关行政审批事项由42项减少至15项等措施，支持文化产业发展，推动文化与科技融合、文化与金融融合、文化与旅游融合、传统媒体与新兴媒体融合，促进文化贸易、电影产业、现代服务业发展，进一步提升文化创意和设计服务整体质量水平与核心竞争力。天津还设立每年1亿元的市级文化产业发展专项资金，已扶持了172个项目，并且通过撬动超百亿元社会资金，引导设立区文化发展专项资金等方式保障文化产业发展，通过推出扶持文化出口企业政策推动天津文化"走出去"。

在空间布局上，天津基本形成山、海、城、乡"四带多点"的文化产业格局。2020年3月，天津印发了《市文化和旅游局关于表彰2019年评估考核优秀的文化产业示范园区和示范基地的决定》和《天津市文化和旅游局关于撤销部分文化产业示范园区和示范基地命名的通知》。截至2021年6月，天津有国家级文化产业示范园区1家（国家动漫产业综合示范园）、市级示范园区14家，国家级文化产业示范基地9家、市级示范基地49家。

（3）京津冀文化协同化

天津积极把握战略性机遇，加强顶层设计，注重制度创新，扩大交流合作，将京津冀文化协同向纵深推进。天津市委宣传部连续4年与京冀相关部门共同举办"京津冀文化创意产业合作暨项目推介会""文化产业项目投融资对接会""文化创意产业（交易）博览会"等合作交流活动。天津先后签署了京津冀《文化领域协同发展战略框架协议》《新闻出版广播影视协同创新战略框架协议》等，合作成立了京津冀文化产业园区（企业）联盟，66家园区签订了备忘录，推动建立三地建设、运营、管理、招商引资等方面的信息平台和资源对接平台。在推动文化产业创新协同方面，三地签署了《文化产业协会框架合作协议》《演艺领域深化合作协议》。三地共享品牌项目，建立舞台艺术精品剧目交流演出机制和互通互联的演艺信息共享平台，鼓励各类艺术院团在三地惠民演出；轮流举办"精品剧目展演"，集中展示优秀剧目；统筹剧院、剧场资源，成立剧院联盟，实现京津冀剧院资源统筹协调。

天津具有独特的"津派"文化底蕴，特色文化产业优势明显。天津立足优势产业，补足发展短板，通过主动错位发展，吸引了一批优质文化企业和项目落地生根。知名企业纷至沓来，来津发展的北京文化企业已达400余家。三地共同建立了文化项目资源库，已收录200余个项目。

（4）文惠卡便民化

习近平总书记主持召开文艺工作座谈会时强调："只有牢固树立马克思主义文艺观，真正做到了以人民为中心，文艺才能发挥最大正能量。"2015年3月28日，天津市委、市政府落实文化惠民要求，在市委宣传部、市财政局、市文广局组织指导下，由天津北方演艺集团联合全市11家国有文艺院团发行了文惠卡，在全国首创"变补贴院团为补贴市民"的政府文化惠民活动。2017年1月23日，涵盖40余家演出单位的"天津市文化惠民演出联盟"（文惠联盟）成立，自3月18日开始，市民持文惠卡不仅可以观看国有院团演出，还可以观看"文惠联盟"内民营院团的演出和演出机构引进的外地优秀剧目。

根据天津演艺网后台显示，2015年文惠卡推出演出914场，2016年推出演出1388场，连续2年平均上座率达到80%以上，新创剧目上座率持续高达100%，2021年文惠卡演出达到了5840场。2015—2021年，办卡人数已达80余万人次，政府补贴达2.5亿元。文惠卡的推出让更多百姓走进剧场，观看演出，享受文化之旅，同时也盘活了文化市场，推动了剧团、剧院的发展，让人民充分享受

天津文化惠民卡

到了全面建成小康社会的丰硕成果。

（5）文化旅游智慧化

在天津"智港"建设如火如荼的大背景下，传统的旅游方式也正在向着智能化方向转变。2020年9月，天津市文化和旅游大数据平台建成上线，该平台可以随时掌握天津市文旅管理数据的最新动态，通过数据收集与采购，最终形成大数据分析报告。天津还积极推进4A级以上景区监测系统建设，实现了高等级旅游景区视频监控信号与文化和旅游部的联网工作。天津多个景区也在尝试智慧景区的建设，且针对不同景区智慧系统的侧重点也有所不同。如盘山智慧景区系统针对游客更关注的出行时间、目的地人流量等问题，提供网络预售票、分时预约、实时监测、科学引导、智慧运营等服务。对市内独具特色的历史文化景区，除提供基本线上旅游服务外，还通过数字技术对景区文化历史、周边风物加以整合，提升整体文化内涵。如庆王府为用户提供增强现实技术交互游览方式，以沉浸式体验让游客穿越百年、感受历史，达到了"以人为本"的智慧旅游体验。

天津还开展了一系列的数字文化活动。如打造"网上展馆"，推出"云·舞台""中华云剧场"系列剧节目展播活动，打造"北方演艺直播剧场"等云端演艺项目，搭建线上"天津非遗购物节"专区，开展第五届市民文化艺术节"云开幕"活动，打造云赛事、云展演、云联动、云悦读、云文旅，以及天津图书馆的"天天听书"系列活动，天津交响乐团的"空中音乐会"，红桥区的"云"赏桃花等，更加丰富了天津市民的文化体验。

（6）图书博物数字化

天津文化中心、天津博物馆实现第五代移动通信技术网络全覆盖。天津图书馆将大数据、云计算、移动互联网、虚拟现实、增强现实、动态捕捉、影像合成、三维仿真、人像识别等先进技术融入图书馆，在图书馆一层大厅显著位置设立数字

天津市少年儿童图书馆提供数字化服务

体验区，给读者提供一个利用智能技术体验数字科技和了解地方特色文化的平台。天津图书馆数字体验区占地260.8平方米，包含虚拟现实技术之旅、古籍修复虚拟现实技术互动体验、互动拍照、虚拟演播厅、瀑布流电子借阅系统、数字民国期刊展示系统、知识竞答系统、知识视界、引导机器人、虚拟现实技术防火教育、增强现实技术智能课桌、跑酷学英语、少儿多媒体互动13项体验内容。2020年6月，天津图书馆数字体验区成功入选2020年度文化和旅游信息化发展典型案例。

天津市文化和旅游局还联合天津博物馆上线了公共服务平台。一方面，可面向全市博物馆提供藏品信息管理、各类数据统计、专业协同管理等，大大提升工作效率和专业化管理水平，促进智慧博物馆建设；另一方面，具有面向社会公众服务功能，可整合全市博物馆参观预约系统、提供统一入口，并设有展示全市各博物馆分布状况的资源地图、数字博物馆、藏品展示、二维码导览等多个专题版块，为观众参观和了解博物馆提供了极大的便利，为促进文旅融合提供了一个新展示窗口。天津还启动了文物数字化保护项目，通过文物数字化，夯实智慧博物馆数据基础，为后续的智慧保护、智慧管理、智慧服务提供数据支撑，让博物馆在文物的展示能力和交互体验上得到提升，为观众提供通过高清图像360度感受古代文物之美的观赏体验和服务模式。

（7）城乡阅读全覆盖

为了促进全民阅读活动的深入开展，鼓励市民多读书、读好书，建设文明和谐的书香城市，天津市委、市政府用3年时间建设了200个城市书吧。每个新建的城市书吧，由市财政出资，配备了价值5万余元的图书、报刊和音像制品。各城市书吧建设初期均配置了图书2000册、音像制品20张、报刊10种，并建立了电子阅读室，部分书吧内实现了行动热点无线覆盖。在出版物的选配上，采取专家推荐与群众选书相结合的方式，通过组织书吧读者代表看样选书，提升所选书籍的可读性、针对性，使图书更加贴近群众需求。

天津还深入实施"农家书屋工程"，3000多个行政村全部按标准建成了农家书屋，提前实现了行政村全覆盖的目标。已建成的农家书屋，在出版物的选配上，均达到了国家的相关建设要求，各农家书屋均配有专职或兼职的书屋管理员，并经过区图书馆业务培训。天津市新闻出版管理部门与财政管理部门还建立了长效管理机制，定期补充、更新书物，确保农家书屋建得起、管得好、用得上。从学习科学知识到提升文化素质，城乡居民的精神家园更加充实、更加丰盈，为天津这座历史文化名城注入新的养分、夯实文化根基，全面实现文化小康。

（四）全民健身国家战略加快推进

改革开放后，天津全面推进全民健身国家战略的实施，基本形成了全民健身服务体系，一步步向全面建成小康社会目标迈进。"十三五"时期，天津市政府将全民健身设施建设、全民的健身活动开展纳入全市"20项民心工程"，通过财政支持、顶层设计激发全民健身热情。同时借助2017年全运会的举办，掀起全民健身热潮，全运会后全面盘活利用体育场馆资源开展形式多样的全民健身活动，健身设施实现智能化现代化升级。

1.全民健身方兴未艾，稳步迈向小康社会

改革开放后，群众体育重新得到迅速发展。特别是1995年6月20日，国务院颁布《全民健身计划纲要》，正式开始实施全民健身计划，天津体育事业再上一层楼。已经基本形成了全民健身服务体系，在全国率先建立了一批体育公园、户外运动营地等大型群众体育示范基地，总面积达160多万平方米；全民健身路径覆盖全市1075个社区，占社区总数77.34%；85%的行政村建了全民健身路径，总数达3100多个；还在全市建立了200多个群众体育社团、1000多个健身俱乐部、3000多个健身站点，活跃着的社会体育指导员已达26000多人，向全面建成小康社会更进一步。

学生身体素质加强。1979年5月，经国务院批准，教育部、国家体委、卫生部、共青团中央联合召开了全国学校体育、卫生工作经验交流会，并制定了《中小学体育工作暂行规定》。随后，天津市教育局和各区教育局相继建立起体育卫生处（科），并配备了专职体育干部，各中小学也建立了体育领导小组。各校积极推行《国家体育锻炼标准》，达标率逐年上升。据统计，1977年达标率仅占全市适龄学生的6.81%，1980年达16.84%，1983年上升到56.72%，1985年跃升为79.16%。1981年，在135所重点项目的学校中，有29所学校首批被命名为"体育传统项目学校"，1984年发展到50所。

农村体育运动活跃。1983年2月，国务院批转的《关于全国农村体育工作会议纪要》下达后，天津认真贯彻会议精神，在调查研究的基础上召开了农村体育工作座谈会，交流经验，部署工作。同时，编写了《农村体育参考资料》，举办了农村体育骨干培训班。据1984年统计，全市乡、村两级共同建立了足球、篮球、乒乓球、

武术、象棋等各项运动队 2092 个，经常参加体育活动的约 48 万人，占全市乡村人口的 12.68%。1985 年发展到 90 余万人，占全市乡村人口的 23.7%。不少农村还自筹资金修建了一批体育活动场地，乡、村两级共建篮球场 651 个、乒乓球室 433 个、足球场 105 个、田径场 53 个、旱冰场 3 个。在农村经济发展的大好形势下，农民各项比赛更加活跃，郊县举办了农民"致富杯"乒乓球、篮球、象棋和田径等项比赛。

老年人锻炼积极。进入 20 世纪 80 年代后，随着大批老工人退休和老干部退居二线，老年人体育运动开始活跃。1984 年 2 月，成立了天津老年人体育协会，经过 2 年多的工作，各区先后建立了老年体协。塘沽区、西郊区还集资筹建了老年体育活动中心，开设了台球室、棋牌室、阅览室、录像放映室和网球场，并建立了保健咨询组织。在市区，老年人健身拳、健身操辅导站已发展到 200 多个，每天参加锻炼活动的老年人有 1 万余人。1985 年，举办了老年人中国象棋、桥牌、游泳、网球、乒乓球、羽毛球、门球、钓鱼等项比赛。

妇女体育形式多样。天津妇女体育自 1979 年以后发展较快。1982 年开始，每年在全市举行的"三八"健康杯体育比赛已形成传统，仅 1985 年就有 44 万余名妇女参加了活动，并得到了邓颖超和全国妇联的好评。天津于 1985 年 3 月成立了天津市妇女体育协会，这是全国第一个跨行业、跨系统的妇女体育组织。为使体育深入家庭，市妇女体协组织编排了"家庭操"在全市推广，并举办了天津首届家庭运动会，对活跃广大群众的业余文化生活起到了良好的作用。

群众体育蓬勃发展。天津从 1984 年开始组织的一年一次的

"群众体育节"活动被誉为全国的一个创举。在为时一周的"群众体育节"活动中，有年过八旬的老人，也有年仅四五岁的幼童，活动形式新颖，项目多种多样，有比赛，有表演，还设置了体育知识咨询服务等。这项活动使体育从场馆等有一定局限性的固定场地走向千家万户，走向社会各个角落。2010年举行的天津市全民健身大会有350万人次参加，其中年龄最小的6岁、最大的87岁。天津经常参加体育锻炼的市民达到全市人口的40%，市民体质总达标率将近88.6%，均高于全国平均水平。

2.全民健身掀起热潮，体育小康全面达成

习近平总书记强调："加快建设体育强国，就要坚持以人民为中心的思想，把人民作为发展体育事业的主体。"天津牢记总书记的嘱托，把满足人民健身需求、促进人的全面发展作为体育工作的出发点和落脚点，落实全民健身国家战略。按照市委、市政府的要求，天津市体育局加大了对公共服务体系建设的力度，推出《天津市全民健身实施计划（2016—2020年）》，并推动"2212工程"建设，在社区和村落分别建设居民健身会和村民健身会，打造社会体育指导员和街镇体育管理员2支队伍，建设社会体育指导员培训工作平台和全民健身活动指导平台等。天津还推动实施了群众体育的"六边工程"，即建设群众身边的体育设施、健全群众身边的体育组织、丰富群众身边的体育健身活动、支持群众身边的体育赛事、加强群众身边的体育健身指导、弘扬群众身边的体育健身文化，动员全社会力量完成全面建成小康社会战略目标。

借全运春风掀起全民健身热潮。2017年，天津成功举办了中华人民共和国第十三届运动会。习近平总书记在天津会见全国体育

"双先"代表时提出："体育强则中国强，国运兴则体育兴。"正如习近平总书记所说："我们每个人的梦想、体育强国梦都与中国梦紧密相连。"天津紧紧抓住举办第十三届全运会、第十届全国残运会暨第七届特奥会的历史机遇，推动群众体育事业发展，全面提升全民健身运动水平，大力完善全民健身公共服务体系，让广大人民群众充分享受全运会带来的健身实惠。天津创造性提出"全运惠民健康中国"的全运会主题，并被国家确定为天津全运会的办赛主题和办赛宗旨，响彻全国。天津发起的"我要上全运"迎接全运会全民健身活动，被作为全国性全民健身活动在各省市广泛开展，并被国务院确定为我国全民健身品牌活动长期开展。天津创造性地策划在全运会增设19项群众比赛项目，让普通百姓登上了全运会竞技舞台，极大鼓舞了群众健身热情，开创了全运会先河，被称为第十三届全运会改革的最大亮点。

"15分钟健身圈"全方位实现。天津以推动构建城市社区体育场地"15分钟健身圈"为目标，把修建群众身边的体育场地设施，进一步改善群众健身条件作为推进全民健身的重要抓手。建设每个区的"五个一"工程，即每个区拥有1个体育场、1个体育馆、1个游泳池、1个全民健身中心、1个体育公园。为了给群众提供更多的健身场所，天津依托水上公园、长虹公园、南翠屏公园、河东富民公园等建设大型体育公园，推进社区、行政村体育健身园的配建和更新，建设200个以足球、篮球项目为主的综合性社区笼式足球场或多功能运动场，改造一批旧厂房、仓库、老旧商业设施等用于体育健身，在公园、公共绿地、林带、屋顶、人防工程及城市空置场所等也配建一批群众体育设施。配建郊野公园的健身步道、自行车骑行及轮滑道30余处。利用本市的山、河、湖、海、湿地等自然环境打造市民健身休闲、体育旅游等运动营地，利用体育彩票公益金新建或更新城乡社区健身园4100余处，健身器材56000余件，城乡社区（村）建设健身园已近8000处，城乡社区（村）健身设施实现全覆盖。

全面盘活利用体育场馆资源。天津落实习近平总书记"把人民作为发展体育事业的主体"的要求，满足市民不断增加的运动热情，抓住兴建全

天津西青区郊野公园的健身步道

运会专业体育场馆机遇，促进群众健身设施提档升级。在全运场馆建设的布局规划、功能设计等方面，充分考虑到赛后全民健身利用的最佳效益。根据运动会需求，有计划地将60多个赛会场馆的建设与城市体育场地空间布局、市民健身需求等有机结合，使全运会场馆成为天津全民健身的新领地。在47个比赛场馆中，新建场馆21个、提升改造15个、利用现有场馆11个。在21个新建场馆中，有10个设在大学校园，全运会结束之后继续为大学生提供体育锻炼场地。天津还推进大型综合性体育中心建设，东丽区、武清区、宝坻区、西青区体育中心相继建成投用。近年来，天津新建和改造了77个全运会竞赛场馆，全市共有各类体育场地24903个，人均体育场地2.26平方米，大型公共体育设施免费或低收费开放率已达100%。

全民健身活动形式多样。党的十九大报告指出："广泛开展全民健身活动，加快推进体育强国建设。"当全民健身上升为国家战略后，百姓以各种方式强身健

大学生在体育场锻炼

体，获得幸福感。在"全民健身"的号召下，越来越多的中老年人开始进行体育健身。在人民体育馆的广场、天津文化中心的喷泉广场、水上公园，交际舞、广场舞的参与人数众多。许多民众在民园广场开放式的400米标准跑道休闲锻炼，每天前来慢跑健身的市民多达数千人。南开大学学工部、电子信息与光学工程学院发起"公益晨跑"活动，将健身运动与公益结合，旨在"以锻炼带公益"，定点支援甘肃省平凉市庄浪县贫困小学生。在天津大学北洋广场，酷炫的街舞少年自发组织舞蹈团舞动青春色彩。在天津举办的第十三届全运会上第一次被列为群众比赛项目的攀岩，爱好者从几十人增加到了上千人。为了满足群众需求，天津通过新建、改建，在各区都设立了攀岩场所。

健身设施智能化、现代化升级。天津还通过将健身设施智能化、现代化升级吸引群众参与健身，提高运动质量。水上公园智能音乐步道和公园园林相结合，打造了一条智能型、智慧型的健身步道。在这条总长2400米，环长廊700米的步道上，包含了全民健身大屏幕展示软件系统、运动人口数据分析软件系统、智能健身音乐

步道软件系统、智能步道手机应用程序和环境监测系统等。通过音乐步道收发仪基站与通信设备、智能设备的互动实现了人、场景以及科学的数据结合，使锻炼者在运动中享受快乐的同时还能得到专业团队提供的科学数据。建在西沽公园内的天津市红桥区全民健身中心则是将传统公园健身方式与现代化健身设施相结合，其中包括体质测试中心、室内健身房、室外足篮球场、乒乓球长廊、充气膜游泳馆、健身步道等多种健身场地设施。该中心建设、改造的成功经验不仅让周边的百姓受益，也展示了数字时代下高科技小康生活的新面貌。

财政支持、顶层设计激发全民健身热情。"十三五"时期，天津通过财政支持大力推进全民健身计划的实施，在民心工程中投入体彩公益金 3.51 亿元，市级财政资金（包括彩票公益金）人均全民健身经费投入达 68.86 元。为了盘活体育场馆资源，天津所有体育场馆都定点定时地免费或低收费对市民开放，天津还发行了体育惠民卡，对购买健身券的市民给予一定的补贴，在刺激健身消费、拉动体育休闲产业发展的同时，也促进了体育健身俱乐部、健身房等

民园体育场

业态的发展。2017—2020年，通过向全市发行体育惠民卡，累计发放补贴超过1458万元，惠及73807人，拉动体育消费总计近7000万元。以真金白银投入，引导市民更广泛地参与体育运动，也带动健身行业步入良性循环，助力社会的全面发展。

为了进一步普及群众身边的体育健身指导，天津从顶层设计入手，在全国首创成立公园体育战略合作联盟。天津公园健身协会联合篮球、户外运动、武术等14家协会，帮助天津上百家健身公园根据自身需求对接专业的指导教练，并对设施维护、赛事组织提供技术支持。

天津通过积极落实全民健身国家战略，形成了一个全民健身的新风尚。据统计，目前天津经常参加体育锻炼的人数比例达到43.7%，城乡居民达到《国民体质测定标准》合格以上的人数比例稳定在93%，2项核心指标一直稳居全国前列，人民的幸福感得到很大提升。

天津现代国民教育体系、文化创新体系、全民健身以及医疗卫生体系的建成与完善，为推进创新发展、开放包容、生态宜居、民主法治、文明幸福的"五个现代化天津"建设，打下了良好基础。

五、按低碳标准持续改善生态环境

　　良好生态环境是全面建成小康社会的重要体现，是新时代中国特色社会主义生态社会评价的重要标准。生态环境保护和经济发展是辩证统一、相辅相成的，建设生态文明、推动绿色低碳循环发展，不仅可以满足人民日益增长的优美生态环境的需要，而且可以推动实现更高质量、更有效率、更加公平、更可持续、更为安全的发展，走出一条生产发展、生活富裕、生态良好的文明发展道路。市委、市政府坚持以习近平新时代中国特色社会主义思想为指导，深入贯彻习近平生态文明思想，全面实施"十三五"时期生态环境保护规划，组织实施大气、水、土壤污染防治3个"十条"，坚决打好污染防治攻坚战，探索实践"依靠结构调整控污染增量、依靠工程治理减污染存量、依靠铁腕治污管污染排放、依靠区域协同阻污染传输、依靠生态建设扩环境容量"的生态环境治理之路，推动生态环境取得历史性、转折性、突破性好转，在良好生态环境底色下的小康社会基本成形。

（一）良好生态环境是最普惠的小康生活

建设良好的生态环境，提升人民生活环境质量，是全面建成小康社会的基础和重要指标。20世纪80年代，天津的生态环境问题如空气污染、水土污染尚不突出，不过存在着市政建设跟不上、人民群众生活质量有待提高等问题，全面小康尚处于起步阶段。自2000年开始，天津面临的资源和环境压力较大，生态环境脆弱，环境保护机制尚不完善，法规、制度建设和环境管理效率有待进一步提高，公众参与水平需进一步增强，环境状况同创建生态市的要求还有相当大的差距。2006—2010年，以污染减排、生态市建设、市容环境综合整治、水环境专项治理、工业污染专项整治等工作为抓手，天津生态环境保护工作取得突破性进展，全面完成了主要污染物减排工作目标，城市环境质量逐步改善，为生态市的建设和小康社会的建成创造了条件。

党的十八大以来，天津面临的生态环境保护挑战异常艰巨，雾霾成为备受公众关注的大气污染问题，环境空气质量改善压力巨大，特别是污染物排放量已远超环境承载能力，生态环境成为全面建成小康社会的突出短板。市委、市政府紧紧围绕党中央、国务院关于生态文明建设总体要求和加快美丽天津建设总体部署，以改善生态环境质量为目标，全面推进生态环境治理，集中力量解决群众反映强烈的突出环境问题，生态环境保护取得明显成效，全市发展质量和效益得到显著提高。

1.良好生态环境是最公平的公共产品，是最普惠的民生福祉

绿色工程就是民生工程，让群众吃上放心的食物、住上舒适的屋舍，享有诗意田园的惬意生活，做实生态惠民、生态利民、生态为民，充分满足小康社会人民对美好生活、美好环境、生态产品的需要，确保全面建成小康社会得到人民认可、经得起历史检验。2002年，市委、市政府决定用3年时间创建国家环境保护模范城市，经过努力，2005年底全面达到国家考核要求，并通过国家验收，2006年正式被授予国家环境保护模范城市称号，环境建设和环境管理得到全面提升，城市环境面貌发生显著变化，促进了经济社会环境的协调发展。2015年底，生态环境质量保持良好水平，林木绿化率提高到23.7%，森林蓄积量达到374.03万立方米，人均公园绿地面积和建成区绿化覆盖率分别提高到10.1平方米和36.4%。

发展经济是为了民生，保护生态环境同样也是为了民生。天津牢固树立生态优先、绿色发展、集约发展的鲜明导向，着力优化绿色空间和生态产品供给，以更大力度推进生态宜居城市建设，全面提升现代宜居城市品质，共建人与自然和谐共生的美丽家园。在生态规划与建设中，天津坚持以人为本、生态为民，坚持"城市生命体有机体"理念，着力构建布局均衡、功能完善、生态宜居的环境体系，进一步提高城市治理精细化和可持续发展水平，力求呈现"水丰、绿茂、成林、成片"的景观，以满足市民"出门便是景"的生活愿望。着力构建以游览路为骨干、林间路为支撑、田间路为补充的三级生态道路网络，打造"可到达、可进入、可参与、可体

验"的花园式绿色交通体系，让市民享受"徒步即入林"的生态趣味；着力增强游览性和服务性，修建了瞭望塔、亲水平台、林间驿站、行人步道等基础设施，使人人都可亲近自然、享有绿水青山。

在加快构建"双城"发展格局中，天津精心打造紧凑活力"津城"，加快打造创新宜居"滨城"，补齐基础设施和公共服务短板，加大滨海新区文化旅游度假区建设力度，充分联动国家海洋博物馆、国家动漫园等文旅资源，建设亲海生活岸线。在农村人居环境整治中，天津高水平推进"三美四乡"建设，努力形成具有天津特色的乡村振兴格局，农村发展基础更加坚实；持续完善乡村水、电、气、通信、物流等基础设施，加快美丽乡村示范路创建；深化农村"厕所革命"，因地制宜推广实施"管网+污水处理站"和真空负压式污水处理模式。截至2021年，蓟州区、宝坻区8个村镇获评第三批全国乡村旅游重点村镇。农村生活污水处理设施运行维护监管日益强化，饮水提质增效工程全部投入运行，第二批150个农村人居环境整治示范村启动建设。天津深入践行习近平生态文明思想，坚持以满足群众高品质生活为导向，提升基本公共服务均等化水平。

2. 环境就是民生，青山就是美丽，蓝天也是幸福

把生态环境保护放在更加突出的位置，像保护眼睛一样保护生态环境，像对待生命一样对待生态环境。市委、市政府深入学习贯彻习近平新时代中国特色社会主义思想，始终把生态环境保护摆在突出位置，以"功成不必在我"的精神境界和"功成必定有我"的历史担当，谋划长远、干在当下。寸土寸金的天津向盲目扩张的城市"顽疾"开刀，主动舍弃可观的眼前利益，算长远账、走持续

路，不搞短期行为，在中心城区与滨海新区之间的黄金发展走廊上，规划建设相当于中心城区2倍面积（736平方公里）的绿色生态屏障，接续建设蓝绿交织的自然生态环境，生态屏障区的蓝绿空间占比达到65%，持续增值生态系统蕴含的经济财富，为子孙后代留足"绿水青山"，为持续发展积累绿色财富。生态屏障区的建设，已经成为环首都东南部生态屏障的重要部分，也有效地改善了京津冀的生态环境。天津不断提升湿地自然保护区规划水平，逐步建立了湿地分级管理体系、湿地用途管控制度等多项措施，在违法整治、湿地恢复、护林保湿等方面稳步推进，完善湿地生态保护补偿机制。随着湿地自然保护区"1+4"专项规划的出台，七里海、北大港、团泊、大黄堡4大湿地的规划建设和保护修复全面升级。在全国率先推行河长制，推动全市湖泊全面"挂长"，实行"一把手"工程，有效改变了以往河道湖库"无人管""管不了"等被动局面，使每一条河流、每一个湖泊都有守护碧水清流的河长。

在生态环境保护上，天津坚持树立大局观、长远观和整体观。坚持留白、留璞、增绿，给子孙后代留下资源和空间。在完成全国首批生态保护红线划定后，天津实现了一条红线管控生态空间，进一步优化城市发展和生态保护空间体系。同时，加大增绿、补水力度，大绿野趣、郁郁葱葱、鸟语花香、生机盎然的田园风光，已展现在市民面前。天津把解决突出生态环境问题作为民生优先领域，让良好生态环境成为美好生活的增长点；把环境保护摆在突出位置，在污染治理上下狠功夫，让"抬头仰望是清新的蓝，环顾四周是怡人的绿"的美好愿景，逐渐成为现实。生态质量就是生活质量，生态环境就是发展环境。持续变好的宜居环境，既为城市居民营造了触手可及的幸福生活，也让这座城市成为吸引人才和产业的"强磁场"。2021年，国家高新技术企业和国家科技型中小企业均突破9000家，独角兽企业达到9家，130家企业入选国家专精特新"小巨人"，通过"海河英才"行动计划升级版，累计引进各类人才42万人。

3.小康全面不全面，生态环境质量很关键

生态环境问题是全面建成小康社会的突出短板，生态环境好坏是全面建成小康社会能否得到人民认可的一个关键。雾霾少、河湖清的小康社会才会得到人民群众的普遍认同，经得起历史检验。在噪声管理方面，2001—2005年，天津积极开展创建安静居住小区活动，全市共创建63个安静居住小区；2005年，声环境质量继续处于较好水平，其中道路交通噪声平均声级为68分贝（A），城市区域环境噪声平均声级为54.9分贝（A），环境噪声达标区覆盖率达82.4%。2010年，全市共创建237个安静居住小区，占实行物业管理小区个数的14.8%；调整天津噪声功能区划，调整面积为14.17万公顷，相比2004年增加6.44万公顷，使噪声环境控制布局规划趋向合理；开展了噪声专项整治活动，2010年区域环境噪声和道路交通噪声平均声级均比2005年末下降0.3分贝（A）。在生态环境方面，党的十九大以来，天津各部门深入贯彻习近平生态文明思想和全国生态环境保护大会精神，聚焦打赢蓝天保卫战等7大标志性战役，全力以赴推进各项工作，推动污染防治攻坚战取得重要进展，生态环境质量明显改善。推进65蒸吨/小时以下燃煤锅炉改燃或并网，开展重点企业挥发性有机物深度治理，淘汰国Ⅲ及以下中重型营运柴油货车，$PM_{2.5}$和臭氧年均浓度持续下降。"三站一场"、出租车、酒店、公

园等管理进一步规范，5个区成为全国文明城区、9个区成为国家卫生区，食品药品安全得到系统性加强，在国家评议考核中均获A级。

4.中国要美，农村必须美

2006—2010年，天津生态区（县）、环境优美乡镇及文明生态村系列创建工作取得了较大进展，7个区县被正式命名为"国家级生态示范区"，15个乡镇（11个国家级、4个市级）和915个村建成环境优美乡镇和文明生态村。2011—2015年，全面加强农村污染治理力度；实施17个农村环境综合整治项目，解决44个村庄、12.5万人突出生活污染问题；创建3438个清洁村庄，创建1个国家级生态区、10个国家级生态镇、9个市级生态镇，建成461个美丽村庄、20个美丽小城镇，农村人居环境不断改善。2018—2020年，开展了农村人居环境整治3年行动。加快补齐农村环境基础设施短板，大力推进生活垃圾和农村生活污水处理设施规划建设。截至2021年底，天津全市农村生活垃圾收运处置体系已基本实现全覆盖，生活垃圾收集率达到100%，无害化处理率达95%以上。出台了农村生活污水处理设施水污染物地方排放标准，率先探索建立农村生活污水处理设施依效付费制度及运维制度，设施出水水质达标率稳步提升。改造提升户厕、公厕，实现农村卫生厕所基本覆盖。深入实施农村全域清洁化工程，累计完成违建整治13.2万处，清理积存陈年垃圾杂物63万吨、各类农业生产废弃物33万吨、河道沟渠坑塘漂浮物25.1万吨、完成黑臭水体整治567条，农村黑臭水体基本消除。

（二）污染防治攻坚战取得显著成效

良好生态环境是全面建成小康社会的底色，打赢打好污染防治攻坚战直接关系全面建成小康社会的成色。天津以更加坚定的历史自信把握历史的主动，增强历史的担当，以实现减污降碳、协同增效为总抓手，以改善生态环境质量为核心，以精准、科学、依法治污为工作方针，深入打好蓝天碧水净土保卫战，持续巩固生态环境质量改善的成果，以更高水平的保护推动更高质量的发展，创造更高质量的生活。

1.坚决打赢蓝天保卫战

积极推动全市改燃工作，从2001年开始，实施电厂烟气脱硫，严格控制扬尘污染，开展从源头控制机动车尾气污染工作。截至2005年底，全市共完成6208台10吨/小时及以下燃煤设备改燃和拆除并网工作。制订脱硫计划，实施电厂脱硫工程，完成天津碱厂220蒸吨/小时、天津化工厂75蒸吨/小时和海晶集团3台75蒸吨/小时燃煤锅炉烟气脱硫工程。市区95%以上的建筑施工工地设置了现场围挡和密目网维护。在实施效果方面，2005年，天津市环境空气质量达到二级良好水平以上的累计天数为298天，占总监测天数的81.6%。

以污染减排为抓手，严格执行污染源达标排放和总量控制制度。2006—2010年，累计完成51台总装机容量为931.8万千瓦燃煤发电机组的烟气脱硫工程，非电力行业423台10蒸吨/小时以上燃煤锅炉高效脱硫技术改造项目，35台燃煤设施改用天然气工程，

23台（套）燃煤设施拆除关停工作，关闭天津市第二煤气厂，完成35万户天然气替代煤制气工作。奥运会期间，完成485座加油站、6座储油库、144辆油罐车的油气回收治理任务；进一步严格施工管理，有效防治扬尘污染。2010年，全市环境空气质量达到及好于二级良好水平的天数为308天，占全年的84.4%，二氧化硫、二氧化氮、可吸入颗粒物年均值均达到环境空气质量二级标准。2010年天津化学需氧量排放量为13.2万吨，二氧化硫排放量为23.52万吨，比2005年分别下降9.6%、11.2%。

全力推进清新空气行动。2011—2015年，狠抓"五控措施、四种手段、三无管理"，全市改燃并网燃煤锅炉338座634台、116万吨散煤实现清洁化替代、21套煤电机组排放达到燃气排放标准，逐一治理1.8万块、1.31万公顷裸露地面，29万辆黄标车全部淘汰，杜绝秸秆焚烧，农作物秸秆综合利用率达到95.7%。超额完成总量减排任务。二氧化硫、氮氧化物、化学需氧量、氨氮4项主要污染物较2010年分别下降21.9%、27.5%、12.3%和14.4%，分别完成"十二五"时期目标任务的2.4倍、1.8倍、1.4倍和1.4倍，提前1年完成国家下达的任务，累计完成情况连续2年位列全国第四。2015年与2013年相比，PM2.5浓度较累计下降27.1%，空气质量综合指数下降24.4%，环境空气质量达标天数增加75天，重污染天数减少23天，6项主要污染物浓度均显著下降。

采用新技术实现科学治污。通过长效整治，实现对395家重点企业的废气排放在线监控，对5600余家工业企业安装工况用电监控系统，实施24小时动态监控，每日向各级生态环境执法部门发布污染源自动监测超标信息。2020年，静海区新修订的《重污染天气重点行业应急减排措施制定技术指南》开始实施，依据税务数据、环保数据，对企业的单位工业产值的污染强度进行核算，对全区1700多家涉气企业进行了分级。在重污染天气期间，确保在达到国家减排要求的前提下，污染强度低的企业可以优先生产，污染强度高的企业全面停产。截至2020年，整治"散乱污"企业2.2万家，有效破解"钢铁围城""园区围城"，3家钢铁企业有序退出，撤销取缔工业园区132个，完成"散煤"取暖清洁化治理120万户。

出台各项条例实现依法治污。天津以一年至少一部环保法规的节奏，相继出台《天津市生态环境保护条例》《天津市机动车和非道路移动机械排放污染防治条例》等。这些制度的出台，为打赢污染防治攻坚战、蓝天保卫战等各项工作提供了有力的法治保障。在此基础上，2018年以来，天津持续推进生态环境标准化工作，完善生态环境标准体系，修订并实施了火电厂、生物质成型燃料锅

蓝天下的天津

炉、铸锻工业、铅蓄电池工业、锅炉、工业企业挥发性有机物（VOCs）等一系列强制性地方标准。建立京津冀大气污染防治协作机制，牵头制定首个区域环保标准。在大气生态环境督察执法方面，生态环境保护综合行政执法力量运用各类执法手段，铁面执法、铁腕治污。在天津市、区两级，全部设立"公安驻环保工作组"，实现行政执法与刑事司法无缝衔接。2020年1—10月，全市生态环境执法累计立案1788起，移送涉嫌环境行政拘留案件16起、涉嫌环境污染犯罪案件22起，保持了对大气环境违法行为的高压震慑。在科学控制、有效治理的推动下，2018年，VOCs和PM$_{2.5}$排放量分别为13.7万吨和4.38万吨，较2015年分别下降21.6%和38.7%。截至2019年，天津市二氧化硫、氮氧化物排放总量分别为13.2万吨、18.2万吨，比2015年分别减少5.4万吨、6.5万吨，提前1年完成"十三五"规划目标任务。

空气质量改善成效显著。实施污染防治攻坚战"1+3+8"行动计划，集中力量解决柴油货车排放、臭氧、重污染天气，以及扬尘、异味、噪声等突出问题。坚持"五控"治气，完成87台锅炉改燃并网或深度治理，天津港国Ⅴ及以上集疏港车辆占比达到80%，加强区域重污染天气联防联控。牢牢抓住"减污降碳协同增效"，统筹推进中央生态环保督察、整改和污染防治攻坚。污染防治攻坚战效果明显，经过多年努力，全市PM$_{2.5}$平均浓度明显下降，达标天数显著增加，重污染天数不断减少。2021年，天津生态环境改善速度加快，改善趋势更加稳固，PM$_{2.5}$浓度首次达到39微克/立方米，与2020年相比下降了9微克/立方米，首次降至40微克/立方米以下，达到有监测数据以来最好水平；达标天数264天，比2020年增加了25天，达标天数的比例首次超过7成；

重污染天数7天，比2020年减少了3天，首次控制在个位数。

<h3 style="text-align:center">2013—2021年天津空气质量情况</h3>

年份	2013	2014	2015	2016	2017	2018	2019	2020	2021
PM2.5年均浓度（微克/立方米）	96	83	70	69	62	52	51	48	39
达标天数（天）	145	175	220	226	209	207	219	239	264
重污染天数（天）	49	34	26	29	23	10	15	10	7

资料来源：根据天津历年政府工作报告数据整理。

2.着力打好碧水保卫战

实施碧水工程。2001—2005年，天津加强饮用水源保护，加快景观河道治理，提高污水集中处理能力，实现污水资源化、规范企业污水排放行为，加强近岸海域水质保护。治理改造津河、卫津河、子牙河等14条总长191公里河道，实现城市景观河道水质按水体功能区达标；实施饮用水水源地保护工程，完成64.2公里的明渠治理工程、34.14公里暗渠建设工程和于桥水库综合治理示范段工程；河道沿岸规划并部分实施了8—12米的绿地，实现了雨污分流；市区新建、扩建污水处理厂3座，增加污水日处理能力83万吨，纪庄子、咸阳路、东郊、北仓4座污水处理厂建成运行；建成纪庄子污水处理厂再生水回用工程和开发区再生水厂，日供水能力达到8万吨。2005年，饮用水水源地水质达标率100%；城市水域功能区（国家考核断面）水质达标率100%，市区基本消除劣Ⅴ类水体；近岸海域水质达标率59.5%；城市生活污水处理能力达到71%以上；工业废水排放达标率95%以上。

以河道治理和污水处理厂建设为重点，在全市实施大规模水环境专项治理工程。2006—2010年，对中心城区水体污染比较严重的北丰产河、外环河北段、大沽排污河等11条河道和环外31条（段）农业骨干河道实施治理，水环境质量状况基本稳定，与2005年相比，2010年全市国控断面Ⅰ—Ⅴ类水质断面个数不变，劣Ⅴ类水质断面减少2个；引滦入津水质继续保持良好，集中式饮用水源地水质达标率保持100%；在主要河流中，沟河等8条河流水质好转。2010年，全市通过环保验收的污水处理厂37座，设计污水处理能力达到205.85万吨/日，城镇污水处理率达到85%，中心城区污水集中处理率达到90%以上。全面完成了污水处理厂的升级改造，出水水质达到国家一级排放标准。

全面深化水污染防治。2011—2015年，实现南水北调中线水入津，开展于桥水库周边及上游污染治理工程，城乡供水保证率进一步提高。实施清水河道行动方案，完成1111家工业直排企业、92个工业渗坑和718家规模化畜禽养殖粪污治理任务，修建截污管道720公里，治理排污口1838座。新扩建污水处理厂67座，配套管网1303公里，新增污水处理能力79.746万吨/日，全市污水处理总规模达到330.47万吨/日，城镇污水集中处理率提高到91.5%。

打响碧水保卫战。2018年，天津持续推进入海河流、近岸海域、黑臭水体综合治理，打造美丽河湖海湾。深入实施水污染防治行动计划，保障饮用水安全，基本消灭城市黑臭水体，还给老百姓清水绿岸、鱼翔浅底的景象。"一河一策"精准发力，加快河（湖）长制深入推进，治污、生态修复、补水等多措并举，推动全市水环境质量持续改善。制订了渤海综合治理强化作战计划和12条入海河流的"一河一策"，从控源、截污、扩容、严管4个方面，分区域分河段制定"分策"。自河北省发源的潮河、白河，在密云相会后，改称潮白河，进入天津，流经宝坻，汇入渤海。目前，已经基本完成网箱养殖等清整工作的潮白河，开始重点推进水生态修复，种植大量水生植物，并在两岸造林绿化。修订污水处理厂污染物排放标准，推动110座污水处理厂完成提标改造，每年约10亿吨污水"由废转清"，弥补了生态用水缺口，水流逐步恢复了自净能力。

坚持"四措"治水。新建5座污水处理厂，启动津沽、张贵庄污水处理厂扩建工程，消除一批雨污混接点，加快雨污混流分流改造，实施咸阳路等地区积水片改造，工业园区污水集中处理基本实现全覆盖，废水排放企业及污水处理厂排放达标率接近100%。坚持协同推进工业废水、城镇生活污水、农业农村污水治理，3年累计完成6000余项治理工程。全市工业园区基本实现污水集中收集处理。城镇生活污水处理能力提高30%，处理率达到96%。先治污、后排河，有效减轻了污染负荷。2021年，农村生活污水处理设施出水达标率达到93.4%，与2020年相比，提高了20.2个百分点。

实施水系连通循环工程。在清理河道的同时，为了改善水环

海河飞鸟

境，天津实施了12项水系连通循环工程，对重点湿地及全市重要河道，持续生态补水。2020年，水务部门已累计引滦调水4.82亿立方米，其中中心城区所有一二级河道累计补水3.36亿立方米。同时，水务部门还充分利用雨洪资源，扩大水流、河道、湿地三个容量。持续推动湿地保护区生态移民、土地流转、湿地修复等重点工程，2020年全年生态补水10亿立方米以上。

加强监督管理。天津全面推行河湖长制，河道、湖泊、海湾全面挂长，5753名河（湖）长实现了所有河、湖、水库全覆盖。开展入河、入海排污口查、测、溯、治、罚，加强设施排口、入河排口、入海排口监管，实现全链条管理。为了将治理落到实处，天津建立各区水环境质量按月排名、补偿制度，推动上下游、左右岸共同护河治河。开展入海排口规范整治，推进"美丽海湾"建设，建成海洋环境应急库。在近岸海域治理方面，开展入海排污口专项行动，对全市153公里海岸线入海排口开展排查；全市工厂化海水养殖企业已基本完成尾水处理设施升级改造；完善船舶和港口污染物

潮白河国家湿地公园

接收转运处置联合监管机制，实现全链条闭环监管；实施500米净岸工程，构建"海上环卫"工作机制，完善海洋垃圾治理体系。

强化区域协同治理。加强京津冀区域联防联控，京津冀三地签订了《京津冀水污染突发事件联防联控机制合作协议》，联合建立了预警、处置、督导检查等工作机制，同时天津与河北省签订《引滦入津上下游横向生态补偿协议》，津冀两地共谋引滦上游地区实施水源地保护和水污染防治项目，共同护河治河。

水环境质量取得显著好转。实施碧水保卫战以来，国控优良水质断面占比由15%提高到55%，劣V类水质断面占比由65%降为0，建成区全部消除黑臭水体。优良水质比例增加20个百分点，劣V类水质下降40个百分点。12条入海河流从"全部为劣"到"全部消劣"，水质总体达到IV类以上。近岸海域优良水质比例达到70.4%，提高53.8个百分点。2021年，水环境质量持续改善，全市优良水体断面从过去的11个增加到15个。围绕潮白河建起了国家级湿地公园，恢复湿地300多公顷，造林绿化1400多公顷。近岸海域环境质量持续巩固，生态系统碳汇能力明显增强，生物多样性逐步恢复，让市民享受到更多城市绿色发展成果。

3.扎实推进净土保卫战

推进土壤环境保护。2011—2015年，天津完成195个土壤环境质量监测国控点位布设，初步构建全市土壤环境质量监测网络。完成关停搬迁工业企业及开发利用场地排查并建立场地清单，开展污染场地再利用环境风险评估。"十三五"时期以来，天津全面贯彻落实《中华人民共和国土壤污染防治法》《土壤污染防治行动计划》和乡村振兴战略的总要求，以保障农产品质量和人居环境安全为出发点，扎实开展土壤污染状况详查，强化土壤污染源头监管，推进农业面源污染综合治理，补齐农业农村生态环境保护突出短板，有效防范化解土壤污染风险，土壤环境质量一直处于安全、良好状态。

加强组织领导，强化工作推进。市委、市政府把净土保卫战作为全市污染防治攻坚战主要战役之一，先后出台了《天津市土壤污染防治工作方案》和《净土保卫战三年作战计划》，明确了土壤详查、农用地分类管理、建设用地准入、污染源监管4大方面共48项具体任务。制定颁布《天津市土壤污染防治条例》，织严织密天津土壤环境管理的法制体系。发布暂不开发利用污染地块、土壤重点监管企业自行监测、周边监测、隐患排查及修复方案备案等一系列技术规范，填补了土壤环境管理制度空白。全市涉及生态环境、规划资源、农业农村工作等13个市级部门按照职责分工协同合作，建立工作联动机制，在建设用地准入、农用地分类管理、污染源头防控、污染治理修复等方面，做到分兵把守、强化监管。

开展详查，摸清土壤环境质量。从2017年起，全市用近4年时间，全面完成了农用地和重点行业企业用地土壤污染状况详查，形成了"一图一表一报告"技术成果，建立了天津土壤样品库。在农用地方面，初步查明了全市农用地土壤污染面积、分布及其对农产品质量的影响，为农用地土壤环境质量类别划分和分类管理提供了科学依据；在企业用地方面，形成了高中低风险地块清单和优先管控名录，基本摸清了天津重点行业企业用地土壤"健康状况"，为防范人居环境风险夯实了基础。

突出重点领域，深化源头防控。严格环境准入，对新（改、扩）建的涉重金属重点行业建设项目实施"等量替代"或"减量替代"，从源头上减少重金属排放总量。压实在产企业治污主体责任，组织全市102家重点单位完成首轮土壤污染隐患排查和整改，落实风险管控措施，减少企业在生产活动中有毒有害物质的渗漏和流失。严防企业拆除过程中产生的二次污染，督促重点企业拆除前充分识别污染风险点，落实土壤和地下污染风险管控措施，防止拆迁活动中废水、固废及遗留物料和残留污染物污染土壤。

突出分类管理，强化耕地安全利用。按照"科学治理、分类施策、安全利用、风险管控"的原则，对农用地实施分类管理，最大限度降低农产品超标风险。完成耕地土壤环境质量类别划分，建立了耕地土壤环境质量档案和分类清单，并组织相关区采取农艺调控、替代种植等综合措施全面推进受污染耕地安全利用和风险管控，逐年制订受污染耕地安全利用工作计划和工作方案，确保受污染耕地全部实现安全利用，保障产出农产品质量安全。

突出风险管控，严格建设用地准入管理。建立建设用地土壤污染风险管控和修复名录制度，列入名录的地块不得作为住宅、公共管理与公共服务用地。制定《天津市暂不开发利用污染地块风险管控工作方案》和技术指南，有效降低环境风险。建立部门联动机制，强化地块全生命周期管理。市生态环境局、市规划和自然资源局严格建设用地土壤污染调查、风险评估、修复效果评估和土地征收、出让等环节风险管控，严控污染土地流转。建立信用体系，加强行业监管。对建设用地土壤污染风险管控和修复的7类从业单位强化监管，一旦发现有弄虚作假行为，依法给予处理，并纳入信用系统向社会公布。

突出依法治污，严厉打击土壤环境违法行为。依法将土壤污染防治工作纳入日常执法内容，组织开展重点监管企业现场检查和非法排污专项环境执法行动，实施环境违法行为有奖举报制度，定期向社会公开典型环境违法案例。开辟生态环境部门向公安机关移交刑事案件的"绿色通道",联合执法机制进一步完善。

土壤质量和农村生活污水处理状况良好。经过全市各部门、各区的共同努力,天津的土壤环境质量一直处于安全良好的状态。坚持"两控"治土,开展重点企业土壤污染隐患排查整改,农用地、建设用地保持安全利用。2021年,天津在全国率先对暂不开发利用的污染地块实现了风险管控。农村生活供水的处理设施达标率达到了91.7%,与2020年相比提高了33.4个百分点,在全国位居前列。

(三)生态系统质量和稳定性不断提升

天津深入学习贯彻习近平生态文明思想,坚持把新发展理念贯穿发展全过程、各领域,笃定高质量发展不动摇,把科技创新摆在核心位置,推动质量变革、效率变革、动力变革,坚持拼质量、拼效益、拼结构、拼绿色,加快转方式、强动力,培育新优势、拓展新空间,推动发展质量和效益不断跃升。在"871"生态工程建设、生态保护红线制度、农村人居环境及生态保护修复方面,着力提升生态系统质量和稳定性,坚持系统观念,坚持节约优先、保护优先、自然恢复为主,增强生态系统整体性,促进生态环境持续改善。

1."871"生态工程建设成效显著

天津深入学习贯彻习近平生态文明思想,大力实施"871"生态工程,即"875平方公里湿地升级保护""736平方公里绿色生态屏障建设""153公里海岸线严格保护",坚持"生态优先、绿色发展"鲜明导向，努力建设美丽天津，谱写京津冀"人与自然和谐共生"的生动画卷。依据2018年《天津市人民代表大会常务委员会关于加强滨海新区与中心城区中间地带规划管控建设绿色生态屏障的决定》，天津绿色生态屏障划分为三级管控区，总规模7.36万公顷。其中，一级管控区4.43万公顷，占比为61%，主要进行生态修复和提升碳汇能力；二级管控区1.49万公顷，占比为20%，主要对内部的示范小镇和工业园区进行提升改造降碳增汇；三级管控区1.38万公顷，占比为19%，对位于其中的城区强化绿色低碳发展引领，加快形成绿色生产生活方式，全面推进绿色生态转型。截至2021年10月底，天津绿色生态屏障基本成型，一级管控区内林地面积达到1.25万公顷（含部分水面），林木绿化覆盖率达到25%，蓝绿空间占比提升到65%，成为环首都东南部生态屏障带的重要组成部分；湿地"1+4"规划逐步实现，湿地生态系统明显向好，北大港湿地南部水循环区域列入国际重要湿地名录，国际影响力不断

双城生态屏障一隅

提升；海岸线保护和修复落到实处，严格管控岸线周边生态空间，全面禁止审批新增围填海，修复滨海湿地531.87公顷，整治修复岸线4.78公里，逐步实现"水清、岸绿、滩净、湾美"的蓝色海湾。

"871"生态工程是一项功在当代、利在千秋的长期工程，是天津更加朝气蓬勃的生态保护密码。近5年全市生态系统质量整体趋于稳定，生态状况指数保持良好。陆域生态系统生态服务功能有了明显提升，尤其是生态服务功能中的固碳功能，近5年提升了8%，其中绿色生态屏障区碳汇量增长尤为明显，增幅达到45%以上。七里海等4个湿地自然保护区的水域湿地面积比2017年增加了1.13万公顷，各个湿地的生态空间面积和生境质量指数都稳步提升，景观连通性和完整性得到有效改善，植被覆盖率有了较大增幅，北大港湿地南部水循环区域列入国际重要湿地名录。通过实施"871"生态工程，天津野生动物栖息环境也明显向好，生物多样性保护成效显著，观测记录鸟类已达452种，较2014年记录种类增加了36种。随着重大生态工程建设持续推进，生态环境不断改善，绿色优势、生态优势正在变为发展优势，生态工程建设碳汇能力持续增强。截至2021年，绿色生态屏障区已有7046.67万公顷生态林纳入碳汇交易，为天津实现"双碳"目标提供了有力支撑。与此同时，绿色生态屏障区内依托"天津智谷"、国家会展中心（天津）等优势，加快引育智能科技、生物医药等先进制造业发展，"绿水青山"正在不断变成"金山银山"。东疆亲海公园、生态城南堤滨海步道公园等一批滨海生态修复项目相继建成，成为人们休闲旅游的新目的地。

2.生态保护红线制度严格落实

"十二五"时期，天津加大生态保护与建设力度。率先以地方立法形式划定永久性保护生态区域，全市25%的国土面积纳入永久性保护范围，颁布《天津市永久性保护生态区域管理规定》，制定实施《天津市永久性保护生态区域考核方案（试行）》。2018年9月，天津在全国首批划定生态保护红线13.94万公顷，占全市陆海总面积的9.91%，形成了山水林湿海的系统保护格局。其中，划定陆域生态保护红线11.95万公顷、海洋生态保护红线区2.20万公顷、自然岸线18.63公里。天津生态保护红线空间基本格局为"三区一带多点"："三区"为北部蓟州区的山地丘陵区、中部七里海—大黄堡湿地区和南部团泊洼—北大港湿地区，"一带"为海岸带及邻近区域，"多点"为市级以上禁止开发区和其他保护地。根据主导生态功能，陆域生态保护红线包括生

西青绿廊小泊林田水草复合生态区

物多样性维护生态保护红线、水源涵养生态保护红线、防风固沙生态保护红线、河滨岸带生态保护红线、贝壳堤生态保护红线5类，海洋生态保护红线包括海洋特别保护区生态红线区、重要滨海湿地生态红线区、重要渔业海域生态红线区、滨海旅游休闲娱乐区生态红线区、自然岸线生态红线区5类。天津在划定生态保护红线时将生态功能极重要区、生态环境极敏感脆弱区、禁止开发区和其他生态保护地等区域纳入生态保护红线，使国土生态空间得到优化和有效保护，生态功能保持稳定，生态安全格局更加完善。

"十三五"时期，天津共完成植树造林11.33万公顷，林木绿化率提高5个百分点，达到了28%以上。2018年，青龙湾固沙林自然保护区被划入生态红线，升级保护措施，拆除了养殖场等违章建筑25处，迁移坟地1500多座，新栽种树木9000多株。经过几年的养护，新树已经长到了四五米高。提升林木覆盖率、减少人为干扰，保护区内的生物种群也日渐丰富。在青龙湾固沙林保护区，共有鸟类、兽类、昆虫类等动物239种。2020年，原青龙湾固沙林自然保护区调整为天津青龙湾森林公园，加快建设集观光游乐、休闲度假、森林康养和科普宣教等多种功能的综合性生态型平原沙地森林公园。

3.农村人居环境改善显著

农村生态环境质量改善是全面建成小康社会的题中应有之义。2001—2005年，西青区杨柳青镇、中北镇、大寺镇和汉沽区大田镇相继被命名为国家环境优美乡镇，全市共创建生态村120个。2018年，党中央、国务院提出在全国实施农村人居环境整治三年行动计划。为深入贯彻中央决策部署，2018年5月发布《天津市农村人居环境整治三年行动实施方案》，结合本地实际，提出以农村垃圾、厕所粪污、污水治理、村容村貌提升为主攻方向，到2020年基本把天津村庄建成美丽、生态、宜居的美好家园。自2018年以来，天津通过各方力量全力攻坚，持续实施农村人居环境整治3年行动，积极推进农村垃圾治理、污水处理、"厕所革命"、村庄清洁行动等，使津郊农村面貌发生显著变化，建立起"村收、镇运、区处理"的农村生活垃圾处理体系，全面清理村庄垃圾堆、垃圾坑和违章建筑，大大改善了村庄环境。

农村的生态环境美起来，农民的生活方式绿起来，农村生活垃圾处理任务全面完成。天津大力实施农村全域清洁化工程，持续推进美丽村庄建设，逐步展开农村人居环境整治示范村建设工作布局，由"净"到"美"，逐级深化提升整治工作。实施农村全域清洁化工程，围绕路边、河边、田边、村边、屋边"五边"，以"四清一改"为内容，常态化开展四季战役、百日大会战和周末大扫除等清洁活动，切实让农村"净起来"；以道路硬化、街道亮化、垃圾污水处理无害化、能源清洁化、村庄绿化美化、生活健康化"六化"为标准，加大农村基础设施建设，建成了1041个美丽村庄、150个农村人居环境整治示范村。天津坚持整治与保持并重、建设与管理并举，在"常"和"长"上下功夫，着力巩固农村人居环境整治的成效。在完善生活垃圾"村收集、镇运输、区处理"体系的同时，重点强化收运环节精细化管理，推动农村全域、全天候无垃圾。

4.生态保护修复持续加力

实施好生态保护修复工程，加大生态系统保护力度，提升生态系统稳定性和可持续性。2006—2010 年，推动八仙山、中上元古界、天津古海岸与湿地等国家级自然保护区规范化建设，自然保护区面积占全市国土面积的 7.64%；加强了湿地保护，2010 年天津湿地覆盖率达到 17.1%；通过市容环境综合整治，实施提升改造工程，城乡面貌更加优美靓丽，城市环境有重大改观。2011—2015 年，加大植树造林力度。实施京津风沙源治理、三北防护林和沿海防护林建设等国家重点工程，大力推进绿化美化行动，建设西青、东丽、津南和滨海新区官港等郊野公园。"十二五"时期，全市共完成营造林面积 10.36 万公顷。实施湿地保护与修复、防沙治沙、矿山治理、清洁小流域建设等工程。建设武清永定河故道国家湿地公园、宝坻潮白河国家湿地公园，开展静海、滨海新区等平原区水土流失治理试点。通过多年对全市沙化土地采取造林和耕种等治理措施，沙化土地得到了有效治理。此外，加强双城间绿色生态屏障分级管控，推进湿地自然保护区"1+4"规划实施，持续推动七里海、大黄堡、北大港、团泊湿地保护和生态移民等重点工程，强化海岸线"蓝色海湾"整治修复，启动实施临港生态廊道等项目建设，不断巩固海洋生态修复成果，加大对海岸线和滨海湿地的保护修复力度，加强海洋生物资源养护，实施提升整治项目，拓展市民群众亲海空间。稳步推进"871"生态工程建设，建成规模生态区近 3 万公顷，湿地、海岸线和绿色矿山生态保护修复持续推进。创新金融支持"绿水青山"建设模式探索取得重大成果，宝坻区成为国家生态文明建设示范区，西青区辛口镇成为"绿水青山就是金山银山"实践创新基地。加强大运河和长城天津段保护传承利用，一批城市公园建成开放，西青区、蓟州区被授予国家生态文明建设示范区，子牙经济技术开发区获批国家生态工业示范园区。

（四）绿色发展方式和生活方式逐步形成

良好的生态环境是全面建成小康社会的基础条件。党的十八大报告将资源节约型、环境友好型社会建设取得重大进展纳入全面建成小康社会的目标，提出了更具明确政策导向、更具现实针对性、更顺应人民意愿的新要求，从而使这一目标要求的内涵更加丰富和完善。只有建设生态文明，才能实现人的全面发展、文明的全面进步、社会的全面和谐，从而确保如期实现全面建成小康社会的宏伟目标。生态环境问题归根结底是发展方式和生活方式问题。随着"绿水青山就是金山银山"理念日益深入人心，生态优先、绿色低碳逐渐成为天津的发展路径，节约资源和保护环境的空间格局、产业结构、生产方式、生活方式加快形成，天津排放权交易所成立，生态城市建设也取得显著成就。

1.绿色发展方式加快形成

工业固体废物综合利用水平全面提高。2006—2010年，钢渣、碱渣、粉煤灰渣、脱硫石膏等大宗工业固体废弃物综合利用率均达100%；基本实现天津范围内产生的危险废物和医疗废物能够就地无害化处置，工业固体废物综合利用率和危险废物无害化处理水平保持全国先进水平；完善以卫生填埋、焚烧等工艺为主的生活垃圾处理系统，城镇垃圾无害化处理率由2005年的71.1%上升到93.02%。建立了基于地理信息系统的《天津市危险化学品事故应急技术支持系统》，开展有毒化学品的"污染物排放、转移登记制度"（PRTR）试点工作。

实施严格的法规标准保护生态环境。2011—2015年，颁布实施《天津市大气污染防治条例》及47个相关配套文件、《天津市水污染防治条例》《天津市环境教育条例》《天津市城镇污水处理厂管理办法》等，启动《天津市环境保护条例》等法规制度修订工作，颁布实施《天津市城镇污水处理厂污染物排放标准》（DB12/599-2015）、《工业企业挥发性有机物排放控制标准》（DB12/524-2014）等12个地方标准。用高效的经济政策激励减污治污，积极推进排污收费改革，提高二氧化硫、氮氧化物、化学需氧量、氨氮、烟尘和一般性粉尘及污水中5项重金属污染物排污收费标准，并实施差别化排污收费制度，电力、钢铁等重点排污行业企业污染物减排效果显著。

绿水青山就是金山银山，保护环境就是保护生产力，改善环境就是发展生产力。绿色循环低碳发展，是当今时代科技革命和产业变革的方向，是最有前途的发展领域。2010年7月，天津成为国家首批低碳试点城市。2012年，作为全国7个碳排放权交易所试点城市之一，天津获准开展碳排放权交易试点工作。在绿色低碳城市建设以及碳排放权交易方面已经累积了大量的经验和成果，为国家推进绿色低碳转型提供了借鉴。为加快推进低碳发展，天津先后发布实施了《天津市国家低碳城市试点工作实施方案》《天津市应对气候变化方案》等。坚持把节能减排作为低碳发展的重要抓手，把优化结构作为节能减排的治本之策，大力实施"大气十条"等控碳措施，降低碳排放成效明显。煤炭消费占比由2005年的68.9%下降到2019年的42.9%，对化石能源的依赖程度稳步降低。"十三五"时期煤炭占比逐年下降，天然气的消费占比提高到了20%以上，非化石能源占比由2.7%提高到6.5%。在国务院的年度能耗双控指标评比中，天津连续5年被评定为超额完成等级。能源资源配置更加合理、利用效率大幅度提高，主要污染物排放总量持续减少，生态环境改善显著。

有序推进碳达峰碳中和。建立完善碳达峰碳中和"1+N"政策体系。加快能源绿色低碳转型，打造能源革命先锋城市。积极发展风能、太阳能，推进电力"双碳"先行示范区建设，加快外电入津通道前期工作。巩固多气源格局，保障天然气资源安全稳定供应。稳妥推进控煤减煤工作。加快绿色制造体系建设，新创建30家国家级绿色示范单位。推动城乡建设绿色发展，大力推广绿色建筑和装配式建筑，推进建筑工业化和智能化建造。围绕汽车制造、生物医药、新能源等重点领域，培育了140多家国家级和市级的绿色工厂。加强组织推动，2021年印发《天津市"双碳"工作关键目标指标和重点任务措施清单（第一批）》，提出118项重点任务，不断推动碳达峰碳中和工作。开展专项立法，启动《天津市碳达峰碳中和促进条例》立法工作，并于2021年9月21日在天津市十七届人大常委会第二十九次会议审议通过，同年11月1日起施行。该条例是国家首部碳达峰碳中和地方性法规，将基本管理制度和绿色转型、科技创新、降碳增汇等政策措施以地方性法规形式予以明确。在立法过程中，注重碳排放监督管理、评价考核等基本制度建设，对违法违规行为明确处罚措施，增强碳达峰碳中和工作的约束力；注重完善碳排放权交易、绿色金融、碳汇抵消、生态产品价值实现等市场化机制，引导社会资本投入节能降碳领域。成功发行全国首单"碳中和"资产支持票据，中新生态城智慧能源小镇建成投运。

坚决遏制"两高"项目盲目发展。天津印发《关于加强"两高"项目管理的通知》《关于加强"两高"项目节能审查和事中事后监管的通知》和《关于进一步推进重点用能单位能耗在线监测系统建设的通知》，细化"两高"项目管理措施。排查近3年开工、竣工的2533个项目，建立"两高"项目在建、存量和节能改造3张清单。评估处置"十四五"时期拟投产达产的"两高"项目，将新增用能需求压减36%。对13个存量"两高"项目进行节能监察，下达责令整改通知书5份、节能监察建议书2份。开展387家重点企业节能降碳诊断，将215家重点用能单位接入能耗在线监测系统，推动实施87个节能技改项目。提高能源资源利用效率。推进节能降耗，将能耗双控目标分解到各区政府、行业部门和重点企业，"十三五"时期全市万元地区生产总值能耗累计下降19.1%，2021年上半年同比下降3.9%。发展循环经济，研究制定再制造产业发展方案，开展汽车零部件、工程机械、机电产品等再制造关键技术研发与推广应用，国家级园区和74%的省级园区实施循环化改造，主要工业固体废物综合利用率达到98%以上。推行清洁生产，修订《天津市清洁生产促进条例》，按年度下达清洁生产计划，年内对66家重点企业实施强制性审核。推进能源绿色低碳转型。加快构建新型电力系统，研究制定电力碳达峰实施方案。增加天然气供应和非化石能源开发，印发《2021—2022年风电、光伏发电项目开发建设方案》，谋划新能源项目36个，总装机容量达530万千瓦。削减煤炭消费总量，关停落后煤电机组，实现全市35蒸吨/小时以下燃煤锅炉"清零"。

2.成立天津排放权交易所

天津排放权交易所（简称"天排所"），于2008年9月25日由中国石油天然气集团公司和天津产权交易中心有限公司共同出资在天津滨海新区建立，是中国首家综合性环境能源交易平台。天排所是天津碳交易试点的指定交易平台，也是国家首批温室气体自愿减排交易备案交易机构之一，承担多个国家级绿色低碳课题研究项目，并与多家行业组织密切协作，打造了合同能源管理综合服务平台，为节能减排项目提供全产业链服务。其以激发全社会的绿色动能为使命，目标是应对环境污染和能源紧缺带来的挑战，改善环境质量，追求环境效益和经济效益的统一。

天排所发展历程

时 间	事 件	意 义
2008年 9月25日	天排所在天津滨海新区挂牌成立	中国第一家综合性排放权交易机构
2008年 12月23日	天排所成功组织一笔二氧化硫排放指标交易	中国第一笔基于互联网进行的主要污染物排放指标电子竞价交易，标志着我国主要污染物排放权交易综合试点在天津启动
2009年 11月17日	上海济丰包装纸业股份有限公司（"上海济丰"）委托天排所以上海济丰名义在自愿碳标准（VCS）APX登记处注销一笔6266吨的自愿碳指标（VCU），抵消上海济丰2008年1月1日至2009年6月30日产生的碳排放量	中国第一笔由交易所组织的基于碳足迹盘查的碳中和交易
2009年 12月27日	天排所与中国石油天然气集团公司宁夏石化分公司和北京水木能环科技有限公司签署协议	中国首笔通过排放权交易市场达成的合同能源管理项目
2010年 2月9日	天津能效市场首批交易合同签署	天津能效市场是中国首个自主开发的基于强制能效目标的排放权交易体系，旨在通过"强度控制与交易"模式，提高能效，降低碳排放强度

续表

时 间	事 件	意 义
2010年 9月27日	天津低碳公交卡认购仪式在滨海新区举行	旨在传播"低碳"和"绿色出行"理念，低碳公交卡最大亮点是每张卡内含1吨经核证的二氧化碳减排量
2011年 6月10日	国际济丰纸业集团、荷兰CVDT咨询公司、英国标准协会、天排所在第五次天津国际融资洽谈会上签署碳中和交易合同	中国大陆首笔基于PAS2060碳中和标准的企业自愿碳减排交易
2012年 11月21日	天排所与中国船级社认证中心在天津滨海新区签订战略合作协议	标志着"碳金融"在交通运输领域的充分运用，该种模式或将成为交通运输领域节能减排领域的示范，对于全国的借鉴意义较大
2013年 1月8日	天排所获国家发展和改革委员会批复	成为首批《温室气体自愿减排交易管理暂行办法》备案交易机构之一
2013年 12月26日	天津市碳排放权交易正式启动	标志着中国碳市场建设实现了新的突破
2014年 11月4日	天津天丰钢铁有限公司与中碳未来（北京）资产管理有限公司完成了6万吨国家核证自愿减排量交易	天津首笔国家核证自愿减排量（CCER）交易
2015年 1月14日	国家核证自愿减排交易注册登记系统正式上线运行	作为国家首批备案的温室气体自愿减排交易机构和国家核证自愿减排交易注册登记系统开户指定代理机构，即日启动国家核证自愿减排交易注册登记系统代理开户业务
2015年 4月27日	天排所完成"芜湖海螺水泥有限公司2×18MW余热发电工程"项目单笔交易量506125吨	国内最大单国家核证自愿减排量交易
2016年 9月6日	全国碳市场能力建设（天津）中心正式授牌成立	有助于充分发挥先期试点优势经验，积极发挥辐射和带动作用，通过多种能力培训和建设服务方式，帮助非试点区域企业提升低碳发展能力和碳市场参与能力，更好服务于全国碳市场建设

续表

时 间	事 件	意 义
2017年10月	天排所扩大经营范围	除"环境权益（包括但不限于主要污染物、温室气体、能源效率及节能量）、节能减排技术、能源商品的拍卖、现货交易及远期交易提供交易场所、技术支持及相关服务；为环境保护、节能减排及能源领域提供信息发布、项目咨询、总体规划及技术培训业务"之外，增加产权交易代理、企业征信服务、商务信息咨询、合同能源管理服务、节能减排技术服务、节能减排设备销售等业务
2020年	天津碳市场成交量2909万吨，成交金额3.56亿元	成交量排名全国第二

自成立以来，天排所取得了许多成果。2020年是天津碳市场第七个履约期，根据《天津市碳排放权交易管理暂行办法》规定和有关工作要求，天津克服新冠肺炎疫情影响，在全国率先完成履约，履约率达100%。2020年，碳交易量达到2909万吨，同比增长1216%，年度碳市场交易量排名跃升到全国第二，累计成交量和成交额在8个试点碳市场中分别占4.4%和3.8%。2021年1—10月，天津排放权交易所国家核证自愿减排量交易量2319万吨，位居全国第一。截至2021年12月7日收市，天津国家核证自愿减排量累计成交量突破6000万吨。从近几年天津碳交易试点企业数量来看，2018年包括电力热力、钢铁、化工、石化、油气开采5个行业，纳入企业数量为114家；2019年包括电力热力、钢铁、化工、石化、油气开采、建材、造纸、民航8个行业，纳入企业数量为113家；到了2020年，剔除关停、长期停产、兼并重组等情况的企业，纳入包括电力热力、钢铁、化工、石化、油气开采、建材、造纸、民

航8个行业的104家企业；2021年，有160家企业纳入碳排放权交易试点名单，其中21家转入全国碳市场，3家发电设施纳入全国碳市场，其他设施仍在天津市场，其余企业纳入天津碳排放权交易试点名单。从交易主体类别上看，天津碳交易的主体都来自第二产业，也是碳排放大户，纳入碳市场的试点企业为年排放二氧化碳2万吨以上的市场主体，这些企业的总排放量基本占了天津排放总量的50%—60%。

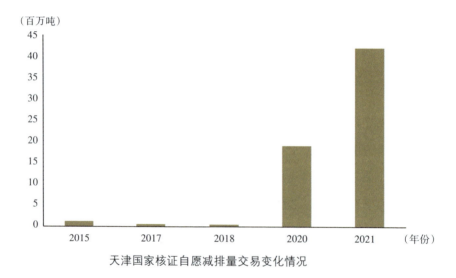

天津国家核证自愿减排量交易变化情况

3.绿色生活方式蔚然成风

绿色生活方式宣传氛围浓厚。为增强全民节约意识、环保意识、生态意识，倡导简约适度、绿色低碳的生活方式，把建设美丽中国转化为全体人民的自觉行动。市委宣传部专门制定了生活垃圾管理专项宣传方案，持续开展垃圾分类"进校园、进课堂"。目前，全市3931所大中小幼学校已全部将垃圾分类纳入教育教学体系。在天津市志愿服务网组建完成1186支生活垃圾分类工作志愿服务队伍，充分发挥垃圾分类志愿者力量推动生活垃圾分类工作。全市共建成主题公园9个，宣教基地场所30多处，开展主题宣传约2万次，敲门入户112万次，发放宣传品927万份，覆盖1133万人。

2020年12月，《天津市生活垃圾管理条例》正式施行。该条例实施一年以来，天津生活垃圾分类工作取得阶段性成效，较好完成了2021年各项任务指标。在住房和城乡建设部2021年第三季度考核中，得分由75分提高至81.2分，位列超特大城市第六名。生活垃圾首次呈现"三增一减"态势。厨余垃圾分出量同比增幅62.3%，回收利用率由32%增长至36.5%，有害垃圾日收集量增长3倍，其他垃圾减量明显。关闭全部生活垃圾填埋场，全国范围率先实现原生生活垃圾"零填埋"。通过源头减量措施，人均日产出垃圾控制在0.8公斤以下。2021年全年生活垃圾焚烧发电量达到17.8亿度。全市生活垃圾无害化处理率达100%，资源利用率达到82%，居于全国先进水平。新建垃圾焚烧厂6座，处理能力增长142%达到17450吨；新增厨余垃圾处理能力850吨/日，能力增幅150%达到1500吨/日。厨余垃圾整体运力达到1800吨/日，其他垃圾运力达到1.5万吨/日，有害垃圾运输车辆每区不少于2部，实现了分类效果与运力的动态平衡。分类运输车辆增加909辆，运力增幅30%，专业车辆达到3895辆。全市分类投放、分类运输、分类处置的配套设施基本满足需要，分类全流程体系建设基本完善。2021年前三季度，全市使用快递包装袋2.87亿个，可降解的1.51亿个，占比达52.6%；使用塑料胶带32万公斤，生物降解的5.2万公斤，占比16.3%；使用中转袋3466.74万个，可循环袋3163.28万个，占比91.3%，一次性塑料制品使用比例呈明显下降趋势，源头减量工作效果明显。

　　绿色出行方式接受度持续提升。2006—2010年，公共交通出行率低，全市轨道交通通车里程仅71.6公里，为北京的36%、上海的30%，公共交通出行分担率为25.7%左右，远低于北京40%左右的水平。为贯彻习近平生态文明思想和党的十九大关于开展绿色出行行动等决策部署，2020年底，天津市交通运输委编制了《天津市绿色出行创建行动方案》，提出到2022年，初步建成布局合理、生态友好、清洁低碳、集约高效的绿色出行服务体系。近年来，绿色出行环境明显改善，公共交通服务品质显著提高，公众出行主体地位基本确立，绿色出行装备水平明显提升，人民群众对选择绿色出行的幸福感安全感持续增强。引导居民自觉树立文明交通、绿色交通的意识，积极践行"135"绿色出行方式，即在1公里以内的尽可能选择步行，在3公里以内的尽可能选择骑自行车，在5公里以内的尽可能乘坐公共交通工具，助力减少交通拥堵和碳排放。绿色出行环境进一步改善。坚持"城市生命体有机体"理念，进一步提高城市治理精细化和可持续发展水平。加快推进城市治理"一网统管"，开展交通堵点乱点常态化治理，持续巩固"三站一场"环境服务提升整治工作成效，新增公共停车泊位1.3万个，津门湖新能源车综合服务中心投入使用，群众出行更加便捷。为方便市民绿色出行，天津地铁建设全面提速，国家已批复的中心城区线路全部开工，5号线全线、6号线一期和1号线东延线建成投运，运营总里程达到232公里。建成宁静高速、滨海新区绕城高速等，贯通新外环等快速骨架公路，完成一批节点工程，打通一批卡口路段，提升改造3300公里乡村公路，建制村全部实现村村通客车。

　　2019年，天津入选全国十大绿色出行城市。根据2019年7月高德地图联合国家信息中心大数据发展部、未来交通与城市计算联合实验室、阿里云等机构共同发布的《2019年Q2中国主要城市交通分析报告》，天津市民绿色出行意愿指数位居前列，市民乘坐公交地铁等公共交通出行较为方便，城市交通拥堵情况也基本与上一季度持平。天津位于交通拥堵榜单第39位，交通健康指数为79.92%，公交幸福指数为65.74%，高速日均拥堵里程占比0.14%。作为国家公交都市建设示范城市，"公交优先、绿色出行"的理念在天津已深入人心，地铁、公交、骑行、步行等绿色出行蔚然成风。2019年12月，天津城市公共交通客运量同比增幅为128%，随着天津地铁、公交等公共交通设施的进一步完善，绿色出行成为天津市民的首选。生态环境显著好转，公共服务体系优质均衡，城乡居民生活质量显著提高，绿色生产生活方式基本形成。

4.生态城市建设取得显著成就

2007年11月，中国和新加坡两国政府在新加坡签署框架协议，生态城项目选址天津滨海新区，东临滨海新区中央大道，西至蓟运河，南至永定新河入海口，北至津汉快速路，距天津中心城区45公里，距北京150公里，总面积约3123公顷，规划居住人口35万人。2008年1月，市政府成立中新天津生态城管委会。2008年9月，生态城开工奠基。中新天津生态城是中国和新加坡两国政府合作的重大项目，也是世界上第一个国家间合作开发建设的生态城市。从建设之初，生态城的定位就是"一个典型的生态城市样本"，编制了世界上第一套生态城市指标体系，明确了各领域的具体目标和任务。2006—2010年，为推动天津生态市建设，编制了《天津生态市建设规划纲要》和《2008—2010年天津生态市建设行动计划》，明确了7项任务、149项重点工程，保障生态市建设顺利实施。

生态城坚定不移贯彻新发展理念，加快质量变革、效率变革、动力变革，经济社会发展的质量和效益得到持续提升。在产业发展方面，着力发展以人的智慧为生产力和以人的健康快乐为重点的主导产业，着手制定主导产业图谱，出台配套政策包，打造滨海"数字谷""生命谷"，高标准建设国家全域旅游示范区，加强自主创新原始创新，塑造国际一流营商环境，主导产业实现由"单点突破"到"集群效应"跨越，切实增强经济韧性。城市发展的经济实力更加坚实，综合竞争力持续攀升，吸引力和聚集度不断增强。在增进民生福祉方面，实施名校云集、名医名院战略，树立"共同缔造"治理标杆。社会配套由"基本满足"向"均衡充分"跨越，增强城市功能，满足人民群众对美好生活的向往。2020年，生态城调整优化后的2.0升级版正式获住建部批复，绝大部分指标都达到甚至超过了国际先进水平，生态城各领域工作也一直遵循这套指标体系，努力打造人与环境和谐共存的人居环境典范。截至2018年，生态城注册企业达7083家，注册资

中新天津生态城彩虹桥

本2476亿元，现代服务业占比达91%，就业、居住人口总量约10万人，绿化覆盖率超过50%。2018年11月26日，中国幸福城市论坛在广州举办，"2018中国最具幸福感城市"调查推选活动的结果，中新天津生态城首次入选该榜单，并获评"中国最具幸福感生态城"。

始终秉持"生态优先"的发展理念，走绿色发展道路。2013年，生态城获批首个国家绿色发展示范区。生态城坚决贯彻落实习近平总书记对天津及生态城的重要指示精神，全力推动国家绿色发展示范区建设取得丰硕成果，曾经的盐碱荒滩，如今已经蜕变成为一座绿色发展的生态之城、科技赋能的智慧之城、产城融合的幸福之城。生态城以生态优先、绿色发展为导向，谋划蓝绿交织、水城共融的城市布局，让良好的生态环境成为生产力。截至"十三五"时期末，生态城累计建成绿地面积超过900万平方米，建成区绿化覆盖率超过50%。生态城原本条件恶劣，1/3是盐碱荒滩，1/3是废弃盐田，1/3是污染水面。在10多年的探索实践中，按照"在开发中保护、在建设中修复、在发展中优化"的思路，集中治理了积存40多年工业废水的污水库，取得50余项国家专利，形成具有自主知识产权的污染场地治理修复标准与核心技术，让曾经的"污水库"变身"景观湖"，其盐碱地改良经验在全市推广。在植物选取方面，因为考虑到生态城的土壤情况，除了常规的植被选种，还需要本地耐盐碱植被的选种，所以生态城在建设之初便制定了本地植物指数不小于0.7的指标（针对土地类型种植适应程度相符的本地植物不少于70%），如红宝石海棠、碱蓬、大米草等。生态城分期分批逐步丰富植物品种，把黑松、国槐、白蜡等本地适生植物当作城市绿化的骨干树种，并引入法桐、皂角、银杏等外来树种丰富绿化景观多样性，打造了层次分明、季相显著、丰富多彩的生态景观植物群落。

推广绿色建筑。生态城坚持绿色建筑100%的建设标准，出台绿色建筑激励政策，形成全生命周期管理体系、标准体系和评价体系，建成世界首个获得"PHI被动房认证"的高层被动房住宅项目，成为北方绿色建筑示范基地。同时，生态城开展零能耗建筑探索实践。2020年，建成天津首座零能耗建筑——"0+小屋"，实现全部清洁能源供应、能量100%自产，配备储能设备和家庭能源智慧控制平台；2021年，通过绿色产能、灵活储能、按需用能、智慧控能、高效节能等技术，对不动产登记中心进行零能耗改造，将其打造成为天津首个具有实际使用功能的零能耗建筑，为天津实现碳达峰碳中和目标提供生态城方案。

打造海绵城市。生态城将低影响开发和雨水资源利用贯穿到城区开发建设全过程，采用关键技术，构建道路绿化带、慢行系统透水铺装、绿地、凹地、季节性雨水湿地、半咸水河湖湿地6级设施，建成68个精品项目、2280公顷精品试点区，形成具有地方特色的海绵城市建设模式。2016年，入选国家海绵城市建设试点。

建设无废城市。生态城从源头上减少废物产生，实现资源化利用，2019年入选全国首批无废城市建设试点。通过完善制度体系，出台管理细则，让大家知道垃圾"怎么分"；强化技术应用，建设智慧高效的管理平台，让垃圾"分得准"；出台绿色行动指南，从制度约束走向习惯自觉，引导大家从"要我分"变成"我要分"。此外，生态城还建设了生活垃圾气力输送系统，通过地上投放口、地下管网和负压设备将生活垃圾抽送至中央收集站，再经压缩处理转运至垃圾处理厂，以密闭化、自动化有效杜绝二次污染；作为气力垃圾输送系统的有效补充,在区内合理布局建设地埋站,实现"垃圾不见天"。

书写"生态+智慧"新篇章。习近平总书记指出:"生态城要兼顾好先进性、高端化和能复制、可推广两个方面,在体现人与人、人与经济活动、人与环境和谐共存等方面作出有说服力的回答。"按照习近平总书记的重要指示精神,生态城坚持城、产、人深度融合,加快实施"生态城市升级版"和"智慧城市创新版"双轮驱动发展战略。生态城充分考虑资源环境承载能力,设立产业准入门槛,不引入高耗能、高排放、有污染的企业,主要聚焦的就是以人的智慧、健康、生活为要素的产业,形成了智能科技、文化旅游和大健康3大主导产业。生态城管委会与中国移动通信集团天津有限公司的合作再度升级,发力建设区域第五代移动通信技术基础设施,拓展智慧应用场景试点,布局第五代移动通信技术产业,在生态城打造第五代移动通信技术全域应用示范区。依托智慧城市建设优势,生态城持续推动智能科技产业发展,已吸引太极、华为、京东等一批行业领军企业落户,泛智能科技产业占比达46%。在做精主导产业的同时,生态城规划建设了一批产业园区和产业孵化平台,出台科技创新促进办法,设立人才发展专项基金,构建人才政策支持体系。生态城在机构设置中全面聚焦经济发展主责主业,将资源和人员向招商部门和企业服务部门倾斜,除了商务局统筹招商工作之外,还根据生态城产业发展特点,强化了文旅、教育、科技等部门以及各平台公司的招商职能。

打造智慧城市建设的国家级标杆区。让城市更聪明、更智慧,是推动城市治理体系和治理能力现代化的必由之路。生态城从产业发展和居民需求出发，叠加"生态"与"智慧"元素，遵循"1+3+N"的智慧城市建设主线。2013年，生态城成为国家首批智慧城市建设试点。按照"统一共享、面向应用"的原则，生态城制定了全国首套智慧城市指标体系，包括基础设施、数据服务、智慧环境、智慧治理、智慧经济、智慧民生6类共30项指标，作为生态城智慧城市建设纲领，为国内其他地区智慧城市建设提供借鉴。生态城持续推出智慧交通、智慧社区、智慧城管、智慧图书馆等一批惠及民生的高水平智能应用，让群众享受智慧科技带来的发展红利。在智慧交通方面，生态城通过人工智能技术对路口的实时流量进行分析，动态调整交通信号灯管控，实现由"车等灯通行"到"灯看车放行"，提升了早晚高峰的车辆通行率，让市民出行更便捷，节能减排效益更明显。此外，还有中新友好图书馆、智慧海博馆、智能家居、智能公交车、智能垃圾分类设备等一系列智慧应用场景。截至"十三五"时期末，累计落户生态城的各类市场主体约有1万家，注册资金超过3700亿元，其中引进北京企业4000余家，形成了智能科技服务、文化健康旅游、绿色建筑与开发3大主导产业。建成区面积达到1900公顷，较"十二五"时期末新增700公顷，常住人口较"十二五"时期末增加7万人。生态城的民生保障已从"基本满足"进入"幸福乐享"阶段。

2021年，天津在全面建成高质量小康社会的基础上，开启了全面建设社会主义现代化大都市的新征程。天津坚持以习近平新时代中国特色社会主义思想为指导，全面贯彻党的十九大和十九届历次全会精神，深入学习贯彻习近平生态文明思想，贯彻落实习近平总书记对天津工作"三个着力"重要要求和一系列重要指示批示精神，统筹发展和保护，构建完善党委领导、政府主导、企业主体、社会组织和公众共同参与的现代环境治理体系，推动减污降碳协同增效，促进经济社会发展全面绿色转型；深入打好污染防治攻坚战，加快推进"871"生态工程建设，严格落实生态保护红线制度，推进农村人居环境整治及生态保护修复建设；提升生态系统的质量和稳定性，实施严格的法规标准促进绿色发展方式加快形成；持续改善生态环境质量，建设人与自然和谐相处、共生共荣的美丽天津，切实巩固了全面建成小康社会的成效。

六、持续扶困加快推进天津农村发展

改革开放以来，全面建成小康社会实践始终根植于中国特色社会主义事业的历史进程。从邓小平提出"小康之家"伟大构想，到党的十九大进一步明确全面建成小康社会的历史节点，小康目标经历了"小康之家""小康社会""总体小康""全面建设小康社会""全面建成小康社会"的演进，无论处于哪一发展阶段，让贫困人口全部脱贫始终是实现全面小康的内在要求和题中应有之义。正是在"小康社会"的逻辑框架下，我国在全国范围内有组织有计划地开展大规模开发式扶贫，使困扰中华民族几千年的绝对贫困问题得到历史性解决。到"十三五"收官之时，脱贫攻坚战取得了全面胜利。

党的十一届三中全会后，在解放思想、实事求是思想路线的指引下，中国农民创造了以包产到户、包干到户为主要形式的家庭联产承包责任制。1982年，党中央出台了改革开放以来第一个关于农村工作的一号文件，明确指出包产到户、包干到户都是社会主义集体经济的生产责任制。1983年，党中央在《当前农村经济政策的若干问题》中肯定家庭联产承包制是在党的领导下我国农民的伟大创造，是马克思主义农业合作化理论在我国实践中的新发展。其间，天津认真落实党中央政策，积极推广家庭联产承包责任制，解放和发展了农村生产力，充分调动了农民生产的积极性，农村经济得到快速发展，农民收入不断增加。1984年，国家开始实行政社分开，开展农产品价格改革，逐步取消农产品统购统派制度，鼓励农民面向市场，开始确立农户独立的市场主体地位。1984年，中央一号文件明确指出："只有发展商品生产，才能进一步促进社会分工，才能使农村繁荣富裕起来，才能加速实现我国社会主义农业的现代化。"在中央文件指导下，天津市委、市政府在1984年的全市乡镇企业工作会议上将社队企业改名为乡镇企业，提出了"统一思想，依托城市，城乡结合，相互协作，相得益彰，比翼齐飞"的乡镇企业发展方针。1986年，天津根据中央政策，进一步提出城乡一体化发展战略。1988年，确定了"城乡结合发展乡镇企业，整体推动振兴天津经济"的基本思路，为乡镇企业的稳定健康发展提供了政策支持。在政策的引领下，天津乡镇企业和民营企业得到快速发展，越来越多的农村居民开始进厂务工或投资办厂，农村居民收入来源日益丰富。1992年，邓小平发表南方谈话，进一步激发了农民和乡镇企业职工的生产积极性。为扶持和引导乡镇企业持续健康发展，保护乡镇企业的合法权益，1996年，国家制定了《中华人民共和国乡镇企业法》。在这段时期，天津大部分乡镇企业与民营企业开始转制和调整重组，乡镇企业再次得到快速发展，全市乡镇企业数量、从业人数、固定资产原值都得到了不同程度的增长。党的十六大以来，中央高度关注"三农"问题，相继出台了一系列旨在解决"三农"突出问题的重要政策和措施，包括调整收入分配结构，加大对"三农"的扶持力度，全面取消农业税，进一步放开农产品市场和价格等政策。在此期间，天津在落实国家政策的基础上，大力支持示范小城镇的发展，到2011年已先后批准了四批示范小城镇建设项目。农村城镇化的快速发展和社会主义新农村的建设，使得天津农村居民可支配收入进一步提高。

按照国务院扶贫办确定的家庭年人均收入 2800 元的标准，天津没有国家层面上的贫困人口和贫困地区，因此天津采取倒排方式确定了困难村，围绕"三美四全五均等"的帮扶目标，以帮助村庄经济社会全面发展为主线，实行全方位帮扶、整村推进。2013 年、2017 年 2 轮帮扶工作，共帮扶困难村 2300 多个，占到了全市村庄总数的 3/4。帮扶范围之大、覆盖面之广，不论是从全国还是全市来看，都是前所未有的。

（一）产业扶困效果显著

脱贫攻坚离不开坚实的产业支撑，发展产业是拔穷根的根本之策，是奔小康的长久之计。产业扶贫是以市场为导向，以经济效益为中心，以产业发展为杠杆的扶贫开发过程，是促进贫困地区发展、增加贫困农户收入的有效途径，是扶贫开发的战略重点和主要任务。产业扶贫是一种内生发展机制，目的在于促进贫困个体（家庭）与贫困区域协同发展，根植发展基因，激活发展动力，阻断贫困发生的动因。其发展内容为：在县域范围，培育主导产业，发展县域经济，增加资本积累能力；在村镇范围，增加公共投资，改善基础设施，培育产业环境；在贫困户层面，提供就业岗位，提升人力资本，积极参与产业价值链的各个环节。从这一角度来看，产业扶贫可看成是对落后区域发展的一种政策倾斜。

2016 年 11 月 23 日，国务院发布《关于"十三五"脱贫攻坚规划的通知》。通知第二章明确指出，农林产业扶贫、电商扶贫、资产收益扶贫、科技扶贫是产业发展脱贫的重要内容。同时提出农林种养产业扶贫工程、农村一二三产业融合发展试点示范工程、贫困地区培训工程、旅游基础设施提升工程、乡村旅游产品建设工程、休闲农业和乡村旅游提升工程、森林旅游扶贫工程、乡村旅游后备箱工程、乡村旅游扶贫培训宣传工程、光伏扶贫工程、水库移民脱贫工程、农村小水电扶贫工程等"十三五"时期重点实施的产业扶贫工程。

多年来，天津市委、市政府对产业扶困工作高度重视，把增加农民收入作为全市"三农"工作的出发点和落脚点，作为全面建成高质量小康社会的重要内容。随着改革开放的深入推进，天津农业生产水平提升迅速，全市农产品加工业形成了门类比较齐全、完整的加工业体系。特别是1986年实施的"星火计划"将科技引入农村、乡镇企业，兴起了一批农村支柱企业。1998年以后，市委、市政府又相继提出了一系列指导农业发展的新战略，使得农村地区的产业发生了翻天覆地的变化。到21世纪初，农业总体现代化水平已大大高于全国平均水平。市委、市政府始终把农村改革发展放在重要位置，通过深化改革、创新体制、扩大开放，活跃农村经济主导力量，不断拓展农村居民增收的渠道。从收入构成来看，农村居民工资性收入占比从1978年的86.3%降到2017年的60.4%，而经营净收入、财产净收入和转移净收入从少到多，占比不断上升。

1.培育新型农业经营主体，创新产业发展模式

天津积极探索创新了村级合作经营、产业基地运营、龙头企业入股、农业企业带动、固定资产租赁、乡村旅游开发、社会服务收

益、"互联网+"销售八大产业帮扶带动模式，取得了实实在在的经济效益，成为困难村和农民群众脱贫致富的"新钱袋"。

针对困难村普遍存在没有主导产业、村集体收入偏低的问题，天津坚持"区负总责、镇域统筹、镇村联动、一村一策"的工作思路，因地制宜、因村施策，紧密结合区、镇总体发展规划布局和村庄优势资源禀赋，发展特色种养业、农产品加工业、乡村休闲旅游业、生产性服务业、生活性服务业等特色优势产业，大力培育新型农业经营主体，促进农村一二三产业融合发展。早在20世纪80年代，北郊区霍庄子乡就利用当地丰富的玉米资源，与天津市工业微生物所联办新兴发酵制品厂，开发生产碱性蛋白酶，为天津市合成洗涤剂厂生产天津牌加酶洗衣粉配套原材料。1988年，共生产出颗粒酶1050吨，销售产值315万元，利润103万元，利润率达32.7%，成为霍庄子乡的支柱产业。按照1000个困难村每个村150万元产业扶持资金的标准，市农委协调市财政局从2018—2020年多渠道筹集市级产业帮扶资金15亿元，用于支持困难村产业发展，实行"大专项+任务清单"管理，赋予区级相机施策和统筹资金的自主权，因地制宜确定产业项目，并会同天津市财政局制定《新一轮结对帮扶困难村发展市级补助资金管理办法》《天津市结对帮扶困难村发展财政补助资金绩效评价管理办法》《新一轮结对帮扶困难村发展市级补助资金专项检查三年工作方案》，加强财政资金管理，提高资金使用效益。

在增加村集体收入的同时，天津健全完善帮扶产业项目与农民群众的利益联结机制，创新产业发展模式，找准选准产业项目与农民增收的结合点，大力培育农业产业化龙头企业、农民专业合作社、家庭农场等新型农业经营主体，发展"公司+合作社+低收入户"等多种帮扶模式，想方设法使农民群众参与到产业链条中，指导农村采取订单生产、股份合作、劳资雇佣等模式，让农民群众分享产业项目收益。产业项目优先流转困难群体的承包土地，优先安排困难群体就近就业，优先为低收入户提供技术指导和农资服务，率先实现资源变资产、资金变股金、农民变股东。鼓励和支持困难群体在致富能人、产业大户的带动下，通过将土地、劳务等有限资源参资入股，获得盈利分红，实现自我脱贫。

2.促进困难村民就业，增加农民工资性收入

天津市农委积极协调市人社局出台劳动力转移就业的政策，天津市财政局多渠道筹集资金14.7亿元，不断加大就业支持力度。充分发挥各级各类公共就业服务机构和人力资源服务机构作用，每年面向困难村开展4场招聘活动，积极开展有组织的劳务输出，推进农村富余劳动力有序外出就业和就地就近转移就业。开展千村资源信息网上行活动，发挥示范工业园区和小微企业创业创新示范基地帮扶作用，鼓励示范工业园区内企业招用困难村劳动力。就业困难人员被企业吸纳的，按规定给予岗位补贴和社会保险补贴；就业困难人员从事灵活就业的，给予养老、失业、医疗3项社会保险补贴；对通过自身努力自谋职业的，给予补助资金；并将应领未领的失业金一次性发给失业人员。

天津探索公益性岗位托底安置办法，指导各区研究在区、镇、村逐级设置公益性就业岗位的办法，安排困难村劳动力特别是困难群体劳动力就地就业，确保每年2.4万名困难村劳动力实现转移就业。积极推进社会治安巡防、铁路护路联防等岗位招用本市困难村劳动力。将困难村富余劳动力较多的新五区与城市运营服务岗位、

资源相对丰富的中心城区对接，结合用工单位岗位需求，协调市政环卫、轨道交通、安检等岗位，整建制招用困难村劳动力。

3.平台提供农民创业指导，金融支持低收入户创业

天津依托基层就业和社会保障服务设施等公共平台，为农民提供创业指导、政策咨询、项目推介、创业培训、创业担保贷款等一条龙的创业服务，组织农民与企业、市场、园区对接，发展农产品加工、物流、电子商务、农产品直供直销、商业餐饮、物业、养老等较低技术含量的行业，鼓励小微企业创业创新示范基地优先吸纳困难村创业企业入驻。

通过发布需求、个人申请、技能考核、研究公示、确定人选、签订服务协议（或服务合同）等程序，依托天津蔬菜产业技术体系创新团队，每年公开遴选推荐10名服务口碑好、扶贫效果好的特聘农技员，发挥典型示范和引领带动作用，对接困难村发展技术需要，为困难村提供精准指导和咨询服务，特聘农业技术员在3个困难村为每村培养1名当地"菜把式"服务、带动农户，切实解决困难村产业发展技术需求和农户生产经营的技术难题，提高困难村产业发展科技支撑能力。

天津市农委、市人力社保局出台了支持农民创业的贷款政策，积极为低收入创业者提供创业担保贷款服务，对符合条件的低收入户创业者，根据其经营项目、经营规模及担保情况，进一步扩大贷款规模，对农民自主创业给予最高30万元的创业担保贷款，并按规定予以贴息；对成功创业且带动就业5人以上的，再给予最高50万元的贷款，经营稳定的创业者可给予贷款再扶持。通过扶持一批创业创新人才，以创业带动就业，确保困难村农民人均可支配收入

增速超过全市平均增速水平。

4.扶贫扶志扶智相结合，激发产业脱贫内生动力

习近平总书记多次提出："扶贫要扶志，扶贫必扶智。"只有坚持扶贫与扶志扶智相结合，才能把输血变造血，激发贫困人口脱贫内生动力。为切实提高困难村农民科技素质，增强自我发展的能力，天津每年制订农民教育培训计划，围绕困难村的人才需求，依托农民教育培训机构，针对种养能手、家庭农场经营者、农民专业合作组织骨干等开展专项培训，面向全体农民广泛开展农业实用技术普及性培训，实现有参训意愿农民全覆盖。

20世纪80年代，天津已拥有各类农业专业技术协会760多个，以农民、农民技术员、科技人员为主体的民办科技合作组织，旨在交流科技信息、切磋生产技术、引进先进实用技术，成为农村推广应用科技的重要力量。如武清县东蒲洼乡充分利用原有科技服务机构，通过多种形式的有偿服务和兴办技术实体增加资金来源，从而增强技术服务能力和自我发展能力，在传播科技知识、发展生产中发挥越来越重要的作用。2018年，市委、市政府印发《关于开展新一轮结对帮扶困难村工作的实施意见》，按照支农资金项目实施方案，围绕天津现代农业发展形势，依托市场化需求，深入开展需求调研，科学制定培育任务，确保培训效果。同时，天津市农委、市人力社保局协调搞好劳动力职业技能培训，对有意愿的劳动力进行轮训，农村劳动力参加《市场紧缺职业需求程序目录》所列职业和等级技能培训，根据培训成本给予培训补贴，对职业鉴定机构给予鉴定费补贴，调动农民参加培训的积极性，帮助他们掌握就业技能，提高就业能力。2018—

2019 年，共组织高素质农民（新型职业农民）培训 11987 人，共涉及帮扶困难村人数达 6084 人。为促进困难村产业发展，提升困难村农业生产技术水平，天津还面向困难村开展定向培养。2018—2019 年，共开展困难村农业生产技术骨干培训 14 期，共计 2034 人。培训班本着"贴近实际需求、注重培训实效"的原则，针对学员结构组成，按照大田作物、设施农业、畜牧、水产、观赏园艺、果品果树、农机等农业领域，组织学员进行相关技能学习。

（二）结对帮扶困难村工作持续推进

"小康不小康，关键看老乡。"全面建成高质量小康社会，农村不能掉队。结对帮扶是党员干部一对一结对子，帮扶城乡困难家庭的一项扶贫活动，是提升村庄内生动力与提供外部发展机遇的重要桥梁。习近平总书记指出："扶贫干部要真正沉下去，扑下身子到村里干，同群众一起干，不能蜻蜓点水，不能三天打鱼两天晒网，不能神龙见首不见尾。这方面，各级党组织和组织部门要管好抓紧，确保第一书记和驻村干部用心用情用力做好帮扶工作。"

2013 年 8 月起，天津针对贫困乡村的脱贫问题开展结对帮扶工作，在 4 年内结对帮扶 500 个困难村，达到改善农村环境、提升农民收入的目标。天津市委、市政府深入贯彻落实习近平新时代中国特色社会主义思想和治国理政新理念新思想新战略，特别是关于精准扶贫、精准脱贫的思想和要求，先后印发《关于开展新一轮结对帮扶困难村工作的实施意见》《关于推进新一轮结对帮扶困难村低收入户增收工作的实施意见》等，天津市委、市政府多次深入各涉农区进行调研，对深化结对帮扶工作提出明确要求，强调要深刻把握精准扶贫、精准脱贫的科学要义，加大困难村帮扶力度，突出"精准"二字，到人到户，因人因户施策，确保2020年全市全面建成高质量小康社会，不让一个家庭掉队。开展结对帮扶困难村驻村帮扶工作以来，市级机关、市属企事业单位充分发挥人才优势、信息优势、资源优势和发展优势，针对帮扶村存在的配套设施不足、经济发展滞后、农民收入偏低等问题进行了深入调研分析，结合实际制定帮扶规划并实施援建项目。农村面貌开始发生明显变化，在道路基础设施修缮、电力和照明设施完善、基本公共设施建设、村庄清洁与垃圾处理等方面，均有显著提升。

1.高度重视全覆盖帮扶，高标准高质量奔小康

在结对帮扶工作中，天津探索总结了坚持党的领导是根本，精准到村到户到人是核心，加大财政资金投入是保障，产业兴村富民是重点，扶志扶智相结合是基础，从严从实的过硬举措是关键等有效经验。在结对帮扶困难村工作中，天津建立健全了市负总责、区抓落实的工作机制，成立了市结对帮扶困难村工作领导小组及办公室，由市委领导同志担任组长、副组长，共有市委组织部、市委宣传部等15个成员单位。天津结对帮扶办负责统筹协调和组织推动日常帮扶工作，下设8个工作组，其中综合协调组、产业发展组由市农业农村委负责，驻村干部管理组由市委组织部负责，宣传信息组由市委宣传部负责，困难群体帮扶组由市民政局负责，资金管理组由市财政局负责，资金审计组由市审计局负责，转移就业促进组由市人社局负责。各单位高度重视帮扶工作，严格按照市委、市政府的部署要求，坚持"多层全覆盖、有限无

限相结合"的工作思路，精准聚焦困难村和低收入困难群体，突出问题导向、目标导向，加大帮扶工作力度，全力发动攻坚攻势，确保2020年结对帮扶困难村各项目标任务按期保质完成。

技术帮扶专家在宁河区实地调研指导水稻基质育秧

静海区梁头镇西柳木村村民在帮扶小组的技术支持下喜获丰收

天津对于困难村的帮扶始终坚持高标准、高质量。到2020年，全国小康社会农民人均收入指标为1.2万元，而天津这项指标要达到2.6万元，是国家标准的2倍以上；到2022年，全国要基本消灭零收入的集体经济空壳村，而天津的目标是困难村集体经济经营性收入全部达到20万元。天津立下"三美四全五均等"帮扶目标，即通过结对帮扶，实现村庄、环境、乡风"三美"，产业带动、转移就业、水电供应、户厕改造"四个全覆盖"，教育、医疗、住房、社保、便民服务"五个城乡均等化"。这一目标更侧重综合考量困难村是否全面发展、科学发展，体现的是高质量发展的要求。目前，天津共有3000多个村，帮扶的村庄总数达2300多个，占全市村庄总数的3/4。

2.万名党员联万户，精准帮扶带脱困

天津牢固树立以人民为中心的发展思想，针对一些村存在基层组织软弱涣散、农民收入水平不高、集体经济薄弱、矛盾纠纷突出、家庭收入偏低、生活存在一定困难等问题，从2013年开始，开展了市级机关、市属企事业单位联系群众结对帮扶困难村工作。从219家市级单位中分2批抽调选派近2000名优秀干部组成驻村工作组，用4年的时间结对帮扶全市500个困难村，大力实施组织帮扶、产业帮扶、技术帮扶、民生帮扶，有效推动了困难村经济社会发展，受到广大农村基层干部和农民朋友的热烈欢迎。

2018年，天津结对帮扶困难村工作领导小组印发《关于开展"万名党员联万户"活动的实施意见》，按照党中央关于打赢脱贫攻坚战的重要要求，大力实施精准帮扶，大兴调查研究之风，广泛开展"万名党员联万户"活动，紧紧围绕"党群结对、包保到户、服务群众、带动脱困"中心任务，对新一轮结对帮扶的1000个困难村中的困难户开展联系服务，实现困难户联系服务全覆盖。通过党员干部的联系帮扶，切实为困难户送温暖、办实事、解难题，同时促进党员干部接地气、转作风、树形象，实现困难群体得实惠、党员干部受教育、工作作风有改进、党群关系更紧密。真正帮助困难户解决生产生活中的实际问题，确保2020年全面建成高质量小康社会不落一户一人。

按照市委、市政府的部署安排，市委组织部、市农委从全市790家单位中抽调选派2062名党员干部，组成了684个驻村工作组，结对帮扶全市1000个发展相对落后的困难村。同时，将结对帮扶工作从"村"向"户"延伸，组织党员干部对6万户、11万名

低保户、特困供养人员、农村低收入家庭建档立卡、结对帮扶。

3. 坚持精准识别，开展"筑基工程"

按照习近平总书记关于扶贫工作"六个精准"的重要要求，天津坚持精准识别，组织各区以乡镇为单位，逐村摸排村级组织建设、村集体经济发展、农民人均可支配收入、村庄基础设施建设、村庄安定稳定等情况。在摸清底数的基础上，滨海新区和环城四区按照行政村总数不低于10%的比例，新五区按照30%左右的比例，倒排确定1000个相对困难村，作为新一轮的帮扶对象。并将村集体经营性收入为零的41个经济薄弱村一并纳入帮扶，开展为期3年的新一轮结对帮扶1041个困难村工作。在识别过程中，凡是党组织软弱涣散村，集体经济空壳村，农民人均可支配收入较低村，基础设施建设滞后村，干群矛盾尖锐、群访集访多发村，"村霸"等问题突出、治安形势复杂村，也一律被列为新一轮结对帮扶对象。

2019年6月，天津市民政局会同市农业农村委、市住建委、市卫健委、市妇联、市残联等单位，在全市范围内开展了"筑基工程·城乡困难群众排查解困专项行动"，动员市区两级民政部门、街道（乡镇）、社区（村）干部以及志愿者2.96万人担任访查员，深入全市所有城乡社区和村，开展入户访查和解困帮扶工作，共入户访查357.1万户家庭，发放民政政策"一目清"421万份，填写有效问卷160.3万份，搜集群众意见建议需求近48.9万个。坚持边访查，边解困，帮助群众解决了1.72万个操心事、烦心事、揪心事，对9046户提出生活救助需求的家庭实施了经济状况核对，纳入救助范围2359户。进一步加大对城乡困难群众的帮扶力度，确保农村低收入群体生活水平和质量不断提升。

4.优化财政转移支付结构，加大资金扶持力度

天津主动提高政治站位，通过统筹整合财政资金，不断加大保障力度，全力支持结对帮扶困难村工作，推动困难村生产生活条件显著改善。天津持续加大对"三农"的财政转移支付力度，合理改善转移支付结构，围绕转移支付的城乡结构调整和区域结构调整，突出财政转移支付重点，减少行业间、群体间的收入差距，有效缓解农村区域间的收入差异，保证农民收入的稳定增长，缩小城乡差距。将更多的转移支付资金用于公共建设投入，把更多公共资源投向相对落后地区，或用于提高困难群体的收入，真正让农民从发展中获得实实在在的利益，共享发展成果。同时，根据天津的实际，增加涉农补贴投入，巩固农业"三项补贴"改革成果，继续实施耕地地力保护、棉花补贴等政策，提高农业补贴政策的精准性、指向性和实效性。

天津还加大低收入户信贷扶持力度，采取新型农业经营主体担保、担保公司担保、农户联保等多种增信措施，缓解低收入户信贷融资缺乏有效抵押担保资产问题。建立健全针对低收入户的保险保障体系，鼓励支持农业保险经办机构在精准识别低收入户的基础上，适当减免低收入户自缴政策性农业农村保险费。同时，加大智力帮扶力度，落实国家助学贷款资助政策，做好对低收入户高等教育学生（含全日制普通本专科生、研究生、预科生）的信贷支持。

在第一轮帮扶工作中，为加快推进困难村经济发展、促进农民增收，市委、市政府制定了《关于支持500个困难村经济发展的实施方案》，市财政拨付了10亿元专项补贴资金，支持困难村主导产业项目建设。在新一轮帮扶工作中，天津进一步加大投入力度，整

合涉农资金，实行"大专项+任务清单"，将50多亿元资金用于困难村产业发展和基础设施建设。对这笔盘活困难村生计的"救命钱"采取区域统筹、一村一策的方式进行分配。如蓟州区出头岭镇将7个村的帮扶资金统筹使用，建冷库、搞加工，使当地的白灵菇产业形成从种植到加工销售的产业集群，已形成400多公顷连片种植基地。通过将资金按因素法下达各区，由各区、镇、村结合自身实际安排帮扶项目，确保项目建设切合困难村实际，充分发挥资金效益。

5.加强基础设施建设，实施农村困难群众危房改造

困难村基础差、底子薄、欠账多，基础设施建设水平滞后，结对帮扶困难村工作开展以来，为改善困难村基础设施，天津按照"道路优先、环境优先"原则，将1000个困难村全部纳入"美丽村庄"3年建设规划和人居环境整治工程，对750个未达到"美丽村庄"建设标准的困难村，按照每个村150万元基础设施建设扶持资金的标准，协调天津市财政局从2018—2020年多渠道筹集市级基础设施建设资金11.25亿元，加快推进"六化"基础设施和"六有"公共服务设施建设。同时，天津市农委协调市交委、市水务局、市卫健委、市体育局、市电力公司等多家市级职能部门出台多项帮扶政策，实施道路建设、农田水利、户厕改造、健身广场、电力改造等各方面改造提升工程，各职能单位计划投入资金总额近15亿元，2018年已经落实资金近5亿元。各帮扶单位、各区也投入帮扶资金，为困难村基础设施建设提供有力的支持和保障。

为做好农村人居环境整治工作，学习借鉴浙江"千村示范、万村整治"工程经验，推进浙江经验与天津工作的融合，2019年8

月，天津实施了"百村示范、千村整治"工程。天津市住房城乡建设委负责组织有农业的各区开展农村困难群众危房改造工作，按照住房和城乡建设部要求，多措并举，强化质量和资金监管。一是严格施工合同管控，统一施工质量要求，明确乡镇政府、村两委、危改户、施工单位四方责任，特别明确施工单位保修维修责任。二是加强竣工验收管理，各区住建委加强危房改造施工现场质量安全巡查与指导监督，严格执行村、镇、区住建委三级竣工验收程序，确保危改质量。三是坚持政策导向，加强危改建设标准宣传力度，纠正部分危改对象不良心理预期，引导危房户量力而行、尽力而为，建设既符合经济条件又满足基本安全需求的危改房屋。四是主动公示危改信息，设立农村危改投诉和举报电话，自觉接受群众监督。五是严格资金管理，出台农村危房改造补助资金管理办法，严格实行农村危改补助资金专项管理、专项核算、专款专用，健全内控制度，严格拨付程序和资金使用情况审核。

自2013年实施农村危房改造以来，天津市财政局科学制定并不断完善财政补助政策，累计投入资金6.7亿元，支持完成3.62万户改造任务，困难群众的基本住房问题得到了极大程度改善。同时，按照《天津市农村危房改造绩效评价办法（试行）》规定，市财政局根据各区农村危改绩效评价结果，2017—2020年累计安排927.1万元对评价结果较好的区给予奖励，用于农村危房改造工作摸底普查、鉴定、档案建立、现场勘查及验收等方面的支出。此外，天津市财政局配合市住建委制定印发《关于开展农房抗震改造试点工作的通知》，对房屋抗震烈度不满足要求的农户，给予每户0.8万—1万元的房屋抗震改造补助。

6.动员社会力量参与，通过生态补偿水利建设扶持

在天津结对帮扶困难村工作中，不仅有220家市级机关和市属企事业单位继续参加，同时还纳入了460家区级机关、区属企事业单位，89家驻津单位，21家民营企业（商会），充分动员了社会方方面面的力量，为开展好帮扶工作提供了有力支撑。天津还鼓励引导民营企业到困难村开展结对帮扶活动，将资本、技术、管理、人才等优势与低收入户有机结合，促进低收入户创业就业、增收致富。鼓励引导各类社会组织开展结对帮扶活动，实施定向发力、精准"滴灌"、个性化帮扶，采取志愿帮扶、捐赠帮扶、就业帮扶、商贸帮扶、医疗帮扶等多种途径，通过"一对一""多对一"等帮扶措施，帮助解决低收入户生产生活实际问题。

天津将生态保护补偿项目和资金向困难村倾斜，创新资金使用方式，提高低收入户参与受益比例。利用生态保护补偿和生态保护工程资金，优先安排低收入户转为生态保护人员。在小城镇建设中做好低收入户的补偿和安置工作，坚持安居与发展并重，着力培育和发展后续产业，同步建设完善配套设施，解决好就近就业、医疗、社保、子女就学等问题，确保搬得出、稳得住、能致富，从根本上改善低收入户生活环境和水平。小城镇建设中的市政环卫、物业、安保等岗位，优先招用低收入户就业。

天津市水务局、农业农村委、财政局等相关部门认真贯彻落实党中央和习近平总书记关于精准扶贫、精准脱贫的重要论述精神，不断加大对困难村农田水利建设政策扶持的力度。2018年，为全面贯彻落实全市扶贫助困工作部署，加大对困难村农田水利基础设施建设的支持力度，市水务局等有关部门安排中央和市级水利发展

资金 1.7 亿多元，支持 175 个困难村实施中小河流重点县综合整治、农村国有扬水站更新改造、小型农田水利工程、水土保持生态治理、京津风沙源治理、节水灌溉等项目建设，有效提升了困难村农业生产基础条件。按照国家有关规定，申报高标准农田建设项目，单个项目建设规模，平原地区不得低于 200 公顷。为加快天津困难村产业结构调整和经济发展步伐，提升农田水利基础设施建设，支持困难村申报高标准农田建设项目，天津市农业农村委制定印发了《关于 2019 年高标准农田建设项目申报事宜的通知》，其中明确规定，困难村单个项目建设规模可降低至 33 公顷。

7. 强化困难群体保障，提高公共服务均等化水平

天津加大养老保险、医疗保险和社会救助资金的城乡统筹力度，推进城乡公共服务均等化，大幅度提高农民待遇保障水平。把重点放在农村老年人、特殊困难群体或低收入边缘户等方面，给予特殊兜底政策，确保这部分人群的收入得到保障。

为实现困难群体教育资助、医疗救助、住房安全、兜底保障全覆盖，天津市农业农村委协调市教委、市卫健委、市住建委、市民政局等市级职能部门出台了各类困难群体保障政策。天津市财政局 2018 年安排困难群众救助补助转移支付补助资金 19.47 亿元；天津市教委完善以"奖、贷、助、补、减"多种措施有机结合、从学前教育到高等教育齐全完备的助学体系，实现困难群体在校子女应保尽保；天津市住建委加快推进老旧危陋住房改造工程，对困难群体的危房进行全面改造；天津市卫健委全面开展重特大疾病医疗救助工作，加强乡镇、村医疗卫生服务能力建设，全面开展低收入困难群体家庭医生签约服务；天津市民政局对农村低收入困难群体认真

排查识别，将其及时纳入保障范围，逐户建档立卡，实现动态管理，确保不落一户一人，同时上调了低保、特困供养、低收入家庭补助标准。

在此基础上，天津市农业农村委、市民政局制定社会救助基金政策，建立市、区两级以财政投入为主的社会救助基金，推动临时救助审批权限向街道（乡镇）下沉，在街道（乡镇）设立临时救助备用金。发挥临时救助制度和市、区两级社会救助基金（专项资金）作用，对不符合救助条件但家庭生活存在一定困难的政策边缘户给予适度救助。对遭遇突发事件、意外伤害、重大疾病或其他特殊原因导致基本生活陷入困境，其他社会救助制度暂时无法覆盖或救助之后生活仍有严重困难的家庭或个人给予点对点临时救助，逐户逐人建档立卡，做好"救急难"工作。

8.广泛开展扶志教育活动，扎实驻村帮扶工作

驻村开展帮扶工作是天津帮扶工作的一个显著特点。天津坚持把与贫困户结对认亲作为促进脱贫的务实举措，作为党员干部守初心、担使命的重要实践，动员鼓励广大党员干部真心诚意与帮扶对象交朋友、结亲戚。天津市委、市政府领导明确要求，驻村工作组必须要驻村，"让两脚沾满泥巴，泥巴有多厚，对群众的感情就有多深"。天津驻村干部始终坚持与农民群众同吃、同住、同学习、同劳动，因为只有让驻村干部真正吃住在农村、工作在农村，才会真正清楚农民群众想什么、要什么，帮扶工作该怎么干。

在结对帮扶工作中，天津始终坚持扶贫先扶志，更要扶正气的帮扶理念，广泛开展扶志教育活动，加强农民群众思想、文化、道德、法律、感恩教育，防止政策养懒汉，抵制不劳而获和"等靠

要"等不良习气,弘扬自尊、自爱、自强精神,激发农民群众自我脱贫、自我发展的内生动力。加大政策宣讲力度,广泛宣传习近平总书记关于扶贫工作的重要论述,宣传市委、市政府的部署要求,宣传帮扶各项政策,进一步抓好典型选树培育工作,及时总结结对帮扶困难村的实践成效和经验做法,挖掘一批帮扶工作先进典型,加大新闻媒体宣传力度,采取互看互比互学、信息简报等多种形式,向全市推广,努力营造更加良好的舆论氛围。

(三)乡村振兴取得重大进展

实施乡村振兴战略,是党的十九大作出的重大决策部署,是决胜全面建成小康社会、全面建设社会主义现代化国家的重大历史任务,是新时代"三农"工作的总抓手。乡村振兴战略坚持农业农村优先发展,目标是按照产业兴旺、生态宜居、乡风文明、治理有效、生活富裕的总要求,建立健全城乡融合发展体制机制和政策体系,加快推进农业农村现代化。

按照党的十九大提出的决胜全面建成小康社会,分2个阶段实现第二个百年奋斗目标的战略安排,2017年中央农村工作会议明确了实施乡村振兴战略的目标任务:2020年,乡村振兴取得重要进展,制度框架和政策体系基本形成;2035年,乡村振兴取得决定性进展,农业农村现代化基本实现;2050年,乡村全面振兴,农业强、农村美、农民富全面实现。天津作为北方重要城市,一直都是北方城市发展的排头兵,早在20世纪末,天津乡村在产业兴旺、乡风文明、治理成效、生活富足等方面已位居全国前列。

2019年4月，天津发布乡村振兴战略规划，推出"十三大工程"规划任务，包括优化乡村格局建设工程、农业综合生产能力提升工程、农村人居环境整治工程、乡村生态保护与修复工程、乡村基础设施提升工程、乡村公共服务全覆盖工程等。2019年10月，天津印发乡村产业、人才、文化、生态、组织"五大振兴"实施方案，对照党的十九大报告提出的"产业兴旺、生态宜居、乡风文明、治理有效、生活富裕"总要求，作出系统部署。天津"十四五"规划和2035年远景目标纲要也专列一章，对推进乡村振兴战略、提升城乡融合发展水平提出发展目标路径。乡村振兴战略实施以来，农村土地制度"三权分置"得到有效落实，农村一二三产业融合不断深化，美丽乡村建设持续推进，农村人居环境不断改善，乡村道德文化观念发生显著变化，农村基层党组织建设基础夯实，城乡融合政策体系日益健全。

1.农村一二三产业融合发展

天津农业区所占面积达70%，拥有广阔的农村产业发展潜力，特别是坐拥北京、天津庞大的市场，天津农村休闲旅游有着充足的目标客户群体。改革开放以来，随着人们生活水平的逐渐提高，乡村旅游接待游客数量逐年上升，农村休闲旅游发展已初具规模。进入新时代，大力推进农村一二三产业融合发展，主动融入协同发展大格局。为加强产业融合顶层设计，签署了《农业部天津市人民政府共同推进农业供给侧结构性改革落实京津冀农业协同发展战略合作框架协议》，提出了"四区两平台"的重点任务，分别与北京市、河北省签署了农业协同发展合作框架协议，与2省市共同制定了《京津冀农产品加工业发展"十三五"规划》

《京津冀休闲农业一体化发展规划》，建立3地市场统一培育、资源统筹安排、产业统一布局、科技成果统一共享、统一社会化服务的"五统一"机制。市农业农村委制定下发了《关于加快推进农村一二三产业融合发展的实施方案》《关于激活乡村要素资源推进城乡融合共享在全市开展"五创"行动试点的实施方案》，着力培育产业融合综合载体，打造一批产业融合特色镇和特色村点。在这些顶层设计规划和方案的指导下，天津着眼于质量兴农，持续调整优化农业结构，大力发展绿色、优质、高效农业。从2015年开始，用3年时间实施减粮、增菜、增林、增果、增水产品的"一减四增"调整行动，启动建设水产、蔬菜等六大现代农业产业技术体系，建成高标准农产品生产基地146个，高标准设施农业示范区355个、现代农业产业园区40个，菜、奶、水产品自给率达100%，肉、蛋、果达60%左右。全市880家规模以上农产品加工企业快速发展，总产值突破3600亿元，逐步形成以粮油、肉类、奶制品、水产品、果蔬、调味品为特色主导产业的加工体系，构筑起了"串一接二连三"的农业全产业链。

2. 都市农业功能全面拓展

深化农业供给侧结构性改革，积极推进休闲农业、观光农业、农产品加工、农业产业化经营，推动文化、教育、康养、金融等融入农业发展。由于城镇化速度较快，一直以来，天津整体呈现大城市、小农村的发展格局，在较低的耕地保有量的情况下，农业发展走的是都市型农业的发展道路，大力发展规模化经营和高附加值农产品。近年来，农业观光休闲产业发展迅速，已建成4个全国休闲农业与乡村旅游示范县（区）、20个示范点、13个中国美丽休闲乡村。以众筹农业、定制农业、电商农业为主要运营模式的牛顿庄园、多兴庄园、东山鹊山鸡养殖基地，集现代都市农业功能于一体的齐心庄园，展示乡村文化元素的众耕农庄、团山子梨园、八门城水稻等中国美丽田园，小穿芳峪乡野公园、京滨玫瑰庄园、花漾年华主题乐园等小型田园综合体初具规模。2017年，天津休闲农业综合收入达到75亿元，增幅超过20%。初步创建了蓟州东山村、武清灰锅口、宝坻小辛码头等一批产业、人文协调发展，生产、生活同步改善的特色村点，打造了市级农村创业创新园区和基地88个，培育了创业创新型经营主体2417个，初步形成"一镇一业、一村一品、一园一景"的集群效应。农产品物流中心区加快建设，实施了《天津市建设京津冀农产品物流中心区建设方案》，构建京津冀都市圈1小时鲜活农产品物流圈。天津东疆保税港区口岸被国家质检总局确定为进口冰鲜水产品检验检疫口岸，成为全国唯一获批的海运即食冰鲜水产品口岸。

3.创新创业新型服务平台不断完善

实施以"四个全覆盖"为主要内容的改革，即农村产权确权全覆盖，在地农民纳入农业产业化经营体系全覆盖，农业种养殖规模化、规范化全覆盖，规模经营主体网络销售农产品全覆盖。农村集体产权制度改革全面推开，农村集体土地承包经营权确权颁证率达到99%。新型经营主体发展壮大，全市农业产业化龙头企业213家，工商登记注册农民合作社12282家，农业部门认定的家庭农场443个，进入产业化体系的农户达到70%以上。蓟州区通过3年多的探索实践，建立了农民住宅小区、多户联建、"一户一宅"3种"户有所居"的保障模式，制定了宅基地有偿使用机制、自愿有偿退出机制和流转机制，形成了"三级四规"（区、镇乡、村级的土地利用规划、城乡规划、农村产业发展规划、农村公共服务设施建设规划）的天津模式。以种植业、养殖业、农民房屋、农民家庭财产为核心的农业保险制度体系初步形成。实施了"物联网+农业""电商网+农业""信息网+农业"三网联动，建成全国领先的省级农业物联网应用平台，覆盖涉农各区和主要农产品，建立了农业大数据应用平台，网上营销企业达1000家、产品2000多种，农业智能化水平大幅度提升。

4.乡村道德文化观念发生显著变化

改革开放以来，天津不断加大对农村基础教育的投入，持续改善农村教育环境，积极推行义务教育和"两免一补"政策，农民基础教育水平不断提高，农村职业教育和成人教育体系日臻完善。随着农村居民收入的提高，农村居民越来越注重发展享受型消费，文化和娱乐消费增多。农村道德文化、生育观念、家庭话语权、教育理念等方面发生了积极变化。村民观念转变为"仓廪实而知礼节，

宁河区苗庄镇的高标准温室大棚

衣食足而知荣辱"，邻里和睦；传宗接代观念逐渐淡化，家庭结构趋于小型化；年轻父母更加重视下一代的教育。以西青区为例，作为杨柳青木版年画文化和精武文化的发祥地，西青区深入发掘区域文化的历史积淀，以文化育民、文化惠民、文化乐民为载体，注重以文化人、以文润心，用文化启迪村民、凝聚村民，让农民兄弟成为美丽乡村建设的主力军。一是打牢思想基础。吸纳"五老""新乡贤"等群体力量，组建理论助学服务队，开设道德讲堂、国学讲堂、"非遗"讲堂，开展"理论超市进基层""民嘴讲堂""微课堂"等村民理论宣讲活动，把社会主义核心价值观、党的惠民政策和传统美德、民间艺术送到村民身边，保证了先进文化进村入户、入脑入心。二是培育村风民风。指导乡村制定完善村规民约，编写村史村志，谱写传唱村歌，提升村民凝聚力、向心力，在潜移默化中塑造农村农民的道德理念。三是涵养乡村美德。连续8年开展"感动西青"人物推荐评选，广泛树立最美乡村医生、最美农家妇女、最美乡村少年等基层典型，用身边典型带动身边群众，不断夯实乡村道德根基。四是传承家风家训。挖掘整理西青名人的家风家训，引导农民群众以名人为榜样，立家规、树家训、圆家梦。通过举办"晒家庭幸福生活·最美家庭随手拍"摄影展等系列活动，推动形成崇尚最美家庭、传承优良家风、追求幸福生活的良好风气。

5. 乡村治理体系建立健全

以提高乡村治理能力为重点，重返发挥"三治合一"的作用，稳步推进农村基层党组织建设。全市3538个行政村全部完成换届，全面实现党组织书记和村委会主任"一肩挑"，农村治理能力显著提升，"五好党支部"占比大幅度提高。面向全国招录农村专职党务工作者，充实农村基层力量。完善村两委联席会议等协调制度，加强农村综合服务站建设，"一村一站一助理"实现全覆盖。2020年，中央农村工作领导小组办公室、农业农村部、中央宣传部、民政部、司法部公布了全国乡村治理示范村镇名单，99个乡（镇）为全国乡村治理示范乡镇，998个村为全国乡村治理示范村。天津市滨海新区中塘镇刘塘庄村、宝坻区牛家牌镇赵家湾村、宝坻区黄庄镇小辛码头村、蓟州区穿芳峪镇小穿芳峪村、静海区静海镇小高庄村、北辰区双街镇双街村、武清区王庆坨镇复兴庄村、武清区南蔡村镇丁家瞿村、宁河区宁河镇杨泗村、西青区张家窝镇西闫庄村10个村入选全国乡村治理示范村名单，成为全国乡村有效治理的模式和样板。

（四）美丽乡村建设硕果累累

美丽乡村建设是两个文明建设的重要载体，是实现全面小康社会的必然要求，是促进改善生态环境的重要内容。党的十七大提出要"统筹城乡发展，推进社会主义新农村建设"，党的十八大更明确提出"美丽中国"这一概念，而美丽乡村建设则是美丽中国建设中的重要环节。2013年7月22日，习近平总书记在湖北省鄂州市长港镇峒山村考察农村工作时说："实现城乡一体化，建设美丽乡村，是要给乡亲们造福，不要把钱花在不必要的事情上，比如说'涂脂抹粉'，房子外面刷层白灰，一白遮百丑。不能大拆大建，特别是古村落要保护好。……即使将来城镇化达到70%以上，还有四五亿人在农村。农村绝不能成为荒芜的农村、留守的农村、记忆中的故园。城镇化要发展，农业现代化和新农村建设也要发展，同步发展才能相得益彰，要推进城乡一体化发展。"

改革开放以后，天津市委、市政府在推动乡村经济高速发展的同时，高度重视改善乡村的生活居住环境，提高基础设施水平及卫生水平，特别是注重提高文化教育水平，促进乡村物质文明和精神文明全面发展。尤其是党的十八大以来，天津市委、市政府把改善农村人居环境，全面建设美丽村庄作为推动天津农业农村发展的重要载体和深入贯彻落实习近平总书记"绿水青山就是金山银山"重要理念的生动实践。2013年，市委十届三次全会作出了建设美丽天津的决定。市农委作为全市"三农"工作的主管部门，按照市委、市政府的决策部署，牵头组织实施了美丽乡村建设工作。为了实现乡村基础设施完备、公共服务优质、生态环境优美、宜居宜业宜游的目标，市农委以生态建设与保护为着力点，以改善农村人居环境为主线，以美丽村庄建设和清洁村庄行动为主要抓手，以村庄基础设施建设、公共服务设施建设、整治村庄环境面貌为主要内容，扎实开展美丽乡村建设工作。

1.完成高起点规划和高水平建设

从2013年起，天津就组织开展清洁村庄建设、美丽村庄建设、卫生环境集中清整、生活污水治理等一系列重点工作，每一项工作覆盖的每一个村都有具体的建设导则或者是项目指南，确保各项工作要求落地见效。2011年，市农委组织编制了《天津市新农村布局规划》；2015年，组织编制了《天津市美丽村庄规划建设导则（试行）》等指导性文件，要求每一个美丽村庄都要高水平地编制、创建规划，立足村庄特色、塑造乡村魅力，不搞大拆大建，体现

"留得住乡愁、记忆中的故园"。自2013年起，每创建一个美丽村庄，各区都要逐一规划、逐一落实，从总体上实现了"一村一策一特色"。例如，以"千年古渡，小辛码头"为主题，依托水稻产业，弘扬袁黄文化、漕运文化、农耕文化的黄庄镇小辛码头村；大力发展"三辣"农产品品牌，打造成集水网、绿地、农耕、历史和民俗文化于一体的旅游特色村林亭口镇小靳庄；倡导移风易俗、弘扬文明新风尚的周良街道周良村。天津市农委还组织编制了《美丽村庄"六化"项目建设基本标准》《天津市美丽村庄创建标准及指标考评体系（试行）》《天津市美丽村庄建设项目施工技术质量控制指南（试行）》等文件，确保所有村庄都达到"六化""六有"项目的建设标准。在清洁村庄建设工程实施中，要求加强村庄垃圾收运设施配备，购置垃圾箱、垃圾转运箱、三轮保洁车、乡镇级垃圾运输车，新建垃圾池，清洁村庄垃圾收运设施配套率达到100%，长效管护机制覆盖率达到100%。经过共同努力，截至2018年底，全市已累计建成美丽村庄765个，达到"六化""六有"项目建设标准；建成清洁村庄3438个，实现行政村全覆盖。

2.实现政府搭台市场运作的良性模式

天津坚持政府主导、群众主体、项目运作、市场介入、人人共享的原则，让政府搭台、资本唱戏、群众监督。在政府搭台方面，天津市农委积极转变职能，整合建设资金，用"大专项+清单"的方式，将市级财政资金打包给各区统筹使用，既发挥了资金的杠杆作用，又让各区事权、财权进一步匹配，更好地落实美丽村庄建设的主体责任。在资本唱戏方面，落实财政部、农业农村部的有关要求，对项目和资金管理办法进行了修订，指导鼓励各区积极引入金融资本、社会资本助推美丽村庄建设。

为牢固树立和贯彻落实新发展理念，认真贯彻落实党中央、国务院和天津市委、市政府关于农村人居环境整治决策部署，打造农民安居乐业美好家园，同时也为乡村振兴战略实施树立标杆、建成样板。在美丽村庄建设着重把握村庄"六化"和"六有"基础上，天津制定下发了《"百村示范、千村整治"工程实施方案》，全面启动了"百村示范、千村整治"工程。按照建设方案安排部署，改善农村人居环境，全面建设美丽村庄的核心就是以人民为中心，让人民享受发展的红利。在美丽村庄建设中，天津始终坚持尊重客观规律，尊重群众意愿，统筹谋划，持续稳步推进；体现农村特点，遵循乡村自身发展规律，补农村短板，扬农村长处，注重乡土味道，保留乡村风貌，留住田园乡愁；保护山、水、田、林、园、塘、路等自然资源，尊重自然、顺应自然、保护自然，不套用城市建设标准、不拘泥于统一模式，避免千村一面。

2019年中国美丽休闲乡村——天津宝坻区黄庄镇小辛码头村

3.村庄生活垃圾和生活污水得到有效治理

从1984年起，天津市委、市政府坚持每年为农村居民办实事，不断推动基础设施建设向农村覆盖，努力改善村容村貌。把党中央对农村人居环境干净整洁有序的要求作为工作的根本原则，把美丽村庄环境优、设施全、产业强、集体富、基础牢、民心聚列为6项重点任务，聚焦"环境优"展开对村庄内生活垃圾的清整和村庄生活污水的有效治理。例如，宝坻区八门城镇欢喜庄村通过坑塘治理，建设污水处理设施，实现垃圾集中处理和秸秆资源化综合利用集中供暖，村里建有党员活动室、文化活动室、便民超市、卫生室、邮站、老年日间照料中心，实现了道路硬化、街道亮化、能源清洁化、垃圾污水处理无害化、村庄绿化美化、生活健康化，全面达到天津美丽村庄"六化""六有"项目建设标准，人居环境建设效果显著。截至2018年底，天津完成了324个村的污水治理项目建设。新建污水处理设施排放达到天津《城镇污水处理厂污染物排放标准》相应要求。

通过2013—2015年清洁村庄建设，天津建成清洁村庄3438个，实现了3个100%的目标，配备了村庄保洁人员2.2万人，达到了"洁净清整绿"的建设标准，规划保留村庄内生活垃圾基本实现了日产日清。例如，武清区白古屯镇稍子营村原先主道和巷道都是砖路和土路，"夏天一身灰、雨天一身泥"，垃圾随处放，加上村子地势四周高中间低，雨季常出现内涝。在驻村工作组和村两委3年的共同努力下，全村394户生活污水改造、49648平方米的道路硬化全部保质保量按期完工。在全村73条街道里巷划定了55处垃圾集中堆放点位，每个点位配置1个垃圾箱，同时新增

3名保洁人员和3个垃圾中转箱，建立起环境卫生长效管护机制，彻底解决了垃圾乱堆乱放问题。

从2017年开始，天津将村庄内生活垃圾的治理重点转向继续巩固和提升清洁村庄的建设成果，指导各区对村庄"三清理、六整治"。"三清理"，即清理街道、清理庭院、清理卫生死角；"六整治"，即整治村内柴草乱堆、垃圾乱扔、污水乱泼、畜禽乱跑、广告乱贴、摊点乱设六种不文明现象。截至2018年底，各区开展大规模村庄卫生集中清整，动用各类机械车辆89万台次，出动人力170万人次，清理各类垃圾杂物78万吨，清除卫生死角9万个，清理私搭乱建1.5万处。

4.农民群众共建乡风文明积极性全面激发

为严把美丽乡村建设质量关，天津制定了《美丽村庄基础工程施工技术与质量控制指南》等规范性文件，确保各项建设有章可循、有据可依、有底可查。针对项目的竣工验收，制定了《天津市美丽村庄市补建设项目及创建成效考核验收办法》，建立施工方、村、镇、区、市五级项目验收机制，卡住最后"闸门"，以严格的考核验收保证工程质量，切实把美丽村庄这项"民心工程"建成"放心工程""满意工程"。

天津还依靠广大农民群众、调动广大农民群众积极参与美丽村庄建设。让群众参与项目动议、建设施工、项目验收等整个过程，项目预算、决算及时公开公示，让群众真正体现主体作用，在参与中切身感受村庄变化，真正成为美丽村庄的建设者、管理者和受益者。例如，蓟州区东赵各庄镇南太平庄村修路动议时，村两委组织召开村民代表大会。会上村民代表广泛发表意见，对路怎么修，资金如何筹集，投资进度，监督如何控制等问题，挨个讨论，举手表决，超过2/3以上同意的才能实行，再逐级上报。在项目建设过程中，让村民代表作为监督员，全程监督建设过程，保障工程质量。实施规划设计、投资概算、投资评审、工程监理（监督）等工作制度并落实经费，用制度管控工程质量。通过向群众公开公示、规范工程建设标准、明确招投标程序、推广典型经验、举办培训班等措施，强化工程建设质量管理。在建设过程中，加强检查指导，引入第三方监管，委托专业技术部门对建设过程的关键环节进行督促检查和技术指导，发现问题便督促各区立即整改，对于影响项目质量的，必须重新施工。

5.群众思想观念和行为习惯自觉改变

随着人居环境的改善，广大农民群众维护清洁家园的意识不断提高。为了实现长效管理，确保长久美丽，天津市农委印发了《加强美丽乡村基础设施和公共服务设施长效管护的指导意见》，明确目标任务、管护范围、管护基本标准要求等内容。完善村庄日常保洁制度，做到人员、政策、制度、巡查、效果"五到位"；推动村庄保洁网格化管理，划分村庄保洁责任区，明确保洁员责任，实现村庄保洁全覆盖、无盲区；建立日常巡查检查制度，健全区对镇乡、镇乡对村的逐级考核制度。市级财政每年安排转移支付给予保洁员补助5000多万元，按照5‰的人口比例配备村保洁员，确保有人管事、有钱干事。

天津建立了"市指导、区督导、乡镇主体、村庄第一责任"的责任体系，对于每一项建设任务都逐一制定了任务清单、责任清单、进度清单和措施清单"四个清单"，依据清单和项目建设标准进行考评，对于考评不合格的，依据责任体系进行追责。同时，市农委和各区建立了暗访机制、网格机制、舆情反馈机制、日常巡查机制等一系列制度，形成合力，确保把美丽村庄管实、管好、管到位。农民环境意识和基层民主政治建设得到促进。人居环境的改善推动了群众思想观念和行为习惯的自觉改变，维护清洁家园的意识不断提高。村级班子作为美丽乡村建设的组织者，以实际建设成果取信于民，党群、干群关系进一步融洽，党在农村的执政基础更加坚实。

天津市委、市政府历来高度重视农村工作，重视农业发展、乡村基础设施建设以及农民生活条件得到较大改善。党的十八大以来，天津积极响应落实党中央提出的乡村振兴战略，落实习近平总书记对天津提出的"三个着力"重要要求，加快实现"五个现代化天津"奋斗目标，开展结对帮扶，推进乡村振兴，使天津的困难村发生翻天覆地的变化，在决战决胜脱贫攻坚、全面建成小康社会中充分展示了天津作为。

七、全力支援全国其他地区精准脱贫

　　天津在推动实现全面小康过程中的一个重要责任就是通过对口援助和相互协作，助力全国贫困地区精准脱贫。这是中国特色社会主义扶贫工作的特色，也是中国共产党的重要使命，即全国一盘棋，发达省区支持贫困地区，逐步摆脱贫困，迈向小康社会。习近平总书记强调，东西部扶贫协作和对口支援，是推动区域协调发展、协同发展、共同发展的大战略，是加强区域合作、优化产业布局、拓展对内对外开放新空间的大布局，是实现先富帮后富、最终实现共同富裕目标的大举措。东西部扶贫协作和对口支援对缩小地区差距、消除贫困地区绝对贫困、促进实现全面小康起到了巨大作用。

　　天津圆满完成了对口支援和协作扶贫任务。按照党中央的统一安排和部署，天津主要对口支援新疆、西藏、青海等地的一些贫困地县，与甘肃、河北承德等贫困地县建立协作支持关系，以及对口援助水源地及一些地震灾区重建等。市委、市政府始终把对口支援和协作扶贫作为政治责任、分内之事，作为践行"四个意识"、落实"两个维护"的重要任务。"十三五"时期以来，累计实施扶贫项目3000多个，投入援助资金近100亿元，年均增幅连续4年位居东部九省市第一；动员社会物资资金超过7亿多元；助力新疆、西藏、甘肃、青海、河北承德等对口贫困县提前或按期实现脱贫，全部贫困村脱贫退出，惠及贫困人口几百万人。为全国高质量完成脱贫攻坚任务、全面建成小康社会作出天津贡献。

（一）多措并举支援新疆和田精准脱贫

1996年，中央作出全国援疆的重大战略决策，全国对口支援新疆工作由中央新疆工作协调小组统筹，设在国家民委。新疆的经济对口支援工作由国家发展和改革委员会负责，各地确定选派干部支援新疆发展。2005年，中央提出"以干部支援为龙头，实行经济、科技、文化全方位支援"的重要举措。2010—2015年，党中央、国务院先后召开了6次中央级别会议（2次中央新疆工作座谈会、4次全国对口支援新疆工作会议），开始新一轮对口支援新疆工作，2014—2015年，明确提出把有利于新疆社会稳定和长治久安作为对口援疆的根本目标，按照"五个必须"的原则，始终紧扣"六个更加注重"的重点任务。

天津长期参与新疆对口支援工作。2005年，中央安排天津对口支援南疆喀什地区疏附、伽师、泽普3县，天津落实援助资金1亿元。2010年，国家调整天津对口支援地，改为和田地区策勒、于田、民丰3县，明确援疆资金参照天津财政预算收入比例，且每年递增，由和田地区与天津援疆工作前方指挥部共同管理。2016年，增加天津与新疆生产建设兵团第十一师（建工师）开展干部人才对口支援。天津严格落实党中央部署，按照"高起步、高标准、高效益"的原则，探索出"规划先行、共建共管"模式，走出了

"产业促就业、教育促稳定、人才促发展、安居保民生"的扶贫路子。天津已先后选派了9批近千名援疆干部到新疆工作，累计实施约500个项目，投入资金近35亿元，社会捐赠约5000万元，大大促进了当地经济产业发展、民居住房改善、教育医疗提高、劳动就业和人民生活收入增加，使当地按期达标脱贫，受到当地人民和政府及中央领导的高度评价。

2017年，经国务院扶贫办委托第三方检查，全国首批26个贫困县摘帽（其中江西省井冈山市、河南省兰考县于2017年2月率先摘帽），和田地区民丰县位列其中，是全疆首批5个摘帽县之一，也是南疆三地州24个重点县中唯——个摘帽县。这是对民丰县及援建单位脱贫攻坚工作的充分肯定，也是对和田地区和天津援疆扶贫减贫工作的肯定。

新疆维吾尔自治区和田地区是国家级深度贫困地区。天津的援疆扶贫工作重点是"助推受援地如期实现脱贫目标""实现全面小康"。天津援疆干部在和田地区扶贫实践中，坚持提高政治站位，以当地需求为导向、以制度管人管事、强化目标责任、高标准严要求等原则，为当地的扶贫脱贫做了大量工作。

天津在和田地区实施医疗服务三大提升工程，建成和田地区人民医院住院医师规范化培训基地、津和远程会诊平台、和田7县1市远程医疗平台，打造肿瘤诊疗、消化内镜、重症医学、临床检验4个诊疗中心，实现了1所医院带动1个科室、1名人才引领1个科室、1个科室服务一方群众的医疗援助模式。仅第二批"组团式"援疆医疗团队就引进新技术51例，填补和田医疗技术空白18项。特别是在新冠肺炎疫情防控关键时期，全市为和田捐赠口罩、防护服等防疫物资11.3万件，组织捐款近350万元，协调微医集团捐赠价值300万元巡回医疗车1辆。同时，还高标准推进和田职业技术学院建设，投资4000万元支持二期工程建设，倾力打造南疆第一所现代化职业大学，投资1.4亿元建设于田县农牧民职业技术学校。还选派21名小学校长分赴和田地区东三县小学挂职，重点帮扶的策勒县第一小学已成为东三县小学教育典范校，选派2批640名高校大学生到东三县小学和幼儿园实习支教，形成了从幼儿园、小学、中学到高等教育的组团式支教全链条。

从投入力度来看，天津主要是集中支持产业扶贫、易地扶贫搬迁、产城融合及劳务输出扶贫等项目。

1.产业扶贫项目

天津支持的产业扶贫项目主要有2大类，其中一类是规模较大的设施农业项目。设施农业旨在充分利用和田地区充足的劳动力资源，改善农业生产条件，实现农业高附加值，促进农民增收。和田地区东三县的扶贫项目，均涉及设施农业。设施农业也是天津援疆的传统项目，各次天津援疆均会投入一定资金支持此类项目的建设，其中第9批天津援疆在东三县分别新建设施农业标准化农业大棚700座，每座成本为15万元，每座补助4万元。为通过设施农业更好实现扶贫减贫工作，设施农业选址统一由政府确定，出资兴建，统一规划，集中布局；每座农业大棚均配有存放农业生产工具及进行管理的仓储室；配套安装先进的灌溉设备，采用较为节水的滴灌技术；各农户自行按照用水量缴纳灌溉用水费用。

大棚建成后，在贫困户中按照"优先建档立卡户、优先边缘贫困游牧民"的原则进行分配，由各贫困农户具体负责对大棚的管理运营。大棚种植作物品种无统一规定，农户具有较大的自主决定权。结合当地沙质土壤特点，大棚种植作物多以西红柿、辣椒等蔬菜为主，兼有无花果等当地优势经济作物；每座大棚均标有内部种植作物的标示牌。由于和田地区农民种植蔬菜经验相对匮乏，政府还组织专业技术人员对蔬菜及经济作物种植者给予具体的技术支持，也选派和田当地农业技术人员至天津进行农业技术的学习交流，帮助其解决在蔬菜种植过程中遇到的技术问题。从总体来看，种植大棚蔬菜等作物的2500户贫困户，均解决了生活问题，同时年收入平均达到1.8万元，有助于脱贫减贫。

天津食品集团、津垦奥群集团在新疆策勒县核心种羊场和于田县肉羊扩繁总场建设了国内领先的现代化羊场。共在东三县建成21个扩繁分场，改造151个养殖合作社，发展了1425个养殖大户。通过自上而下的方式在东三县全面推广多胎肉羊繁育计划，持续扩大扶贫肉羊产业一体化发展规模。通过引进科学养殖管理理念，依托专业技术力量，大力推广统一品种、统一饲料配方、统一疫苗防疫、统一技术服务、统一保护价收购的"五统一"养殖模式。推动建设年生产能力12万吨的饲料厂和年加工能力50万只规模的屠宰厂，健全涵盖种羊良种扩繁、饲草生产、屠宰加工、技术培训在内的全产业链条。按照政府高位推动"龙头企业+乡镇级分场（合作社）+养殖大户+基础农户"的4级架构模式，快速有序推进扩繁，加快肉羊良种化进程，全面促进优质肉羊产业发展。大致可分为四级实施：

第一级是总场以"科技兴农，精准帮扶，龙头带动"为实施战略。通过培育示范型肉羊养殖专业合作社吸纳贫困户，间接带动农牧民发展规模肉羊养殖。合作社再以固定收益+合作社分红的方式保证贫困户年基本收益，促进贫困户增收脱贫，做大做强肉羊产业，助推地方经济发展。

第二级是养殖大户入合作社养殖多胎羊模式。打造先富带头人，成为后富贫困户的致富纽带，对调整乡畜牧业产业结构，加快肉羊优势产区建设，进一步推进现代畜牧业产业化进程，起到了关键性作用。

第三级是饲养单元连片养殖基地。实现农牧民靠多胎肉羊产业而脱贫，变输血式扶贫为造血式帮扶，不断增强农村贫困群众的发展能力，带动贫困人口脱贫。

第四级是农牧民育肥羔羊饲养终端。部分贫困户有劳动能力和勤劳致富的激情，公司就精心挑选出一批育肥多胎羔羊投向这些有发展意愿的贫困户。贫困户只需筹措30%费用，待育肥2个多月达到市场出售标准，公司再根据市场价格回购，以短、平、快的方式实现脱贫致富的目的。公司提供全方位的技术服务支撑和饲料保障，消除了农户的后顾之忧，农户参加人数达6000余人，其中建档立卡贫困户2800余户，为终端农牧民开辟了致富新门路，确保高质量打赢精准脱贫攻坚战。

天津食品集团援疆发展肉羊产业

南开大学专家考察新疆
和田农村苇席加工

天津援助和田的另一类项目是天津工业园区项目。天津工业园是天津实施产业扶贫援疆的重要载体，也是促进脱贫内生化的重要途径。工业园区于2009年3月正式启动，规划用地1067公顷，位于策勒县城南约3公里处。园区分为综合配套服务区、农副产品加工区、特色产品加工区、新型建材、矿产加工区、仓储物流区五大功能区。服装产业园区位于策勒工业园区西部，规划总用地面积52.54公顷，其中目前可用地面积为34.24公顷。园区一期建设始于2014年5月，12月竣工验收并投入使用，总投资1亿元，建设面积22.5公顷，包括标准化厂房11栋、管委会科研办公楼1栋，并且实现了水、电、路、气、邮、网络、亮化、绿化"七通一平"配套工程。二期建设项目始于2016年，建设4万平方米的标准化厂房。策勒县工业园区重点发展纺织服装产业，入驻企业涉及纺织服装、地毯加工类等行业，为带动当地劳动力的就业打下基础。截至2017年6月底，工业园区入驻企业近60家；2017年，新入驻企业达22家，固定资产投资总额超过7亿元，多以劳动密集型企业为主，共招收员工约8000人。园区建成使和田地区的劳动力资源得到充分应用，同时降低了劳动密集型企业的成本，延长了劳动密集型企业的生命周期。以天津援建的新疆丝绸之路服饰有限公司（以下简称"丝绸之路公司"）为例。丝绸之路公司成立于2015年4月，是工业园区入驻最早的企业之一，注册资本达1500万元。和田地区政府为公司入驻产业园区提供了便利的条件，包括提供免费的厂房，给予一定的税收及其他政策优惠，例如对于纺织企业的优惠包括固定资产投资补助、用工补助、培训补助、用电优惠价格、运费补助等，同时给予一定奖励，目前各项政策处于落实中。公司用工主要考虑和田当地劳动力，就近吸收当地劳动力1500人，其中贫困人口1050人，每位员工平均基本工资为1500—1800元/月，基本能够保障一人就业，全家脱贫。

2.易地扶贫搬迁项目

易地扶贫搬迁项目是"十三五"时期我国实施的重要扶贫专项措施，也是天津援疆的规定项目之一，其显著特点是投资大、周期长，对于缓解特定贫困人群具有根本性的影响。在东三县实施的移民搬迁扶贫项目形式多样，如易地扶贫搬迁项目、安居富民工程、牧民定居工程/定居兴牧工程、震后重建项目4类项目。易地扶贫搬迁旨在从根本上解决"一方水土不能养活一方人"的问题，在项目实施过程中，严控建设成本，强调保基本，资金由中央专项拨款、援疆地区和当地政府配套出资共同解决，贫困农户无须自筹款项。

天津支持和田地区搬迁类扶贫措施实施比较成功的条件有多项：一是各级政府发挥主导作用，从规划动员、财政出资到产业配套，各级政府都直接参与，为搬迁实施提供了物质基础和可能。二是当地群众有摆脱贫困的迫切需求。由于搬迁工程是脱贫的关键步骤，所以当地贫困人群能够克服传统的"安土重迁"观念及承受"背井离乡"的情感成本，比较积极地配合搬迁工程的实施。三是各有关安置工程都较全面地考虑了搬迁对象的后续发展，相应配套了设施农业或其他非农业等产业，解决了搬迁对象对持续脱贫减贫的疑虑。四是和田地区地广人稀，具有充裕的土地资源供建设各种搬迁类扶贫项目。五是和田地区的搬迁扶贫项目，比较广泛动员了社会各方参与，也有效解决了资金问题。搬迁类项目投资巨大，仅靠财政资金压力较大，动员各方引入社会资本，使其在获得适当利润的前提下投资基础设施项目或配套项目的运营，是缓解资金紧张的重要措施。

和田地区产业园的主体项目都是天津援疆干部从天津帮助引进，既解决了资金问题，又增加了贫困人口的就业机会。同时，各搬迁安置项目均较好实现了人口、产业的适度集聚，尝试了新型乡镇模式。人口集聚有利于社会提供各类公共产品和服务，有助于实现地区内部公共服务均等化，是弥合城乡差距、解决"大城市病"的有效途径。此外，和田地区的搬迁扶贫项目较好实现了少数民族间及与汉族间的融合发展，有利于安定团结。各搬迁项目的房屋分配均采取多民族混合居住的方式，有利于加强各民族间的交往，便于各民族间技术、文化交流，实现经济增长收益提高及民族融合。另外，在推进易地扶贫搬迁的配套开发时，注重招标社会企业对具有维吾尔族特色的艾提卡尔清真寺进行投资、建设、运营，既解决了开发资金短缺问题，也结合少数民族特色为维吾尔族人民提供了就业机会，有利于各民族交流和维护社会稳定。

3.产城融合扶贫项目

产城融合项目的实施方案，最早是由天津第9批援疆干部提出的，旨在解决"两居工程"存在的居住分散、规划凌乱且占用大量援疆资金等问题。产城融合模式的核心是以聚焦精准扶贫为主线，围绕社会稳定和长治久安的目标，将多个扶贫减贫项目和多项扶贫资金进行整合，借鉴天津将产业与城市化发展相融合的成熟理念，推动易地搬迁、产业扶贫与当地经济发展和小城镇建设相结合的综合新模式。策勒县是天津援疆实施产城融合模式的试点县。策勒县选择在距县城东面3公里、距策勒天津工业园北面2公里的区域内，集中建设产城融合示范区，名称为策勒县新城区。新城区项目总投资1.4亿元，由天津市规划设计院提出规划方案，由天津援疆干部与策勒县政府协调，通过招投标进行施工建设。新城区内定居点、县城和工业园连成一片，将生活区、休闲娱乐区及工作区连成一片，形成了人口、产业集聚，提高了城市交通设施、管网设备、公共文化休闲广场及娱乐设施等公共基础设施的使用效率。新城区搬迁安置房为贫困人口免费配给，并从以下方面对其发展产业及就业进行了配套安排：一是为各迁移安置贫困户免费配套了设施农业大棚，并对大棚蔬菜种植给予技术指导，体现了人才援疆、技术援疆与创新设施农业相结合；二是鼓励农户发展庭院经济，包括支持贫困户在预留庭院土地上种植蔬菜、农作物及养殖家禽；三是在临近的策勒县天津工业园区内，为有就业意愿和就业能力的迁移人口，提供适宜的工作岗位。

产城融合扶贫项目作为易地搬迁类扶贫措施的创新模式，除了具备搬迁类扶贫措施的通常条件外，更加强调各种扶贫减贫措施的配套结合、整体性和统一性，对于资金需求也更大，不仅涉及住房与就业，还涉及公共设施和城市发展的方方面面。其特点如下：

一是将产业扶贫与小城镇融合发展。产城融合模式将"两居工程"等搬迁扶贫或住房保障等扶贫措施，同设施农业、工业园区建设等产业扶贫项目相结合，即将"两居工程"、庭院经济、设施农业、旅游开发、物流经济、工业园建设、小城镇建设相融合，嵌入一个整体进行发展，从而提高了公共基础设施和公共服务效率，有利于发展第三产业。多种功能建筑物的集中、人口的集聚及公共服务设施的完善，有力地推动了新型小城镇化，有助于推进城市化进程。通过产业就业配套，扩展了贫困群体及全部人口在内的就业选择，提升贫困农户的生活水平，使农户实现或增加了工资性收入，人均工资年收入达到2万元，脱贫减贫效果显著。总的来说，产城融合模式是一种扶贫脱贫与产业经济发展、城市建设相融合的新模式，是新型小城镇化模式。

二是整合项目资金，引入社会资本。产城融合示范区能够解决原有援疆资金分散、安置点缺少规划、配套产业不足的缺点。但该模式无异于一个小型城市的建造，往往需要大量资金投入，仅靠政府财政投入难以全部完成。因此，天津援疆干部整合各种扶贫资金，用以引导并撬动各种社会资本进入，缓解了当地财政扶贫资金的不足，也为营利性社会资本进入新领域开辟了通道，是一种政府与社会资本合作的新模式。总之，产城融合示范区是天津援疆干部将天津城市化与产业发展的成功经验在和田地区推广应用，有助于扶贫资金真扶贫，加大扶贫脱困进度。

4.劳务输出扶贫项目

和田地区是简单劳动过剩地区，简单劳动过剩既是和田这类少数民族地区贫困的原因，也是脱贫减贫的重要抓手。如何使用这些过剩劳动，既涉及脱贫任务的完成，也涉及社会政治安定。因此，除了通过产业扶贫增加当地就业外，面对紧迫的脱贫攻坚任务，向外省市输出扶贫劳务是一个重要途径。尤其是在少数民族地区，通过劳务输出而实现脱贫减贫，可能是既有利于社会安定，又能够比较快地实现脱贫的一项措施。在天津援疆方案中，2018年计划从和田地区向外输出劳动力3000余名。该项目于2018年初启动，首批102人和第二批150人于田县少数民族群众已经输往山东青岛相关区县，后续批次也在安排中。

扶贫劳务输出工程拉开南疆地区有组织大规模地向东部沿海汉族集中居住地区转移就业的序幕，对于新疆少数民族贫困人口和家庭都将产生积极影响，对其收入、思想观念都是一个提升，有利于促进各民族各地区的长期稳定，实现政治、经济与社会目标的统一。从总体上来看，劳务输出是涉及困难群众的长距离迁移，也是一项效果明显的扶贫减贫措施，实施之后大大加快了新疆和田地区脱贫进程。

天津援疆工作及和田地区脱贫攻坚工作取得显著效果的主要做法总结如下：

一是充分发挥当地政府部门及天津等地援疆单位在扶贫减贫工作中的主导性、支持性作用。在产业扶贫和搬迁类扶贫过程中，各级政府提供了多方面的支持，体现在脱贫攻坚工作的各个环节，包括具体的政策制定、资金支持、产业配套、就业引导、技术支撑等。可以说，当地政府部门及天津援建单位，尤其是基层组织和干部在这一轮的扶贫脱贫工作中的积极努力，为脱贫攻坚工作作出了重要贡献。

二是充分结合当地少数民族聚居区的实际情况开展卓有成效的扶贫工作。和田地区是少数民族聚居区，由于特殊的文化传统和习俗，当地劳动力就业比例低，维吾尔族女性较少参加工作，汉语普及程度低等。天津等扶贫援疆单位针对这些少数民族特点，采取了一系列有效措施，如引导少数民族贫困劳动力走向中东部地区工作就业；有目的地招商引资纺织企业进疆，为当地维吾尔族妇女就业创造条件；强化技能培训特别是正规汉语言教育等。

三是敢于创新产城融合扶贫减贫工作思路，注重引入社会资本，实现多方共赢。天津第9批援疆干部从以往扶贫减贫工作中总结经验，将天津的成熟经验用于和田地区扶贫脱贫实际，以实现贫困人口的生活、生产和发展在空间上一体化的产城融合新模式，为此注重整合并优化各种援疆资金使用，同时引入社会资本和天津企业，既解决了扶贫基础设施资金不足的问题，又可引导社会资本等多方参与扶贫工作，使扶贫攻坚的近期任务能够在很长一段时期内对少数民族地区的彻底脱贫产生更加深远的经济社会效应。

四是面对和田地区存在的多维贫困和深度贫困，多措施联合施策，注重脱贫工作的内生性、可持续性和稳定性。天津援疆队伍及和田地区近些年推动的扶贫工作已不再是简单的"输血式"扶贫（包括产业扶贫、搬迁类扶贫及扶贫劳务输出），都已更关注扶贫"造血机制"的建立，是一种立体的、综合的且有针对性的扶贫减贫措施，旨在针对深度贫困地区的多维致贫原因施策，分别解决就业岗位、工资性收入、住房、思想观念等问题，从更加基础和根本的层面上解决多维贫困，缓解深度贫困。

五是注重将脱贫扶贫工作同地区经济发展与社会政治稳定相结合。天津等援助扶贫单位将扶贫脱贫工作与保持社会安定和谐结合起来，将减贫扶贫、促进发展作为维护社会稳定的措施。比如，在移民搬迁安置点上有意识地安排多民族混合居住，加强了民族交流；在发展产业提高当地就业率的同时，有管理有组织地向东部先进地区输出劳务等，增加了贫困人口的收入，使贫困人口生活居住有了保障，有助于促进民族融合和政治社会稳定。

总之，上述这些做法加快了和田地区减贫的进程，使和田地区按期于2020年消除了绝对贫困，进入全面小康行列。

（二）因地制宜对口支援藏青贫困区全面脱贫

天津根据中央安排，多年支援西藏昌都、青海藏族地区扶贫脱贫。1994年，党中央召开的第三次西藏工作会议，公布加快西藏发展、维护社会稳定的战略规划，并明确了天津（及重庆）对口支援西藏昌都地区；2016年，更明确安排天津对口支援西藏昌都1区3县，即卡若区、江达县、丁青县、贡觉县。按照国家的安排和规划，1994—2003年，天津采取"一事一议"的方式安排援藏资金；2003—2009年，天津按照所选援藏干部与当地协商落实援藏资金。自2010年开始了新一轮援藏工作，天津严格落实中央要求，按照"两个倾斜"新时期西藏工作方针，坚持"科学援藏、务实援藏"工作理念，形成了选干援藏、智力援藏、产业援藏、资金援藏"四位一体"的主要内容和工作基本格局，有力促进了昌都经济社会发展和民生改善，按期完成了扶贫脱贫任务。

1.支援西藏昌都全面脱贫

西藏昌都地区是贫困老区。天津的援藏团队发挥天津产业优势，探索实践高原特色产业发展新模式，把天津的资金、技术、管理等优势与昌都农牧产品生产加工、能源开发、藏医藏药等产业发展需求紧密结合起来，助力昌都积极探索符合高原特点的产业，以产业促就业，实现经济效益、生态效益、社会效益相统一。主要采取了如下措施：

第一，强化基础建设促脱贫。以新农村建设为抓手，修建了一批房屋、水电路等基础设施和幼儿园等配套工程，不断改善群众居住环境。安排1865万元资金用于卡若区和江达县的新农村建设。

完善村镇市政基础设施和公共服务设施建设，开展人居环境改善和农牧区环境综合整治，初步形成了具有地域特色、生态特色和人文特色的农村风貌。

第二，推动增加就业强化脱贫。天津为昌都地区提供事业单位岗位 70 余名，企业用工岗位 950 余名；援藏队通过各种途径，实现贫困人口就近就地就业 2093 人，帮助贫困人口到其他地区就业 150 人。一是大力发展扶贫车间，建成养殖业、加工业、商贸流通类、文化旅游业、资源开发类等多种业态扶贫车间，切实转变了当地贫困户农牧民群众致富观念，激发了农牧民群众自我发展的内生动力。二是加大就业服务，津昌就业援藏联络服务站在天津中天人力资源服务有限公司正式签约挂牌，这标志着天津—昌都两就业援藏直通车正式开通，今后将有更多的昌都籍大学生在天津实现就业创业。三是加强就业培训，积极借鉴天津经验，协助完成了昌都培训管理、求职服务、创业服务模式的全面转变，提升了当地公共就业服务水平。在当地原有军旅式特色技能培训的基础上，引入天津特有的"职业培训包"模式，同时添加引导式培训内容，逐步增强农牧民的城市生活工作的理念、习惯和必要的法律知识，转变劳动者的就业观念，激发"走出去"就业的意愿。2020 年度培训农牧民 145 人。

第三，推动医疗援藏。在全部实施的 24 个项目中，有 14 个用于医疗卫生事业，投入资金总额 6783 万元，占全部项目数和资金数的 58.3% 和 46.2%。一是加大硬件投入力度。在 14 个医疗卫生项目中，有 10 个项目用于硬件建设，占医疗卫生项目数的 71.4%。二是加大诊疗力度。截至 2020 年底，天津援藏医疗团队共诊疗门急诊患者近 991 人次，住院患者 8984 人次，开展住院手术 258 台次，会诊 1028 人次；巡回医疗诊治患者 12596 人次。开展白内障手术 441 例，培训受援单位医务人员 2407 人次，开展新适宜技术 23 个，开展新项目 55 项，捐赠医疗设备价值 390 万元。

2.加大民生项目助力青海黄南藏族自治州脱贫

天津参与援助青海藏区脱贫工作，是 2010 年前后开始的。青海省是除西藏以外全国最大的藏族聚居区，是全国集中贫困地区。2009 年，国家召开第五次对口支援西藏工作座谈会，增加天津对口帮扶青海黄南藏族自治州。2010 年，中央对加快四川、云南、甘肃、青海四省藏区经济社会发展作出明确部署。2012 年，国家要求对口支援省市按当地财政收入一定比例提供援助资金。多年来，天津市委、市政府认真贯彻落实党中央关于对口支援工作的一系列部署要求，坚持"中央要求、黄南所需、天津所能"，特别是按照"升级加力、多层次全覆盖、有限无限相结合"的思路，用真心、讲真情、动真招，着力搭建"六位一体"工作体系，通过资金注入、项目援建、产业扶持、智力帮扶等"十聚力"方式，全方位开展对口支援黄南州工作。津青两地密切配合积极联动，援青工作成效显著。天津累计安排援助资金几十亿元，实施支援项目几百个；天津各界积极参与对口支援黄南州工作，累计捐资捐物 1900 余万元。同时，选优配强援派干部人才，实现了"黄南所需"和"天津所能"的有机统一。天津共选派了 4 批 122 名党政干部和专业人才、黄南州选派了 10 批 54 名党政干部，互相交流挂职锻炼，互访考察超过 5500 人次，有力地助推黄南州历史性消除绝对贫困，成为黄南州全面建成小康社会的重要力量。

天津对口援青工作开展以来，始终坚持援建资金向民生倾斜、向基层倾斜，累计落实援助资金10.35亿元，实施援建项目227个，其中2020年实施援建项目42个。把解决行路难、饮水难、如厕难、脱贫难、看病难摆在优先位置，10年来，天津在援青工作中实施牧民村落人居环境改善、偏远乡村基础设施建设、重点贫困村饮水安全、乡村环境整治和垃圾无害化处理等农牧区生产生活条件改善项目，着力破解"小实事"背后的"大民生"。被藏族群众亲切地称为"连心路"的泽库县城至东科日村、郭泽多至夏宗果公路相继建成，同仁县黄乃亥乡重点贫困村饮水安全工程，一次性解决了720户、3053人，以及10876头牲畜的吃水问题。同时，升级"组团式"医疗援青，黄南州医院组团式帮扶团队累计诊疗患者765人次、实施手术152台，6项医疗技术填补州医院空白，并为当地培养本土医疗技术骨干。

黄南州还与滨海新区签订《跨省医保定点医疗机构服务协议》，使藏区的群众可以享受到国内顶尖的医疗资源，惠及当地27万参保人员。天津滨海新区卫健委与青海黄南州卫健委2017年签署了《医疗精准扶贫对口帮扶协议》，为两地开展医疗精准扶贫明确了工作方向和任务目标。同时，积极组织落实帮扶协议的各项具体内容，确保帮扶工作在黄南州落地生根、取得实效。在加强黄南州人民医院龙头能力方面升级加力，增强区域医疗中心服务能力。遴选优秀人才走进黄南州人民医院。近年来，滨海新区根据受援医院需求，选派了2批次帮扶周期1年半的14名援青医疗专家，包括主任医师1人、副主任医师8人、主治医师5人，副高以上职称占64%；博士1人、硕士7人、本科6人，研究生以上学历人员占57%。专家团队通过带教查房、病例讨论、手术指导、学术讲座等多种形式，开展"师带徒""传帮带培"活动，共开展了冠脉造影、

黄南本土造血功能方面下功夫，把当地资源优势转化成经济优势，为当地培育了新的经济增长点，对推动当地按期脱贫摘帽作出应有贡献。在教育援青方面，天津坚持援教项目优先实施、学校设施优先改善、支教老师优先保障、农村教育优先支持的"四优先"原则，抓好校舍改造，提升学校办学条件。持续深化"组团式"教育帮扶，2019年黄南州高考文理科上线率均为100%，刷新了黄南州高考历史纪录。在津开设黄南高中班、黄南中职班，招收数百名黄南州初中毕业生；举办几十期各级各类干部培训班，完成培训数千人。同时，还援助1亿元用于补足当地职校建设资金缺口，援助8500万元用于规划建设黄南州科技馆，追加3800万元用于深度贫困地区脱贫攻坚。10年来，天津持续举办名师、名医、名企、名家、名匠的"五名进黄南"等系列活动，探索创新培训+实践、基教+职教、对接+嫁接、智力+智慧的智力援青"4+"模式。推动津青两地科技合作，认真规划建设黄南州科技馆，协调天津智库研究机构开展兰西城市群规划前期重大问题筹划研究。

（三）与甘肃协作利用当地资源实现脱贫

早在1996年，中央就召开了扶贫开发工作会议，明确东部13个（2013年扩展为18个）省市与西部10个省区开展扶贫协作，确定天津与甘肃结对协作扶贫。津甘于1997年签订了落实协作帮扶扩大经济技术合作会谈纪要，明确天津14个区县与甘肃省定西、天水、陇南3个市13个贫困县结为协作对子。

多年来，津甘两地高层互访百余次，签署会谈纪要、框架协议等指导性文件几十个，累计安排援甘资金、物资几十亿元，实施帮扶项目上千个，安排多批几十名援甘干部赴甘肃藏区开展帮扶，同时安排几百名甘肃科级以上干部在天津挂职锻炼，累计培训甘肃各类干部上万人次。天津医科大学、天津中医药大学等3所医学院校为甘南州定向培养医学本科生430名，其中268名学生毕业后返回甘南州基层医院上岗。优选天津10家三甲医院组团式、院包科帮扶甘南州医院，叫响了天津医疗帮扶品牌。同时，在津挂牌成立6个甘肃劳务输出和培训基地，吸收来津务工人员超20万人，助力甘肃藏区按时脱贫。天津在兰州新区新舟中学设立天津援藏特困生高中班，在合作市藏族中学开展天津援藏特困生助学行动，帮助藏族贫困户子女接受优质高中教育。利用天津优质职业教育资源，实施技能脱贫千校行动，"十三五"时期招收甘肃贫困学生来津就读职业学校4450人，有555名毕业生实现就业。开展就业创业技能培训1071期，累计培训贫困人口4.5万余人。建立致富带头人导师库，累计培训贫困村创业致富带头人1.67万人，创业成功率达50%。天津对口支援甘肃涉藏州县及天祝县，累计投入对口支援资金10多亿元，实施帮扶项目624个。特别是实施打赢脱贫攻坚战三年行动以来，扶贫、扶技、扶志、扶智相结合，助推攻坚，其中甘肃涉藏9个州县提前1年实现整体脱贫摘帽，其他各县也按期完成脱贫。

1.支援甘肃利用资源特点脱贫

天津与甘肃协作立足受援地区的资源禀赋，注重因地制宜地将资金精准投入当地比较优势产业，放大扶贫资金的撬动效应。按照1个地区确定1个重点扶持产业、打造1个特色产品的原则，通过股份合作、订单帮扶、生产托管等方式，与贫困户建立利益联结机制，实现产业发展与贫困户脱贫有机衔接。比如，天津南开区结合甘肃庆阳市"331+"互助合作带贫模式，把种草养羊作为主导产业，把杂粮产业作为支柱产业，按照"以牧为本、立草为业、粮畜互补"的思路，积极调优产业结构，扶持环县发展草畜杂粮，发展黄花菜、中药材等多元产业，天津中医一附院与甘肃环县秦团庄乡按照"药企+合作社+基地+贫困户"的合作经营模式共建中药材种植基地。北辰区支持甘肃华池县新建1333多公顷沙棘林，将沙棘产品搭乘消费扶贫"快车"端上天津百姓的餐桌。甘肃庆城县庆州凤和食品加工有限公司是天津企业投资新建的一家实体企业，它们看准了当地漫山遍野的鲜杏、杏干、杏核资源，依托天津雄厚的资产和科研人才团队，采取先租后收购厂房的方式开发生产杏系列饮料，一期工程就收购杏干原料120吨，带动贫困户增收57万元。二期工程新建了黄花菜、水果玉米等饮料萃取生产线，目前该公司已成为扶贫攻坚路上的一个"独角兽"企业。

近年来，天津立足一地一策挂牌督战县村打赢脱贫"歼灭战"。帮助镇原县发展肉牛、肉羊、万寿菊等特色种养业，投入140万元帮助方山乡贾山村培育发展肉兔养殖；帮助靖远县北湾镇富坪村新建173座日光温室，发展黄瓜产业；帮助泾川县王村镇朱家涧村落实884万元，助力设施蔬菜园和育苗车间建设；投入50万元支持清水县山门镇腰套村建设清洁用具加工扶贫车间；为迭部县达拉乡次哇村投入770万元建设牦雌牛养殖基地。2020年11月，镇原县脱贫摘帽，5个国家挂牌督战村也全部出列。

天津鼓励本市企业、农产品批发市场、电商企业、大型超市与甘肃受援地采取"农户+合作社+企业"模式，在甘肃受援地建立生产基地，提高农产品供给的规模化、组织化。同时，加强受援地食用农产品市场销售质量安全监管，从源头管控食用加工农产品质量。建立销售基地助力扶贫产品在国内市场推广。甘肃兰州高原夏菜在西北高原夏秋凉爽、日照充足、昼夜温差大等气候条件下生产，具有营养丰富、色泽鲜亮、有机物含量高等特点，天然富硒且蛋白质和维生素C含量高于外地蔬菜的31%和28%，但由于受生产条件落后、交通不便、销售渠道不畅等因素影响，蔬菜生产的产业化、规模化不够，外销量不高，而当地销售量有限，自产自销的传统农业生产经营模式使得广大农民难以依靠优质蔬菜种植实现生活富裕。天津通过帮扶甘肃兰州榆中县建立高原夏菜产销基地，加快推进蔬菜品种开发和技术帮扶，全面抓好资金帮扶、产业发展、市场销售、物流衔接、品牌打造五大产业发展关键帮扶措施，探索分工协作对口帮扶"宁榆模式"，积极推动全县特色农产品直供天津中高端农产品市场，助力当地高原夏菜销往陕西、湖南、京津冀、粤港澳等地区，加速了市场对资源的决定性配置作用，实现了优质农产品资源在国内市场的流动。

天津和平区与甘肃靖远县结对帮扶后，针对企业经营各环节，实施全环节贴身服务。帮扶资金促进订单种植，引入社会帮扶资金400万元实施订单种植、订单收购的方式，与种植户签订收购协议，既解决了农户解除销售之忧，又确保了企业在原料产地获得长期稳定、质量保证的货源。为促进企业销售，和平区专门为企业提供销售场地，帮助企业组建扶贫馆，并积极协助企业参加津洽会等各种展会，为企业销售搭建平台，寻找市场。帮助企业拓展销售渠道，积极协调各机关、企事业单位、群团组织、金融机构、院校、医疗单位等，帮助企业销售产品，组织企业产品进机关、进学校、进食堂、进超市、进展柜。同时，加强政策引领，制定《天津和平区高质量推进产业帮扶、消费扶贫和劳务协作暂行办法》，并按消费扶贫额度达到500万元给予企业5%的奖励。

甘肃兰州榆中县高原夏菜种植基地

2. 利用科技优势助力甘肃脱贫

甘肃省古浪和天祝2个贫困县的农产品产量低，市场销售渠道窄，造成经济效益和农民生产积极性低下，主要障碍是农业科技落后、缺少载体平台、科技服务水平低，对此天津蓟州区着力突出开展科技特派员精准帮扶。通过创新科技特派员选派方式和积极组织实施科技特派员结对帮扶，重点围绕本地特色产业生产过程中出现的问题，加强双方科技人员的技术交流，增强示范引领。天津蓟州区依托产业优势，结合甘肃古浪县产业发展现状，围绕农作物新品种落后的问题，签订了西红柿和萝卜新品种、新技术的引进协议。无偿提供津杂213、津杂214、津粉207、津粉318、传奇69-15、朝研1618、朝研1620、朝研399、丽妃9个西红柿新品种共计25000粒，由古浪县园艺站进行新品种实验示范种植。无偿提供25000粒丽妃西红柿种子和20000粒紫丹萝卜种子给古浪县土门镇绿鑫蔬菜种植合作社，帮助其开展西红柿示范种植棚14座，并示范应用节水旱作高质栽培新模式。古浪县泗水镇原来的梨树品种杂、品质差、价格低，果农增产不增收，在蓟州区林果专家帮助下引种和嫁接红香酥梨后，又找到了一条脱贫路。2017年，引种了150株做试验，效果良好。2018年，又进行了扩种，当年就结出了5000多公斤果子，每公斤售价比当地水果高出0.4元左右。林果专家还手把手地指导果农施肥防治病虫害。

在了解到甘肃天祝县蜜蜂养殖产业处于空白，但拥有油菜花及100多种野花等蜜源植物，非常适宜蜜蜂养殖的情况下，本着"小蜜蜂做成大产业"的目标定位，天津蓟州区科技局主动对接天祝县教科局，经协商并签订协议，组织蓟州区蜜蜂养殖科技特派员、技术员与天祝县睿琛农牧业专业合作社负责人、科技示范户进行对接，在天祝县松山镇鞍子山村实施开展蜜蜂养殖示范项目，无偿提供蜜蜂20箱，蜂箱20个，以及制蜜机等常用设备工具。在项目实施中，科技特派员、技术员对合作社负责人、科技示范户进行为期

天津专家在甘肃古浪对贫困户进行红香酥梨种植技术培训

不少于30天的技术培训指导。蜜蜂养殖示范喜获成功，开发出高品质的高原百花蜜和花粉等产品，填补了天祝县养蜂产业的空白。

（四）与承德协作一村一策精准脱贫

2016年，国家明确天津市对口帮扶河北省承德市5个贫困县，通过了《天津市扶贫协作及对口帮扶河北省承德市规划（2016—2020年）》，先后支援资金共计几十亿元，谋划了产业扶贫、生态保护、基础设施、公共服务、劳务培训等方面百余个帮扶项目，包括共建天津中德应用技术大学承德分校，津冀六沟产业园建设，举办"承德来啦"——水源地绿色产品天津行活动。由天津东丽区等5个区与承德市平泉、隆化、兴隆等5个贫困县，建立一对一结对帮扶关系，通过产业、教育、医疗、人才、文化、旅游、环保、劳务等领域协作，开展精准帮扶，确保承德各县全部按期脱贫摘帽。

距离首都北京100多公里的河北省承德市，其下辖16个区县中有6个属于国家级贫困县，包括地处燕山—太行山区集中连片特困地区的承德县、平泉市、隆化县、丰宁满族自治县、围场满族蒙古族自治县，以及不属于山区的滦平县。按照国家的精准扶贫战略，在天津等相关省市的支持和帮助下，承德市各贫困县市针对穷根，一村一策，因村制宜，特别是在产业扶贫、易地搬迁扶贫及利用特色资源扶贫上，取得了精准扶贫脱贫的积极成效。

1."政银企户保"产业扶贫

通过扶持发展一定的经济产业，达到扶贫脱贫的目标，是多年来各地扶贫工作非常重视的基本方法，但各地具体做法又有不同。天津与承德市相互协作，采取的做法是"政银企户保"一体化，相关主体联合推动，而具体产业的选择则因村而异，多种多样。

隆化县七家镇西道村草莓公社，是一个比较成功的产业扶贫项目。草莓公社以草莓种植为核心产业，让贫困人口加入草莓种销的生产企业。

草莓公社作为一种产业扶贫方式，得到了当地政府的大力支持，经过整合形成了精准扶贫工作的一种模式。其运作特点被概括为"政银企户保"模式，即政、银、企、户、保5个方面主体共同参与，各尽所能地提供必要条件，支持这种产业扶贫方式。政府方面作为整个扶贫工作的主导，协调其他各方共同参与，特别是以财政资金为草莓公社得到的贷款和保险提供贴息；银行方面为公社安排和提供阶段性扶贫贷款及按时收款；草莓公社作为企业方面，具体组织草莓生产和销售，组织贫困人口的就业工作，以及收入分配；贫困户将土地流转到公社获得租金，参与草莓种植等劳务工作以获得月工资，集合扶贫贷款权转作股权并于年底获得分红；保险公司为草莓公社的生产销售提供业务保险支持。因此，草莓公社的"政银企户保"模式，是一个多方面参与支持的产业扶贫方式。

与草莓公社类似的扶贫模式，是平泉市的香菇生产"三零模式"。"三零模式"的核心特点是公司在政府的主导和支持下，采取让贫困户零成本投入、零风险经营、零距离就业的方式，实现贫困户脱贫致富。

　　"零成本投入"是指对没有劳动能力的贫困户，通过转让政府给予每户5万元扶贫贷款权，连同政府财政扶持每户资金1.2万元（包括扶贫基金6000元/户和基础设施补贴资金6000元/户），统一在公司入股，连续2年每年享受1万元的利润分红，2年后企业负责还本付息，并将1.2万元扶贫资金退换，贫困户每年增收1.6万元，享受固定分红又没有任何风险。

　　"零风险经营"是指对有劳动能力和经营能力的贫困户，公司赊给每个贫困户2万袋菌棒进行出菇管理，生产结束后公司收回菌棒及其成本价格，超出收益全部归贫困户所有，每个贫困户可获利4万元左右；在产前的菌棒生产、产中管理技术和产后销售等高风险环节，全部由企业负责和承担，贫困户只需按要求做好日常简单技术操作，如因不可抗因素造成贫困户无收入，由企业按照正常员工标准付给贫困户工资。

　　"零距离就业"是指企业为解决部分贫困人口自己或家人体弱多病、难以离家工作的问题，把园区直接建在贫困村，专门留出就业岗位优先录用贫困户，实现就地就近就业，平均月工资可达2500元以上。

　　总之，通过"三零模式"，政府组织相关各方共同参与，为银行和保险公司贴息，企业吸纳贫困户的股金贷款，解决了产业发展中融资难的问题，实现企业、银保、贫困户共同受益、互利共赢。实质上，"三零模式"是"政银企户保"产业扶贫模式的另一表现形式。2016年，该公司带动周边9个村75户贫困户163人，进驻园区参与产业发展，贫困户年均收入近4万元。2017年，平泉市全市已建设百亩以上"三零模式"精准扶贫产业园区125个，直接吸纳贫困户8050户入驻园区，户均年增收4万元以上。

天津帮扶承德地区发展的香菇、葡萄、草莓扶贫产业项目

　　此种模式的意义在于：一是贫困户通过参与企业就业劳动，流转土地，让渡贷款权，取得工资、股金和租金，一举脱贫；二是土地集中使用解决了企业发展用地的困难，也取得了规模效应；三是解决了企业以往在无担保、无抵押条件下难以得到贷款支持的困境；四是解决了在既定扶贫政策前提下，单个贫困户无法有效使用扶贫贷款权、财政贴息的问题，即克服了单个贫困户无力发展的瓶颈；五是解决了当地贫困人口的就业问题，发展了当地经济。总之，这种模式的优越性在于实现了多方联动，一方面，调动了贫困户的积极性，形成了不同于以往直接给予贫困户现金和实物补助的被动消极扶贫模式；另一方面，解决了当地小微企业和村镇合作社资金贷款难的问题，有力地推动了政府扶贫工作的实施，大大有助于贫困户尽快实现脱贫。

251

2.易地扶贫搬迁项目

通过易地搬迁实现扶贫脱贫，是全国各地从根本上解决地区贫困及长期发展问题的重要途径。天津市与河北省滦平县协作，因村制宜，通过多种模式，实现了生产要素的优化重组，注重激发贫困群体的内生脱贫动力，达到"搬得出、稳得住、有就业、能致富"，较好地实现了脱贫和发展的统一。

滦平县付营子镇邢家沟门村易地扶贫搬迁，是一种整村搬迁集中安置模式。全村居住在山沟里，平时交通不便、信息闭塞、生活贫困，符合全村整体搬迁的条件。经区镇政府与村民协商，由政府筹集"五通一平"基础费用，给予贫困户人均5万元的建房补助，帮助该村在山下平坦地区建造了一片现代化的住宅安置区，占地面积为6万平方米，建筑面积为3.5万平方米，建设三层、四层、五层楼房共计22栋，户型面积分别为75平方米、100平方米、125平方米，总投资10218.57万元。该住宅小区为一期工程，计划搬迁人口408户，共计1346人，其中建档立卡贫困人口1076人。全村人均50平方米分期分批整体搬进，室内装修自付资金统一施工。挑选户型、楼层的顺序以交付自付资金的先后为准，现已同步搬迁270人。在解决贫困人口住有所居并大大改善居住条件的前提下，提供了大量增加收入的机会。由于全村集中居住，增加了服务业的需求，为部分贫困户增加了就业，增添了提高收入的机会；由于新村交通条件极大改善，村民可以选择外出务工，或者在本村旅游公司务工，也可以选择继续在本村种植经济作物，增加收入；山沟里原来的宅基地出租给旅游公司进行旅游开发，每人每年大约可得1000元的分成；承包地流转给旅游公司，还可得到租金。

　　滦平县两间房乡实施了易地扶贫搬迁集中安置区模式，将周围多个山村的贫困户及部分村民，集中搬迁于乡镇所在地已经成熟的社区内安置。该安置区所处乡镇位于滦平县南部，距县城30公里，距北京150公里，能够安置两间房乡周围6个行政村搬迁人口254户、885人。这一安置区由乡镇政府与房地产开发商联系，购置部分已经建好的成品商品房来进行安置。由于在成熟区内建造"五通一平"等建安成本均可免除，这样就大大节省了建造成本，再通过政府补贴，使每套房的价格控制在贫困户可以接受的范围内。这种融入小城镇的集中安置，增加了居民对三产服务的需求。因此，贫困户通过政府购买也可以在小区物业公司工作，既改善了生活条件，又提高了收入。由于集中在乡镇，有劳动能力的贫困户则更容易通过多种渠道在乡镇企业就业，取得收入并实现脱贫。

　　易地扶贫搬迁工作实施的意义重大，大大改善了贫困户和居民的居住条件，对于那些居住在山区和其他交通不便利的居民尤为重要。通过搬迁，住宅面积、采光和通风条件极大改善，水电等基础设施得到完善，抵御自然灾害的能力也得以增强，有助于增加村民消费，提升生活水平。更加重要的是，通过搬迁，交通条件得到极大改善，获取信息的渠道也得以拓宽，有助于贫困户增加就业机会及获得更多收入实现脱贫。搬迁后原来的土地得以集约使用，通过出租给企业以建厂或旅游开发的方式获取租金，或集中种植经济作物，土地使用效率和单位产出得到提升，更有利于扶贫脱贫。

3.开发特色资源扶贫

除易地搬迁扶贫模式外，还有一类是利用村里的自然资源优势开展扶贫项目。这些资源本就存在，但在没有整合的情况下很难形成优势，因而也无法使占有者摆脱贫困。在政府扶贫政策的指导下，经过规划整合，与扶贫措施和脱贫方案项目结合起来，就形成了特色资源的优势，从而促进贫困村镇摆脱贫困。

（1）承德县岗子乡郑栅子村的光伏发电扶贫项目利用了村落的位置优势

郑栅子村主要利用村落位置光照充足，有利于太阳能发电的优势，通过建设户用光伏发电项目来扶贫攻坚。在各级政府的主导下，该项目由政府补贴资金，电力公司负责设计实施，鼓励村民在屋顶安装太阳能发电板，每日发电量通过电网传输到供电公司，借此获取收入。

首先，每户安装5千瓦小时的屋顶光伏发电系统。其建设费用主要是招标安装2.987万元，其中由政府补贴1.2万元、农户自筹0.5万元、银行贷款1.287万元，建成后产权归农户所有，发电量采用"自发自用，余电上网"的原则。其次，建成后收益稳定。按单户安装5千瓦小时屋顶光伏发电系统计算，前3年年均发电量约为7350度，3年后年均发电量约为6350度；建成3年内标杆电价每度为1.08元，3年后为0.88元。最后，安装屋顶光伏发电系统还可节省家庭电费，假设每个贫困家庭月均用电量为100度，按照现在家庭用电0.53元/度来计算，每年可以节省成本636元。在此项目中，虽然每期回报较低，但回报周期较长且稳定，对于农户的持续脱贫可产生积极作用，一些贫困户安装了太阳能发电板，他们的收入得到提高，该村贫困率也逐步降低。此项目主要适用于年龄较大或者丧失劳动能力的贫困户。

（2）隆化县七家镇利用村里得天独厚的温泉资源，形成了温泉资源扶贫发展模式

该村具备丰富的地热资源，拥有集中热水区域40多公顷，最高水温达97.3℃，富含锂、锶、锌、氟、偏硅酸等微量元素，对皮肤病、风湿病、骨痛病有显著疗效，是国家认定的华北地区优质温泉资源。近几年，当地村民在党组织和政府的带领下，以温泉资源为基础，加强基础设施建设，打造"温泉村"旅游品牌。目前，该村是隆化县唯一一个实现集中供热、集中供温泉水、集中供自来水、集中污水管道的"四网合一"行政村。该村有温泉旅游专业户100多户，占全村总人口比例接近50%，聚集了天域温泉庄园、热河温泉会馆等一批规模较大的温泉开发企业。在暑假、十一假期期间旅游火爆，吸引了众多观光游客，每年接待来自北京、天津、山东、内蒙古、河北等地的游客近10万人次，实现了收入增长跃升，户均收入10万元以上。该村已无贫困人口，顺利完成脱贫攻坚任务。

隆化县七家镇利用特殊资源实现扶贫发展的实际意义在于，在那些贫困人口较多的其他区域，极有可能存在某种具有独特资源的优势，需要利用扶贫政策的支持，结合扶贫项目进行大规模开发。这种独特的资源经过开发后可以带来较高的经济价值，政府在这些地区开展扶贫工作时，可以充分结合当地特色资源制定扶贫战略。首先，需要建造完备的基础设施。以旅游资源为例，需要提升交通便利度，完善用水、电力、消防、生活废弃物处理等基础设施建设。其次，需要通过招商引资，吸引具有成熟开发经验的公司。因为这些公司具有先进的开发经验和管理模式，贫困户初

期可以将掌握的独特资源入股，与公司共同运营，还可以抵御相应的风险，后期贫困户掌握相关开发经验后可以尝试独自经营。再次，大规模开发需要金融支持，而这正是政府为贫困户提供相应信贷支持的政策指向。最后，还需要加强品牌建设，扩大知名度，维护良好的市场环境，促进良性竞争。

（3）天津利用承德的旅游、牧场及水源资源，发展特色项目

天津协助河北兴隆县依托区位优势、资源禀赋，以及对接城市发展需求，帮助引进天津龙旅国际旅游公司和文化发展公司2家龙头企业。2家公司在当地注册子公司或成立新公司，结合当地的旅游资源优势和产业帮扶任务要求，将产业发展与脱贫攻坚有机结合，在深入挖掘兴隆县旅游发展潜力的基础上，逐步丰富旅游产品类型，探索形成景区带动型、旅游综合体带动型、乡村民宿带动型、特色产业带动型4种旅游产业扶贫模式，持久带动当地贫困人口脱贫致富。再如，承德的围场畜牧业发展有着悠久历史，天津帮扶承德发展百万只优质肉羊产业化扶贫项目。结合当地实际，为该项目出资金、出人力、出方法，形成了"投母收羔"、入企就业、入股分红、寄养托管、资产收益几种特色模式。天津因地制宜，将项目建成在承德留下而带不走的好产业，为百姓增收注入源源不断的资源。

承德的小滦河是滦河上游的重要支流，属京津冀水源地，造福当地居民，天津与承德共同规划了小滦河国家湿地公园项目，将扶贫与水源涵养、生态管护、人居环境改善结合起来，在总投资中使用天津对口帮扶资金1083万元。天津工作队通过"扶贫+水源涵养""扶贫+生态管护""扶贫+人居改善"的思路，进行了水源地景观美化，积极发展全域旅游，促进当地经济转型升级、绿色发展，使湿地公园区域的蓄水保水功能显著增强，每年能向天津地区输送2亿

多吨的优质饮用水，同时保障周边及上下游上万亩耕地用水，提高收益实现脱贫。

（五）结对帮扶大西北等地区

按照中央统一部署，天津与各受援贫困地区特别是大西北各地区，通过结对帮扶建立了稳定的扶贫支援关系。比如，与新疆和田、西藏昌都、青海黄南、甘肃藏区、河北承德等地50多个深度贫困地区，秉持"帮扶工作关键是帮人心，靠的是一片真心"的理念，主动与贫困户结对认亲，与各族群众交朋友、结亲戚、走心入心，倾心倾情倾力把党中央的关心关怀真正送到贫困地区群众心中。天津通过建立结对帮扶，在服务支援大西北的活动中，组织了"津企陇上行""民营企业南疆行"等一系列活动，累计引导273家企业赴受援地洽谈考察1000余家次，达成合作意向300余项，新增投资额18.86亿元，带动近10万建档立卡贫困人口增收。安排产业扶贫资金12.24亿元，通过推广复制"致富蜜""领头羊""摇钱树"等特色产业帮扶模式，深入开展精准的"绣花式"扶贫，通过共建产业园区、扶贫车间、生态管护等方式，实现与贫困户脱贫有机衔接，受益贫困人口逾41万。总之，在全国支援大西北的活动中，天津通过"一对一"交流和发展教育培养人才，引导各族群众知党情、感党恩、听党话、跟党走，为祖国西北部的扶贫脱贫作出了巨大的贡献，有力地支持了全国按期完成脱贫任务。

1.建立机制与受援地结对帮扶脱贫

为扎实推进结对帮扶，天津建立了区、区属部门、街镇和乡村三级帮扶体系，不断强化携手奔小康结对帮扶工作机制，扩大结对帮扶的深度和广度。全市16个区与新疆和田、西藏昌都、青海黄南、甘肃藏区、河北承德等地50多个贫困地区开展结对帮扶，286个乡镇与受援地303个乡镇、227个村（社区）与受援地234个贫困村结为帮扶对子。全市77家企业、109个商协会等社会组织，与46个贫困村建立结对帮扶关系137对。积极搭建爱心力量和受援地区贫困人口精准对接平台，充分调动民营企业积极性，汇聚社会各界资源参与扶贫协作。截至2020年7月底，天津共有2273家民营企业参与"万企帮万村"精准扶贫行动，累计与甘肃、河北、新疆、青海、西藏2939个贫困村结成帮扶对子，投入帮扶资金近2亿元。助推对口地区24个贫困县脱贫摘帽；结对帮扶的50个贫困县中有47个实现脱贫摘帽，占比94%；3904个贫困村中3787个退出，占比97%；建档立卡贫困人口由335.65万人减少到7.95万人，减贫幅度达到97.6%。

天津制定了全市结对认亲工作方案，按照实现重点帮扶区域结对认亲全覆盖目标，根据甘肃藏区、河北承德、新疆和田、西藏昌都、青海黄南等重点帮扶地区贫困村、贫困户分布情况，明确了任务指标并提出了工作要求。组织各区、前方工作机构与受援县（市）就结对认亲活动进行调研对接，全面掌握贫困户在生产生活的致贫原因，促进了援受双方交往交融。

多年来，津青签订了包括政府部门、经济功能区、公检法司、工青妇在内的140余个帮扶合作协议，开展"津青一家亲"访学教育活动和万企帮万村活动，完善了对口支援交流机制，开展交流活动年均300余批次，有效促进了贫困地区扶贫脱贫进程和力度。

2.通过教育扶智支援各地扶贫脱贫

天津与贫困地区的结对帮扶是与扶志、扶智结合在一起的，从而与教育扶贫是紧密结合的，与参与国家的全国服务大西北活动也是紧密结合的。2000年，国务院西部地区开发领导小组在京召开西部开发工作会议，研究加快西部地区发展的基本思路和战略任务。2007年，中央将西部人才队伍建设和人才培训任务分解到各部委、各省市。天津每年承接由国家发改委安排的西部地区各类急需人才400人次的任务，组织外埠行系列活动，津企青海行、天津企业家陇上行、天津千名温商草原行，以及招商引资川渝行等招商活动近百次。在四川、陕西、新疆、内蒙古和云南设立天津商会，会员企业461家；10个西部省（市、区）在天津设立省级商会，会员企业808家。安排东部地区支持西部地区人才培训专项经费800余万元，为重庆、四川、吉林、陕西、甘肃、青海、西藏、新疆、宁夏、黑龙江等地区培训基层干部、专业技术人才近4000人次。

天津在此类援助行动中，主要是在各受援地倾力打造名校名师工程，全面推进教师培训基地、教学研究中心和教学理念传播中心建设。精心选派教师、中小学校长和职业教育教学管理骨干、大学生，面向幼儿园、小学、中学到高等职业教育开展全链条式支教帮扶。天津有关教育部门和单位广泛开展千校手拉手活动，组织全市1103所学校与受援地区2003所学校建立结对关系。通过开展校长互动、教师互派、网络教学同步等方式，实现优势教育资源共享，推进教育帮扶走深走实。把建校筹划、师资培训、就业指导贯穿职业教育帮扶全过程，坚持精准化职教帮扶，组织天津职业学校与甘肃23个贫困县建立"3+1"脱贫帮扶机制，积极与用工企业对接，有效提升了贫困学生就业成功率。在各种教育类型中，职业教育、职业技术技能培训是最能见效果的扶贫方式。职业教育是距离农村贫困人口和底层打工族最近、最能直接提升其就业能力和收入水平的教育类型。作为国家现代职业教育改革创新示范区，天津依托示范区建设成果，携全国职业教育优势资源，对口帮扶新疆、西藏、青海、甘肃、云南等地的职业教育，从理念先行到示范共享，从自主行动到高位推动，从分散援助到全方位援助，从挂职支教到整体输出，铺设了一条职教帮扶脱贫攻坚的全方位服务中西部地区职业教育发展之路。

市教委成立了东西部扶贫协作和对口支援工作领导小组，推出了一地一策、一项目一招法的精准帮扶模式。一是多元聚力帮扶共建模式。依托职业教育集团、国家示范性高职院校、国家中职改革发展示范校、国家重点中职学校等优质教育资源，实施"一区一方案"和"一校一方案"，在区域规划、联合招生、专业建设、技能大赛、校企合作、信息化建设等方面进行全方位扶持共建。目前，已集合了天津中高职院校、职教集团，以及一汽大众、丰田等20多家企业，与四川、贵州、云南、西藏、陕西、甘肃、青海、宁夏、新疆、广西、内蒙古、山西、吉林、黑龙江、安徽、江西、河南、湖北和湖南等省、自治区开展了结对职教扶贫。多元聚力帮扶共建模式向全国充分展示了天津职业教育的风采。二是高质量的8个模块师资培训满意度达98%以上。天津建设了面向校长、专业带头人、骨干教师、管理人员的培训项目，形成了专业带头人领军能力研修、"双师型"教师专业技能培训、优秀青年教师跟岗访学、卓越校长专题研修、中高职衔接专业教师协同研修、紧缺专业教师技艺技能传承创新、骨干培训专家团队建设、教师企业实践大模块8个模块师资培训。三是倾心培育让学生健康成长回报家乡。天津机电工业学校2011级参加顶岗实习的39名学生，将自己的第一桶金（顶岗实习的第1个月工资）捐献给中国福利事业。6名学生7次在18岁生日、母亲节、藏历年等纪念日义务献血，表达将爱传递给社会的真情实感。2011级、2012级、2013级全体学生成为在中国志愿组织注册的中国志愿者。2011级、2012级学生全部向党组织递交了入党申请书。天津职业院校引导近200名新疆学生学成后回疆从事双语教学工作。

来自西藏昌都地区的60名艺术特长生在天津艺术职业学院学习5—7年，主修舞蹈基本功和西藏民族舞蹈，考试合格者将获得教育部认可的大专毕业证书，并进入昌都地区康巴文化艺术团，成为当地民族艺术的中坚力量。2018年7月，到天津东丽区职业教育中心学习计算机应用专业的滇西女学生杜习，在2019年全国职业院校技能大赛（中职组）计算机检测维修与数据恢复赛项强手如林的121个代表队242位选手（只有10位女选手）中脱颖而出，获得三等奖，成为赛场上一道靓丽的风景线，大大鼓舞和激励了西部地区贫困人口的脱贫斗志。

3.按国家要求扶助库区、水源区及灾区脱贫摘帽

除了对口支援新疆、西藏、青海，协作支援甘肃、河北承德等地贫困区县，以及参与全国服务大西北经济发展外，天津还按国家要求对三峡库区移民、京津水源区以及地震灾害区的恢复重建及脱贫作出很大贡献。

天津支援重庆市万州库区脱贫。1992年，国务院要求全国21个省（区、市），10个大城市和50多个国家部门对口支援三峡库区移民搬迁和库区建设，其中天津市对口支援重庆市万州区。多年来，天津60多个区县、部门、中介组织、企业参与支援三峡库区；天津实施新农村建设、优势产业扶持和医疗卫生、教育、人才培训等近200个项目，安排培训万州区各级干部上千人次，多位一体成功援建万州天津医院，合作开展津万职业教育，输出2家天津企业落户库区，总投资近20亿元，形成了多方参与、部门联动式"多方复合支援""单位结对帮扶""特色产业带动"等支援库区建设模式，国务院三峡办《三峡情况通报》多次作专题报道。

天津与陕西省水源区对口协作脱贫。南水北调中线工程是优化我国水资源配置，解决北京、天津、河北、河南4省（市）水资源短缺，促进经济社会可持续发展的重大战略工程。2013年，国务院明确天津

新疆和田职业技术学院教师展示纯手工服装

市与陕西省汉中市、安康市、商洛市水源区开展对口协作；2016年，协作范围增加西安市周至县、宝鸡市太白县和凤县。天津市委、市政府高度重视与水源区的对口协作，专门编制了实施方案，"十三五"时期，按要求按进度共计核拨对口协作资金10多亿元，多次协助汉中、商洛、安康市在津召开招商推介会，成功签署医药、产业合作等60个合作项目。

天津支援陕西2县震后恢复重建。2008年汶川地震后，国务

院明确天津对口支援陕西省受灾严重地区。天津高度重视抗震救灾和对口援建工作，坚持高标准、高效率。天津主要领导率队赴陕，与灾区干部群众一道，1个月完成规划，6个月完成受灾群众还迁，完成4个建制村整体搬迁，新建和加固9万多户房屋，新建30座桥梁、16条道路、56所学校、19所卫生医疗机构、22个敬老院等基层公益设施，以及3个砖瓦厂、药材基地和循环经济产业园区等。18个月的时间，全部完工所确定的9大类295个援建项目交付并投入使用。累计支持财政资金20多亿元，并安排7家天津企业落户灾区，总投资额达10亿元。灾区人民赞扬天津援建灾区工作做得富有成效，援建任务圆满完成。

八、完善治理体系建成民主法治城市

　　全面小康，既有效保障人民经济权利，也有效保障人民政治权利。党领导人民走中国特色社会主义政治发展道路，坚持党的领导、人民当家作主、依法治国有机统一，发展全过程人民民主，民主从价值理念成为扎根中国大地的制度形态、治理机制和人民的生活方式。天津大力推进民主法治建设，维护社会公平正义，健全和完善制度，从社会管理到社会治理，从加快形成科学有效的社会治理体制到打造共建共治共享的社会治理格局，社会治理的社会化、法治化、智能化、专业化水平不断提升，建设更高水平的平安天津成效显著，生动活泼、安定和谐的局面逐步形成。

（一）人民民主不断扩大

　　天津民主政治的发展不仅体现在进一步完善了人民代表大会制度、中国共产党领导的多党合作和政治协商制度，以及发展广泛的爱国统一战线等方面，还进一步扩大了基层民主，加强了基层政权建设，完善了政务公开、厂务公开、村务公开制度，使广大群众的意志在政治和社会生活中得到充分体现。党的十八大以来，天津在政治建设上积极发展全过程人民民主，社会主义民主政治制度化、规范化、程序化全面推进，中国特色社会主义政治制度优越性得到更好发挥，生动活泼、安定团结的政治局面得到巩固和发展。民主选举、民主协商、民主决策、民主管理、民主监督环环相扣、彼此贯通，实现过程民主和结果民主、形式民主和实质民主、直接民主和间接民主相统一，保障了人民的知情权、参与权、表达权、监督权。

1. 人民代表大会制度不断完善

人民代表大会制度是我国的根本政治制度，是坚持党的领导、人民当家作主、依法治国有机统一的根本政治制度安排，是发展全过程人民民主、保证人民当家作主的重要途径和最高实现形式。人民代表大会制度承载着党的初心和使命，坚持好完善好人民代表大会制度，就是践行党的初心和使命，发展全过程人民民主，支持和保证人民当家作主。人民代表大会制度在选举、协商、决策、管理、监督的各个环节都坚持民主原则，体现了发展全过程人民民主的要求，是发展全过程人民民主的可靠制度保障。要在党的领导下充分发挥人民代表大会这一主要民主渠道作用，完善人民代表大会及其常委会运行的制度机制，使人大各项工作都体现人民意志、维护人民利益、激发人民创造。

1980年6月23日，根据五届全国人大及其常委会通过的有关决定，天津市召开了第九届人民代表大会第一次会议，选举产生了天津市人民代表大会常务委员会，作为天津市人民代表大会的常设机关。从此，天津和全国一样，人民代表大会工作进入一个新的发展阶段。天津市及各区建立了各级人民代表大会制度，建立了人民代表大会常务委员会，各区实行了人民代表的直接选举,工厂企业实行党委领导下的职工代表大会制度。

天津在民主政治建设的过程中，探索出多种民主政治的创新形式。在人民代表大会中按专业组织代表开展活动，充分发挥代表专业优势，是天津市人大代表工作的一个创新。在代表的构成上提高基层人大代表特别是一线工人、农民、知识分子代表比例，降低党政领导干部代表比例，从而进一步强化人民代表大会成员的广泛代表性。市人大常委会十分重视发挥代表在闭会期间的作用，结合天津实际开展有效工作，使市人大代表作用得到进一步发挥。天津在继承和发扬我国长期以来在民主生活中形成的优良传统的同时，创造了很多新的民主形式，有些已经形成制度，如两节期间的谈心服务活动、"两会"期间的市长办公会等，其中比较突出的有决策协商制度、公开讨论制度、社会监督制度、合作共事制度、情况通报制度等。

2.政治协商制度全面发展

健全社会主义协商民主制度，为各人民群体参与国家和社会的管理开辟更加广阔的渠道。社会主义协商民主是我国人民民主的重要形式，是国家政权机关、政协组织、党派团体以及人民各阶层、各群体之间协商互动、团结共进的重要的民主政治形式。通过协商民主作用的发挥，各人民群体就经济社会发展重大问题和涉及切身利益的实际问题广泛协商，实现广纳群言、广集民智，增进共识、增强合力。党的十八大提出，要把民主协商纳入决策程序，坚持协商于决策之前和决策之中，增强民主协商时效性。除深入进行专题协商、对口协商、界别协商、提案办理协商外，还要积极开展基层民主协商。

天津认真贯彻"长期共存、互相监督、肝胆相照、荣辱与共"的方针，坚持和完善中国共产党领导的多党合作和政治协商制度，积极推进人民政协政治协商、民主监督、参政议政的规范化、制度化建设，积极拓宽民主党派、无党派人士参政议政的渠道，坚持和完善重大问题在决策前和决策执行中进行协商的制度。加强同各民主党、无党派人士的团结合作，促进党和政府决策的民主化、科学化。加强与各族各界人士的联系，巩固和发展最广泛的爱国统一战线。加强和改善党对工会、共青团、妇联等群众团体的领导，充分发挥在管理国家和社会事务中的民主参与、民主监督、社会调节作用。加强对社团的管理，依法规范社团组织和社团活动，促进社团健康发展。

3.社会协商对话制度规范有序

创新民主形式，完善社会协商对话制度。协商对话的总目标是正确处理人民内部矛盾。天津自觉运用对话形式，正确处理和协调人民内部各种利益集团的矛盾，促进领导机关和领导干部转变作风，提高领导机关活动的开放程度，增强群众的参政意识和能力。协商对话经常化，做到重大情况让人民知道，重大问题经人民讨论，协商对话分层次进行，各级领导都同群众直接对话，各阶层、党派、团体和不同职业的群众之间也经常开展对话。开展对话活动时能做到有的放矢，讲实话、办实事，以第一流的工作争取第一流的对话效果。党的十三大提出的建立社会协商对话制度，既是推进民主政治建设的一项重要措施，也是思想政治工作的一个有效方法。在加强和改善思想政治工作的过程中，把协商对话制度长期坚持下去，并且同过去已有的谈心、家访、民主讨论、接待来访等教育形式配套运用，取得了良好效果。

4.人民民主监督权利更加广泛

党的十八大指出，保障人民知情权、参与权、表达权、监督权，是权力正确运行的重要保证。凡是涉及群众切身利益的决策都要充分听取群众意见，凡是损害群众利益的做法都要坚决防止和纠正。让人民监督权力，让权力在阳光下运行。形成大规模的社会性和群众性的权力监督体系，从而督促和规范公共权力的正确行使。

天津不断完善对公共权力的有效监督和制约，克服和遏制权力腐败，除了执政党和政府内部的纪律监督、法制监督及惩治手段之外，有效地动员人民群众积极参与，形成强大的监督控制公共权力的社会力量。社会监督和群众监督的资源取之不尽、用之不竭，其监督的范围更是无处不至，关键是要有效地动员和组织起来，不断拓宽和健全人民群众开展民主监督的渠道，使得权力运行置于广大群众有力的制约和监督之下。

检察机关不断强化政治自觉、法治自觉和检察自觉，忠诚履行宪法赋予的法律监督职责，为坚持党的领导、人民当家作主、依法治国有机统一，坚持和完善人民代表大会制度，自觉接受人大监督，严格执行人大及其常委会制定的法律法规和作出的决议决定，认真做好向同级人大及其常委会报告工作，积极配合人大开展专项执法检查和立法、监督调研，自觉接受人民检验，确保检察权依法正确行使。加强人大代表联络工作，保障人大代表依法履职。办好人大代表议案、建议，认真办理人大代表转交案件。始终坚持以人民为中心的发展思想，把人民当家作主具体地、现实地落实到检察工作各个方面和监督办案的每一个环节。持续办好群众信访"件件有回复"等检察为民实事，用心用情办好群众身边的"小案"。拓宽人民群众有序参与和监督检察工作的渠道，进一步深化检务公开，完善人民监督员制度，经常性组织开展检察开放日活动。结合教育整顿发现的突出问题，持之以恒抓好检察队伍建设，在夯实党的执政根基、维护人民民主专政方面发挥更大作用。

5.基层民主活力增强

（1）基层民主不断扩大

扩大基层民主是发展社会主义民主政治的基础性工作，是保证人民群众直接行使民主权利、依法管理自己事情的有效途径。天津历来高度重视基层民主建设，始终把发展基层民主作为一项基础性工作抓紧抓实。党的十一届三中全会后，天津基层民主形式主要是农村村民选举和城市居民选举，村民委员会选举成为天津基层选举的试验田，也成为村民政治参与的重要形式，城市社区居委会是党领导下的社区居民实行自我管理、自我教育、自我服务、自我监督的群众性自治组织。党的十八大以来，天津进一步扩大了基层民主，加强了城乡基层政权机关和群众性自治组织建设，提高了其依法办事、民主管理的意识和水平，积极推进决策的民主化、科学化、法制化。在市委、市政府的领导下，在全市人民群众的积极参与下，经过不懈努力，天津在发展基层民主方面取得了显著成绩，有效地维护了人民群众的各项民主权利。

健全民主选举制度，完善村务、政务、财务公开制度，让群众参与讨论和决定基层公共事务和公益性事业，对干部实行民主监督。坚决纠正压制民主、强迫命令等错误行为。在城市街道普遍恢复和建立了居民委员会、调解委员会、治保委员会；在农村建立村民委员会，切实贯彻执行《中华人民共和国村民委员会组织法》，贯彻三项制度，即村民委员会直接选举制度、村民议事制度、村务公开制度；在企事业单位坚持和完善以职工代表大会为基本形式的企事业民主管理制度，积极探索民主管理的新途径，维护职工合法权益。

扩大基层社会管理中人民群众的有序参与。在城乡社区治理、基层公共事务和公益事业中，不断扩大人民依法直接行使民主权利的空间。以扩大有序参与、推进信息公开、加强议事协商、强化权力监督为重点，拓宽人民民主权利的范围，丰富人民权利的实现途径。大力发挥基层各类群众组织的积极作用和协同互动，实现政府管理和基层民主的有机结合。在社会管理体制的改革和创新中，特别重视人民民主权利的丰富对于改善社会管理的有力支持作用。在深化改革开放的过程中，善于通过扩大人民民主来疏导各类社会矛盾，畅通和规范群众诉求表达、利益协调、权益保障渠道，把广泛有效的人民民主作为集聚社会力量解决发展中难题的重要平台。

基层政权、基层群众性自治组织和企事业单位的民主制度建设不断加强，民主自治与社会参与相结合的管理机制进一步健全，政务公开、厂务公开、村务公开和社区事务公开进一步完善和提高。以社区党建为核心，普遍建立了社区居民自治制度，社区委员会换届选举普遍实行"公推直选"的选举方式。全市农村普遍建立了村务公开和民主管理制度，推动了农村基层管理方式改革。加强了对行业管理协会、农村专业经济协会、社区公益性组织的培育和引导，民间组织的布局得到调整，组织管理得到进一步规范，对经济社会的发展和稳定起到了重要作用。强化人民团体在社会管理和服务中的职责，引导群众性社会组织健康有序发展，充分发挥其参与社会管理的基础作用。

（2）公开办事制度建立健全

建立健全了基层自治组织和民主管理制度，建立完善公开办事制度，保证人民群众直接行使民主权利，管理基层公共事务和公益事业，对干部实行民主监督。加大公民参与、民主管理、民主监督的力度，尊重并依法保护人民群众管理自己事务的权利，扩展人民群众参与讨论、决定基层公共事务和公益性事业的领域。

长期以来，天津在村务公开、民主管理方面取得了较大成绩。从20世纪80年代末期开始探索实行"两公开、一监督"和党员代表议事会、群众代表议事会制度（简称"两个议事会"制度）。从1995年起，对实行村务公开、民主管理给予了高度重视。多年来，天津村务公开走过了一个由点到面、由浅入深、逐步深化的历程。天津农村实行的村务公开、民主管理经验由国家有关部门向全国范围推广，得到了中央纪委、监察部门的充分肯定。近年来，天津把村务公开、民主管理工作作为新形势下做好"三农"工作，促进农村改革、发展、稳定的大事来抓，把提高农村基层干部廉洁自律意识、提高群众民主管理和民主监督水平作为深化村务公开的重点，结合乡镇政务公开，将村务公开向基层民主政治建设领域拓展，各区、乡镇把涉及农民利益的政策法规、办事程序、涉农收费事项与价格、项目资金和物资等及时公开，使之与村务公开联动发展，互相促进，提高公开质量。

（二）公共安全保障基本达到

党的十八大以来，天津坚持总体国家安全观，立足天津之"特"、天津之"责"，把安全发展贯穿发展各领域和全过程，统筹传统安全和非传统安全，有效防控重大安全风险，全面提高风险防范和应急处置能力，提升城市本质安全度，增强城市韧性，建设更高水平的平安天津。

1.安全生产水平显著提高

安全生产风险防控成效显著。天津坚持人民至上、生命至上，把保护人民生命安全摆在首位，全面提高公共安全保障能力。坚持党政同责、一岗双责，树立"隐患就是事故、事故就要处理"的理念，突出依法治理、源头治理、综合治理，防范化解重大安全风险。强化危险化学品、建筑施工、道路交通、消防等重点领域专项整治，着力把事故隐患消除在萌芽状态。健全安全生产责任体系，落实企业主体责任、属地主管责任、行业监管责任。全面加强安全监管，坚持铁面、铁规、铁腕、铁心，严肃查处违法违规行为，坚决防范和遏制重特大安全事故。完善地方消防法规，推进火灾隐患综合治理，全面推行消防信用监管，实施智慧消防工程，提升消防安全综合保障水平和应急处置能力。

牢固树立安全发展理念。强化安全生产红线意识和底线意识，出台《天津市党政领导干部安全生产责任制实施细则》等制度规定，构建"党政同责、一岗双责、齐抓共管、失职追责"的安全生产责任体系，落实党委、政府主要负责人安全生产第一责任人责任。组建巡查组对各区党委、政府和重点委局开展年度安全生产工作巡查，对全市各区、各部门进行年度安全生产责任考核，压实政府属地属事责任。出台天津落实生产经营单位安全生产主体责任实施办法，制定年度考核细则，夯实企业主体责任。

专项整治工作效果明显。进一步加强安全生产行政执法，落实"四铁""六必"要求，深入开展多行业、多类型、多轮次隐患排查和专项治理，重点开展化工园区和危险化学品企业安全整治，"十三五"时期累计检查企业300万余家次，处罚案例4万余件。2020年5月，制定《天津市安全生产专项整治三年行动计划》，细化三年任务清单。截至2020年底，已推动治理重大安全隐患25项、制定三年行动制度措施76项。

风险防控能力大幅度增强。制定修订《天津市安全生产条例》《天津市燃气管理条例》《天津市特种设备安全条例》等地方性法规，以及《天津市交通运输行业安全生产管理规定》等文件，制定14项京津冀协同标准、18项安全生产地方标准，持续强化安全制度规范体系顶层设计。加大安全生产资金投入，市级财政专项资金投入近5亿元，支持安全生产专项资金项目90余项，带动企事业单位增加安全投入近10亿元。完成市、区两级城市安全风险评估和危险化学品重大危险源风险评估工作，根据风险分布情况和可能造成的危害程度，确定区域安全风险等级，制定风险防控措施，推动南疆石化区域、大港石化产业园区等重大危险源治理和重大隐患整改任务顺利完成。推动危险化学品、金属冶炼、非煤矿山等高危行业安全生产责任保险落地实施，建成安全生产责任保险信息系统平台，为600余家投保企业提供事故预防服务2000余次。累计投入近2亿元，构建横向到各行业监管部门、纵向到各区应急管理部门和重点企业的资源共享、互联互通的三级四层安全生产防控一张网。编制182个企业类别隐患排查标准，建成安全生产隐患排查治理信息系统，近2万家企业注册上线。

社会安全氛围逐步形成。加强安全宣传培训教育，把安全生产教育纳入市、区两级党校（行政学院）培训课程。针对特种作业人员、高危行业主要负责人和安全管理人员等组织开展安全培训。依托视频、广播、网站、微信、广告屏等形式，开展安全生产月、消防宣传月、森林防火宣传月、防灾减灾日，以及安全论坛、安全体验等宣传活动，加强全社会安全文化建设，引导全社会吸取事故教训，提高防范意识。建立隐患举报奖励制度，人人重视安全、人人维护安全的社会氛围逐步形成。

2.食品药品安全监管有力有效

保障食品药品安全。天津不断深化创建国家食品安全示范城市工作，强化食品药品全生命周期监管。落实"四个最严"要求，强化食品药品监管，建立科学完善的食品药品安全治理体系，确保人民群众生命安全和身体健康。大力推动食品安全智慧监管云平台和农产品质量安全追溯监管服务平台建设，健全农产品质量和食品安全标准体系，提高质量安全水平。全域创建国家食品安全示范城市和农产品质量安全区，努力成为全国食品最安全、百姓最满意、消费最放心的城市之一。全面加强药品全生命周期监管，建设药品智慧监管一体化平台。加强疫苗批签发、国际一流外科植入物等实验室建设，提升检验检测能力。

督促企业建立公开承诺、自查风险报告制度，落实安全管理、风险管控、检验检测等主体责任。推动正常生产的食品生产企业建立食品安全自查制度和获证食品生产企业监督抽查考核全覆盖，婴幼儿食品、大型肉制品企业自查风险报告率达到100%。完成50家食品生产企业信息化追溯体系建设，截至2020年底覆盖全市249家重点食品生产企业。开展放心食品超市自我承诺活动，督促重点食品相关产品生产企业开展自查，企业追溯数据上传平均达标率超过60%。

食品安全风险监管和统筹协调水平显著提升。开展食品安全风险隐患大排查大整治百日行动等专项检查。食品安全综合监管平台建设取得重大进展，关键风险点控制系统在10家企业试点运行，12万余户食品生产经营主体实现了风险分级监管。国家食品安全示范城市创建、京津冀食品和食用农产品示范区建设工作成效明显，诚信示范效应切实发挥。83家食品生产企业完成信息化追溯体系建设，超额完成年度民心工程任务。保健食品"护老行动"取得良好社会效果，超过50%的保健食品生产企业获得危害分析和关键点控制（HACCP）认证。新增8家放心肉菜示范超市，餐饮服务食品安全示范街增至37条。食品生产、流通、餐饮各环节监督抽检和风险监测全面落实，销售环节进口食品监管和食盐零售环节质量监管得到加强。

药品和医疗器械安全监管深入有效。推进"放心药店"民心工程，评定A级放心药店383家、示范药店106家，医疗机构制剂室量化分级管理评定全面启动。疫苗生产企业监督检查得到强化。药品电子追溯体系建设加快，全面推广"药品检查"手机应用程序，企业赋码扫码率持续提高。专项整治非法收售药品成效显著，过期药品回收机制有效发挥了作用。天津医疗器械监管信息化系统正式上线运行，入选国家市场监管总局优秀案例，"医疗器械出口销售证明"实现了申请人不出户、当天得。2018年，制定实施《天津市医疗器械抽检管理办法》及工作程序，引入社会专业认证机构参与高风险企业质量体系核查和飞行检查，并取得良好成效。

改革食品药品安全监管机制体制。天津食品药品安全监管体制机制经历了多次变迁。尤其是改革开放以来，食品药品安全工作经历了混合过渡阶段（1979—1993年）、全面外部监督阶段（1994—2002年）、科学监管阶段（2003—2011年）。党的十八大以来，食品药品安全监管进入治理现代化阶段，天津不断强化食品药品安全监管措施，严格执行生产经营许可、日常监督检查、检验检测等制度，有序开展风险监测，严厉打击食品药品违法犯罪行为，基本建立了覆盖食品从生产到消费、药品从研制到使用全过程的监管体系，食品药品安全保障能力明显提高，天津食品药品安全水平稳中有升、总体向好。

3.防灾减灾救灾能力不断提升

自然灾害救助体系进一步完善。党的十八大以来，天津不断完善机制建设，灾害管理体系初步建立。调整市级减灾委员会及其办事机构，健全防灾减灾救灾信息资源获取和共享机制，增强自然灾害防治综合协调能力，初步建立起灾害管理体系。落实中心城区地道桥涵、在建工程等2900余处重点部位和薄弱环节防汛自保责任、交通管制等措施。四级应急预案体系建设取得新进展，全市16个区完成自然灾害救助应急预案制定、修订工作，连续2年修订自然灾害救助应急工作规程。累计安排2536.8万元专项资金，资金分级负担机制逐步落实。政策法规体系更加完备，印发《天津市综合防灾减灾规划（2016—2020年）》，出台市级救灾物资储备管理办法、救灾捐赠导向机制。

排查治理灾害隐患，灾害抵御能力不断增强。开展灾害综合风险普查、地震灾害隐患排查治理等工作。编制蓄滞洪区运用、阻水坝埝紧急拆除等预案，加强永定新河、独流减河等主要行洪河道防洪达标治理，实施中心城区排涝工程。多渠道发布预警信息，及时采取应对措施，有效减轻台风暴雨、寒潮和雾霾等灾害给社会经济和人民生活带来的损失，妥善安排受灾群众基本生活，有效避免次生灾害发生。

推进基础设施建设，自然灾害防治能力明显提升。实施自然灾害防治九大工程，购置蓟州区森林防火装备，新增应急避难场所2360个，创建全国综合减灾示范社区65个，开展重点河道治理及蓄滞洪区安全设施建设，建成一体化气象业务平台、突发性地质灾害三级四层网格化监测预警系统、地震监测预警系统和信息发布示范终端。

基层救灾工作力量不断加强。四级灾害信息员队伍基本建成，"十三五"时期以来，累计培训各级灾害信息员5165人。北斗减灾示范工程全面部署，配发应急救援型北斗减灾信息终端1519台，车辆导航型北斗减灾信息终端90台，建立台账管理制度，灾害评估的科学化、标准化和规范化水平进一步提高。救灾物资储备品种和数量不断增多，市级救灾物资储备达到5万人规模，滨海新区、武清区救灾物资储备库建设加快推动，家庭物资储备清单不断完善，储备重心实现下移，物资调运效率大幅度提升。

全民防灾减灾意识不断提高。组织开展多种形式的防灾减灾宣传活动，组织自然灾害应急演练及宣传，各区开展防汛抢险、城乡排涝、转移安置等综合演练，逐步提升应急处置能力。全面推进防灾避险、自救互救等应急知识宣传和普及，提升防灾减灾救灾工作社会影响力，增强全民防灾减灾意识。"十三五"时期以来，累计在社区发放各类宣传资料40余万份，基本实现社区全覆盖。积极创建全国综合减灾示范社区，累计创建全国综合减灾示范社区20个，基层减灾能力明显加强。防灾减灾救灾协同机制进一步完善，签署了《京津冀救灾物资协同保障协议》《毗邻市区救灾协同互助协议》。

4.消防安全形势稳定向好

消防体制机制改革有力推进。制定《天津市人民政府办公厅关于印发〈天津市深化消防执法改革的若干措施〉的通知》，提出5个方面29项具体举措，"双随机、一公开"监管、承诺制管理、消防信用监管、"互联网+"监管等模式初步建立，消防监督执法和服务质效明显提升。国家综合性消防救援队伍正式组建，教育、医疗、交通、住房等配套优抚优待政策制定出台，消防救援队伍社会尊崇感大幅度提升。

消防安全综合治理体系日趋完善。2007年，制定出台《天津市消防安全责任制规定》，细化市、区、乡镇（街道）3级政府，38个市级部门以及具有公共服务职能单位、社会单位的消防安全职责。依托市安全生产委员会、市消防安全委员会等平台，连续5年开展全市各区、各部门年度消防工作考核，有力推动"党政同责、一岗双责、齐抓共管、失职追责"和"管行业必须管安全、管业务必须管安全、管生产经营必须管安全"要求落实到位。市消防救援总队联合市发改委、市市场监管委、市财政局等7部门制定出台《天津市消防安全领域信用管理暂行办法》，累计向信用中国

（天津）平台推送归集数据7066条，对33家失信企业实行联合惩戒，压紧压实社会单位和个人消防安全主体责任。

防范化解消防安全风险成效显著。构建"责任牵引、网格兜底、宣传覆盖、诚信制约、智慧支撑"五位一体防控格局。开展大型商业综合体、电动自行车、消防车通道等多行业、多类型、多轮次专项治理，开展消防安全专项整治三年行动，启动老旧居民社区、危化品场所、大跨度建筑火灾隐患治理三大战役，累计检查企业单位69.6万家次，督改隐患84.6万处，处罚案例2.08万件，重点领域消防安全风险得到有效化解。2019年，制定出台《天津市城市综合体建筑设计防火标准》等11部地方标准，为火灾防控提供技术支撑。

应急救援主力军国家队作用凸显。主动适应全灾种、大应急任务需要，加快转型升级，全面提质强能。根据城市功能特点，整合各区域灭火救援力量，构建一个中心、五个支点战区协作制。针对全市主要灾害类型特点，建精建强高层、地下、大跨度、石化、山岳、水域、地震7类专业处置队，成立市级灭火救援专家组，建立全员普训、岗位复训、专业特训、装备专训、驻厂轮训、实战验训的"六训"机制，推行指战员岗位能力等级达标考评，开展职业技能资质认证工作，不断提升综合应急救援专业化水平。明确政府专职消防员统招模式，保障标准增至年人均13.64万元，全市政府专职消防员达到2133人，消防文员595人，多种形式消防救援力量进一步壮大。"十三五"时期，全市消防救援队伍共接处警23.74万起、营救疏散转移人员22349人，成功处置了"3·25"危化品车辆事故救援、"11·1"南环铁路桥坍塌以及跨区域增援山东寿光水灾、黑吉2省抗洪排涝、河北沧州南大港产业园石油储罐大火等急难险重任务。

城市消防安全基础得到夯实。全面实行市、区两级财政消防经费保障机制，全市消防经费总量年均保持较快增长。配备消防执勤车辆456台，比"十二五"时期配备数量增加1倍。新配各类装备器材245种11.9万余件（套），多用途、高性能特种装备比例大幅度提升。高质量建成市、区两级训练基地，"1+8"训练基地格局初步形成。建成普通、特勤消防站32个，小型消防站57个，新增市政消火栓8992个、取水码头239处，公共消防设施建设稳步推进。与国家超级计算天津中心开展战略合作，推进火灾风险大数据分析预警模型建设，火灾风险预测准确率达80%以上，"火眼"可视化火灾监控系统落地应用，建成市、区两级物联网远程监控平台，消防科技创新和信息化建设取得新进展。开展"119消防奖""最美消防员""社区消防宣传大使"等评选活动，深入实施消防宣传"五进"工作，发动各行业协会成立天津市消防公益联盟，针对机关、团体、单位重点人群培训4100余场、25万余人，消防"双微一抖"等新媒体账号总点击量上亿人次，消防安全文化氛围日益浓厚，群众消防安全素质普遍提升。

5. 推动应急管理现代化

强化基层应急管理水平。实施基层应急能力提升工程，健全基层应急管理机构，推进基层应急管理能力标准化建设。建立健全区级应急救援中心，支持基层成立综合应急救援队伍。推行灾害风险网格化管理，在有条件的地区建设基层应急管理服务站。推进应急广播体系及基层应急信息平台和灾害监测站网建设，提升预警信息发布能力。加强基层应急教育培训，开展常态化应急疏散演练。

提升应急管理信息化水平。健全统一领导、专常兼备、反应灵敏、上下联动的应急管理体制，提升应急管理科学化、专业化、智能化、精细化水平。强化安全风险源头管理，防范化解重大安全风险。建立全方位、多层次的应急预案体系，提高应急预案管理数字化、信息化水平。加强应急救援基地和专业应急队伍建设，实行实战化、扁平化、合成化应急指挥。强化陆空、陆海一体化指挥协调，提高联合应急处置能力和水平。建立完善应急指挥基础信息数据库，提高应急资源数据信息一体化水平。强化京津冀应急救援合作，健全突发事件协同应对和联合指挥、应急资源合作共享等机制，提升跨区域应急管理联动能力。

建立健全应急物资保障。加强应急物资保障体系建设，完善应急物资政府储备、社会化储备，丰富物资品种，优化储备布局。加强应急救灾物资储备能力建设，科学确定储备品种及规模，增强街道（乡镇）和社区（村）应急物资社会化储备能力。完善粮食应急保障体系，形成从原粮储备到加工、仓储、配送、应急保障于一体的粮食保障基地。大力推动应急产业发展，加强应急物资生产研发攻关，在智能安防、救援机器人、无人机、医疗设备等领域布局应急产业集群。推进应急物资储备管理信息化，建设应急物资储备信息平台。发展巨灾保险，提高防灾、减灾、抗灾、救灾能力。

提升居民风险意识和社区公共卫生服务能力。积极开展风险认知科普教育与群众性的健康教育，引导广大居民建立理性的风险意识和风险观念。完善社区应急预案，适时组织基层干部、社区工作人员、专业人员和社区居民进行重大风险应对的培训和演练，并建立常态化机制，提升专业应对和群防群控能力。加强基层预检分诊、发热门诊等场所标准化建设，切实做好应急防护物资储备。强化分级诊疗制度建设，做实做细家庭医生签约服务，压实对签约对象健康状况及其危险因素动态掌握、及时上报等责任，推动合理的分层、分流救治。加快补齐老旧小区、开放式社区和偏远乡村在卫生防疫、公共服务等方面的短板。

（三）城乡社会治理水平全面提升

天津大力实施党建引领社会组织服务提升工程，通过加强政治引领、强化运转保障、健全工作机制，着力构建社会组织有序有效参与基层社会治理的新格局。到2020年，基本形成基层党组织领导、基层政府主导的多方参与、共同治理的城乡社区治理体系，从社会管理到社会治理，从加快形成科学有效的社会治理体制到打造共建共治共享的社会治理格局，社会治理的社会化、法治化、智能化、专业化水平不断提升，建设更高水平的平安天津成效显著。网格化管理、精细化服务、信息化支撑、开放共享的基层管理服务体系不断完善，基层治理新格局逐步形成，市域社会治理现代化稳步推进，社会治理整体效能显著提升。

1.基层社会治理机制不断健全

完善党领导的基层群众自治制度。党的十八大以来，天津不断深化"战区制、主官上、权下放"的党建引领基层治理体制机制创新，城乡社区治理效能在疫情防控中得到检验。巩固社区（村）党组织书记、居（村）民委员会主任100%"一肩挑"成果，推行社区（村）"两委"成员交叉任职，落实"两委"成员任职资格联审机制，按照城市社区党群服务中心每百户不低于30平方米、农村党群服务中心不低于300平方米的建设标准，坚持"实事求是，因地制宜"的原则，通过购买、租赁、改扩建、调剂使用、置换、资源共享等方式，全市所有城乡社区党群服务中心建设全部达标。

推进城乡社区协商实践。拓宽居民参与社区治理渠道，通过民主带动、项目引领、活动发动等方式扩大居民有序参与，形成社区治理合力。充分发挥自治章程、村规民约、居民公约在城乡社区治理中的积极作用。完善城乡社区协商机制，健全协商方式，规范协商内容，完善协商程序，建立协商成果运用反馈机制，推进协商制度化、规范化和程序化。健全完善民意征集、议题形成、协商议事、成果反馈、跟踪评价等协商机制，规范完善村（居）民会议、村（居）民代表会议制度，不断丰富居民议事会、联席会、协调会、听证会、评议会等城乡社区协商载体建设，推进社区协商实践规范化发展，切实保障好居民群众的知情权、参与权。加强基层群众性自治组织规范化建设，赋予基层群众性自治组织特别法人统一社会信用代码证书，完善基层群众性自治组织出具证明工作的规范化制度。健全完善城乡社区治理法规规章和政策体系，丰富居（村）务公开形式和内容，持续巩固基层组织全覆盖成果，合理确定社区规模，健全完善人民调解、治安保卫、公共卫生、民生保障、文体教育、环境和物业管理等居（村）民委员会下属委员会建设，加强居（村）务监督委员会建设。

为补齐基层社会治理短板，天津对历史问题不闪、不躲、不推，下定决心消灭行政区划和管辖权不统一的特殊地带，546处"飞地"点位全部达到压实属地责任、排除安全隐患、民生保障兜底的治理要求。

提升乡镇街道服务能力。创新基层民主实践，贯彻落实《天津市街道办事处条例》，加强乡镇政府服务能力建设，强化街道（乡镇）对辖区各类公共服务的监督管理职能，积极构建党委领导、多方参与、法治保障、科技支撑、简约高效的基层公共服务体制。不断提升街道（乡镇）一站式服务中心或便民服务点功能。持续推动社区减负，全面推行社区（村）评星定级和街片长制，建立"小巷管家"队伍，社区网格化服务管理体系全面建立。

2.城乡社区服务体系加快推进

实施城乡社区服务体系建设规划引领。结合实际，编制天津城乡社区服务体系规划，协调相关部门组织实施推动，强化社区为民、便民、安民功能，建立布局合理、职责清晰、运转高效、科学适用的城乡社区服务体系，空间布局更加合理，服务功能更加优化。完善城乡基本公共服务均等化。提升农村社区公共服务供给水平，推动基本公共服务项目向农村社区延伸。将乡村治理与公共服务紧密结合，构建乡镇人民政府、村民委员会、村集体经济组织和社会组织、村民群众等共同参与的农村社区服务格局。

深化美丽社区和精品美丽社区创建。2013年以来，天津认真贯彻落实建设美丽天津的决策部署，以民主自治规范化、管理手段科学化、办事服务便捷化、人文环境宜居化、生活方式文明化、群众参与广泛化为标准，着力加强社区组织建设、制度建设、设施建设和队伍建设，通过自行申报、培训学访、全面巡查、问题整改、中期推动、综合评估、满意度测评和公开公示等程序，深化美丽社区创建工作。截至目前，全市创建美丽社区1182个、精品美丽社区22个。

扩大城乡社区服务有效供给。党的十八大以来，市、区两级财政不断投入，采取改扩建、新建、租赁、购买等多种方式提升老旧社区办公服务设施功能。老旧社区办公服务设施面积均达到300平方米以上，新建社区达800平方米以上，全市社区综合服务设施覆盖率达到100%。巩固城乡社区党群服务中心达标建设成果，强化管理使用，提升功能作用。开展新时代新社区新生活服务质量提升行动。创新城乡社区公共服务提供方式，建立政府购买社区服务清单，鼓励社区服务机构向专业化发展。支持社会组织、社会工作专业人才、志愿服务组织进入城乡社区，提供专业化、特色化、个性化服务。各涉农区按照"八有两配套"建设标准实施建设，拓展服务功能，为农村社区服务建设提供载体保障。加强天津智慧社区顶层规划设计，推进社区信息资源共享、系统互联互通，探索实现公共服务、公共管理、生活服务信息化、便捷化。

加强社区工作者队伍建设。市委、市政府出台《天津市社区工作者管理办法》，社区工作者准入、培训、管理、考核、退出等制度不断建立健全，积极引导高校毕业生从事社区工作，完善社区工作者职业化体系建设。健全社区工作者等级序列和薪酬体系，拓展职业上升空间，社区工作者队伍建设持续加强，建立社区工作者三岗18级薪酬待遇体系，建立了社区工作者待遇标准增长机制，社区社工达到1.3万人，全市1717个社区均配备至少1名社区社工，覆盖率达100%。加强社区工作者培训，提升社区工作者专业化水平。鼓励社区工作者参加职业水平考试，开展继续教育工作。落实城市社区办公经费、社区服务群众专项经费、社区公益性事业专项补助经费和社区工作人员经费，强化社区治理保障。

推动社区志愿服务常态化，社区组织和社区服务实现全覆盖。

截至2020年，全市社会工作专业人才总量3.68万人，全市注册志愿者267万人，持证社工和志愿者数量占全市总人口比例分别为0.07%和17.1%。和平区朝阳里社区志愿服务队坚持以人民为中心，摸准居民群众各种需求，及时为社区居民提供精准化精细化服务。2019年1月17日，习近平总书记来津视察时为社区志愿者们点赞，称赞他们是为社会作出贡献的前行者、引领者。

3.高质量社会组织发展体系日趋完善

社会组织管理制度体系更加完善。加快社会组织法治建设，根据国家《社会团体登记管理规定》颁布情况，及时完善配套政策，提高社会组织工作的法治化水平。2017年，天津出台了第一个社会组织综合性顶层设计文件《关于改革社会组织管理制度促进社会组织健康发展实施意见》，并出台了《社会组织直接登记若干规定》等6个配套文件法规。2016年，编制全国首部省级《社会组织法人治理结构准则》和《社会组织公益创投规程》。

优化社会组织发展环境。逐步加大政府向社会组织转移职能和购买服务的力度，将符合条件的社会组织纳入政府产业扶持和社会事业发展扶持政策范围。完善社会组织培育发展机制，加快培育发展行业协会商会类、科技类、公益慈善类、城乡社区服务类社会组织。推进社会组织公益创投和孵化基地建设，提升社会组织公益性，发挥社会组织在提供公共服务、调处社会矛盾、激发社会活力等方面的积极作用。加大社区社会组织培育扶持力度，支持社区社会组织积极参与基层治理和社会服务。探索社会组织发展规划体系，搭建政府、企业、社会组织的交流合作共享平台，完善社会组织成立、变更、注销和年检（年报）流程。深化社会组织审批制度改革，依法推进社会组织直接登记改革，制定全市社会组织直接登记办法，完善发起人和负责人资格审查，按照明确、清晰、聚焦主业原则，规范名称审核、业务范围审定。进一步优化审批流程，探索社会组织注册登记场景式审批和无人审批。加强社会组织人才队伍建设，推进社会组织从业人员职业化、专业化，提高社会组织专职工作人员数量。

分类推进社会组织管理制度改革。推进行业协会商会与行政机关脱钩，完成首批34家、第二批131家行业协会商会脱钩试点，在机构、职能、资产财务、人员、党建、外事等方面与行政机关进行剥离，2年累计完成脱钩数量占全市改革任务的7成。探索开展行业协会商会类、科技类、公益慈善类、城乡社区服务类社会组织直接登记，取消了社会团体分支机构、代表机构行政审批事项。加强社会组织自身建设，开展了领导干部在社团兼职情况"回头看"和社会组织规范法人治理结构整改。

4.现代社工制度加速建立

提高专业社会工作人才总量和质量。加大社会工作岗位开发设置力度，拓展民政服务机构、社会组织和城乡社区领域社工岗位。鼓励一线社会工作者通过培训和考试提高专业能力，获得相应职业资格，建立分级培养机制和分类培训体系，培养高级社工师和高层次社工人才。探索"社工+志愿者"联动服务模式，形成社会工作人才引领协助志愿者开展社会工作服务协同机制。发挥社会工作专业人才在社区建设中的专业优势，引导社会工作服务机构深入社区开展服务。鼓励社会工作服务机构与院校合作，拓宽社会工作专业学生实务训练渠道，促进社会工作服务机构健康有序发展。

创新社会工作服务领域和运作模式。完善多方参与机制，全面推进社区、社会组织、社会工作高效联动的"三社联动"机制。加快推进街道（乡镇）社工站建设。优先发展以老年人、困境儿童、特殊困难人群等为重点服务对象的社会工作服务机构。打造社会工作服务品牌。制定社会工作服务机构的标准和规范，引导社会力量举办和发展社会工作服务机构。

健全政府购买社会工作服务长效机制。推动政府购买专业社会工作服务力度，提升社会工作服务机构能力建设和专业化服务能力。充分利用社区公益事业专项补助经费，通过政府购买服务的方式，开展法律援助、社会工作、科学健身等服务，满足社区居民多样化需求。

5.信息化治理水平逐步提升

坚持向现代科技要效率，提升社区治理智能化、科学化和精细化水平。建设全覆盖的智慧社区平台，做实驻区人、地、设施、单位等基础数据并及时进行动态更新，确保能随时准确掌握区情。通过网上信息系统、小程序和联络群等，面向社区居民公开疫情及其他信息，收集整理居民需求、开展网络沟通协作和提供个性化公共服务。依托智慧社区平台搞好网格化管理，基于动态的社区数据监测，了解社区人群特征，抓好重点人员排查和公共空间在线监控，及时发现和解决问题。充分发挥数据互联互通优势，实现服务问题跨级或联合解决。比如，在疫情防控中，利用智慧社区平台和网格化管理优势，实现医疗资源、志愿服务队伍和流动人员信息的数据共享，为防控工作提供高效助力。

（四）依法治国基本方略全面落实

天津认真贯彻落实依法治国基本方略，将依法治市、建设社会主义法治城市作为民主法治建设的奋斗目标，紧紧围绕发展大局，稳步推进，不断深化。党的十八大以来，社会公平正义不断彰显，依法治国基本方略全面落实，依法治国、依法执政、依法行政共同推进，司法体制机制改革深入推进，法治在体现人民利益、反映人民愿望、维护人民权利、增进人民福祉方面的作用更加彰显。社会公平正义的法治价值追求逐渐贯穿到立法、执法、司法、守法的全过程和各方面，司法为民理念充分践行，司法公信力显著提升。公平正义的阳光照进人民心田，让人民群众在每一个司法案件中都感受到公平正义的目标不断实现。

1.地方立法工作与时俱进

天津始终把加强地方立法工作、提高地方立法质量作为首要任务，坚持围绕中心、服务大局，积极审慎地制订立法计划，在突出经济立法的同时，注意抓好社会事业、"三农"工作、城市规划建设管理、民主法治建设等方面的立法工作。市人大常委会先后制定了养老保险条例、失业保险条例、就业促进条例、企业工资集体协商条例等地方性法规，完善有关社会保障制度；先后制定了劳动保护条例、安全生产条例、企业职工民主管理条例，实施工会法办法等地方性法规，促进形成和谐稳定的劳动关系；制定了农村集体经济承包合同管理条例，实施乡镇企业法办法、农村集体资产管理条例等法规，以立法形式稳定和完善农村承包经营责任制，加强农村集体资产管理，促进农村集体经济发展。

坚持立法为民，实行"开门立法"，探索建立公众参与机制、程序和方法，建立健全公开征求意见和听证制度，不断扩大公众参与度，提高立法透明度，建立健全专家咨询论证制度，增强立法的民主性和科学性。在起草《天津市绿化条例》的过程中，市人大常委会在立法工作机制上积极创新，改变以往由相关委局起草、政府提出议案、人大审议修改的模式，由市人大常委会领导同志牵头，组成了由市人大和市政府有关部门、人大代表、专家学者参加的联合起草组，集中时间、集中力量，共同调研论证，更广泛地反映民情、体现民意、集中民智。天津市十六届人大常委会通过的召开立法情况说明会制度是在健全科学立法民主立法机制、提高地方立方质量方面的创新实践。

坚持从实际出发，本着不抵触、有特色、可操作性的原则，妥善处理立法与改革、政府与市场、权利与权力、惩罚与引导、法制与德治等重要关系，增强法规的针对性和可操作性，提高立法质量和效率。2018年，完善《天津市房地产交易管理条例》中的房地产交易网络管理制度，新建商品房预售资金、私有房屋交易资金和房屋使用权转让资金监管制度，明确了公布房地产市场交易指导价格制度、房地产中介服务机构及分支机构根据业务内容不同规定了不同的设立条件、房地产中介服务市场主体的权利和义务等一系列有针对性和行之有效的管理制度，取得了良好的社会反响。

结合本市实际，突出本地特色。2002年，天津市十三届人大常委会出台的《天津市物业管理条例》在全国首创了业主会制度，被国务院《物业管理条例》采纳；2005年，天津市十四届人大常委会出台的《天津市房屋权属登记条例》创设了统一登记、预售登记、预告登记等制度，与国家新制定的物权法精神相一致；2012年，颁布的《天津市人体器官捐献条例》是天津市人大常委会探索地方立法新思路的典型实例，得到了国家有关部门的高度肯定和社会各界的高度关注。2015年12月，天津市十六届人大常委会公布实施了《中国（天津）自由贸易试验区条例》，天津成为国务院批准的第二批设立自贸区的三省市中第一个出台地方性法规的城市。在京津冀协同发展的背景下，积极主动发挥天津作用，优先落实促进协同发展的地方立法项目，与京冀两地深入开展立法交流，组织优势力量和专家资源对京津冀协同发展立法保障进行系统研究，提出了立法保障中长期规划，从立法层面保障和促进京津冀协同发展战略实施。

完善法律服务体系，拓宽法律服务领域。改革开放以来，天津不断深化法律服务业体制建设，积极完善以律师、公证、仲裁、基层法律服务、企事业法律顾问、法律援助为主线，适应天津改革发展需要的法律服务体系。严格执行法律服务行业准入制度、持证执业制度、监督举报制度，强化行业管理，加强行业自律，保证法律服务市场健康发展。2014年，天津市司法局制定了《关于推进公共法律服务体系建设的实施意见》，旨在拓展司法行政法律服务平台，构建政府主导、协会协同、覆盖城乡、可持续发展的基本公共法律服务体系，促进公共法律服务资源在城乡之间均衡布局、合理配置、科学组合，完善公共法律服务供给机制，为人民群众提供优质高效的基本公共法律服务。2016年，积极推进天津市司法局公共法律服务体系动态信息管理系统项目建设，通过落地司法服务云项目，助力公共法律服务体系建设。

2.司法改革持续深化

天津一直坚持问题导向，着力解决影响和制约司法公正的体制性机制性障碍，维护社会公平正义。从制度上保证司法机关独立公正地行使审判权和检察权，全面实行立审分立、审执分立、审监分立。严格执行诉讼法律制度，逐步完善质证、认证和举证制度，建立了科学的案件审理流程管理制度等。自觉加强执法规范化建设，执法责任体系、执法质量和效率考评体系、执法监督体系等不断完善。公安机关建立了以市公安局局长接待群众来访日为开端的四级大接访制度，各级审判、检察机关也积极推进各项改革措施，依法落实审判公开和检务公开，扩大工作的透明度，防止暗箱操作。同时，邀请人大代表、政协委员和司法监督员视察两院工作，促进司法人员转变工作作风，提高法律素质。加强政法队伍建设，认真贯彻落实法官法、检察官法和人民警察法，全面推行执法、司法人员资格考试、考核制度，建立和完善行政执法和司法人员的学习培训、执法考评、持证上岗、重要执法岗位人员交流等制度。

2014年6月6日，中央全面深化改革领导小组第三次会议审议通过《关于司法体制改革试点若干问题的框架意见》，标志着我国司法体制改革正式启动。2015年12月9日，习近平总书记主持召开的中央全面深化改革领导小组第十九次会议通过《关于在全国各地推开司法体制改革试点的请示》，同意北京、天津、河北等13个省（区、市）及新疆生产建设兵团2016年开展司法体制改革试点。天津作为第三批司法体制改革综合试点城市，起步晚、起点高、推进快，以标准化推进司法改革、人财物市级统管等工作，突出了天津特色。特别是通过司法体制改革，有力地提升了案件审判质效，为全面推开各项改革措施奠定了良好基础。

率先推行司法工作标准化。2014 年，天津法院在全国范围内率先探索并推行司法标准化，到目前已建立完善了涵盖审判流程、司法裁判、案件质量、司法公开、诉讼服务、权责配置 6 大方面的 21 个司法标准，初步形成了司法标准化体系，用标准化的尺度，对立案、审判、执行全过程进行指导、检验和评价，有力促进了审判质效的提升，全市法院生效案件服判息诉率达到 99.1%。中央电视台新闻联播节目以"天津法院：让公正裁判有'标尺'"为题进行了报道，中央深改委向全国作了推介，《人民日报》、《法治日报》、天津电视台等多家媒体进行了报道，社会各界给予高度关注和广泛好评。

着力完善审判权力运行机制。牢牢牵住司法责任制"牛鼻子"，推行法官、法官助理、书记员组成审判团队办案模式，实现让审理者裁判、由裁判者负责。坚持放权不放任，制定审判职权行使与审判责任认定标准，明确院庭长审判管理监督权，确保审判质量，促进司法公正。院庭长不再签发未参加审理案件的裁判文书，回归审判一线办理新型复杂疑难案件，该做法和经验得到最高人民法院充分肯定。全市 1005 名院庭长办理案件 84360 件，同比增长 19.7%，占结案总数的 26.4%。

全面推进人员分类管理改革。将法院工作人员分为法官、审判辅助人员、司法行政人员三类。推进法官员额制改革，坚持优中选优。经自愿报名、考试考核、市法官遴选委员会审议等程序，首批产生入额法官 1637 名，占中央政法专项编制总数的 30%，确保高素质法官入额办案。建立法官助理、书记员管理制度，制定审判辅助人员职务改革试点方案，研究通过从高校引进优秀实习生、购买社会化服务等方式拓宽辅助人员来源，确保将85%的人力资源配置到办案一线。

3.营造崇尚法治浓厚氛围

天津高度重视法治宣传教育工作，将法治宣传规划纳入本地区国民经济和社会发展的总体规划，大力推进法治宣传教育进机关、进乡村、进社区、进学校、进企业、进单位，开展法制区、民主法治村（社区）创建工作，2个区获"全国法制县（市、区）"称号，8个村（社区）获第六批全国"民主法治示范村（社区）"称号。创新和丰富法治宣传教育的多种有效形式，充分发挥法治新闻、法治文艺的作用，不断强化法治宣传教育的广度和深度。天津圆满完成了7个五年普法任务，全市学法用法、崇尚法治、维护法律尊严的社会氛围日益浓厚。

1985年11月，天津市普及法律常识领导小组成立，随后各区县普法领导小组相继成立，办事机构设在市及区县各级司法行政部门。"一五"普法工作（1986—1990年）卓有成效地完成了天津法治建设史上一次全民性的法律知识启蒙教育。"二五"普法工作（1991—1995年）无论在深度上和广度上都较"一五"普法有了很大推进，为依法治国方略的最终提出并付诸实践奠定了坚实的基础。"三五"普法工作（1996—2000年）的重点对象是县处级以上领导干部、司法人员、行政执法人员、企业经营管理人员，普法重点是宪法、基本法律和社会主义市场经济法律。"四五"普法工作（2001—2005年）成效显著。法治宣传教育紧紧围绕实现"三五八十"四大奋斗目标、实施"三步走"战略、构建和谐天津深入开展，全体公民的宪法和法律意识进一步增强，法治观念和法律素质明显增强。"五五"普法工作（2006—2010年）把广大公务员和农民列为重点普法对象，进城务工人员法制宣传教育工作走在全国前列，法律"六进"工作以法律"进乡村""进社区"为重点全面铺开。

2008年11月5日，《天津市法制宣传教育条例》经天津市第十五届人大常委会第五次会议通过。该条例的出台，标志着法治宣传教育工作有法可依，法治宣传教育由主要依靠行政手段实施转化为依靠法治手段推进，法治宣传教育走上了法治化、规范化的轨道。"六五"普法时期（2011—2015年）法治宣传教育的重点对象是领导干部、公务员、青少年、企事业经营管理人员、农民和进城务工人员，主要任务是深入开展法治宣传教育、加快推进依法治市进程、大力创新普法依法治理载体和形式。"七五"普法时期（2016—2020年）通过学习宣传宪法，深入学习宣传中国特色社会主义法律体系，深入学习党内法规，推进社会主义法治文化建设，推进多层次多领域依法治理，推进法治教育与道德教育相结合。普法宣传教育机制进一步健全，法治宣传教育实效性进一步增强，依法治理进一步深化，全民法治观念正在明显增强，全社会厉行法治的积极性和主动性不断提高，尊崇宪法、遵守法律、信仰法治的氛围将会越来越浓厚。

经过30多年的法治宣传教育，天津初步实现了从启蒙教育到提高以领导干部为重点的全民法律素质教育的发展，由注重依靠行政手段向注重依靠法律手段管理社会事务、进而提高全社会法治化管理水平的发展，由单一普法向普治并举、注重法治宣传与法治实践相结合的发展。数以千万计的公民接受了法治教育，全体公民的宪法意识、法律素质和法律意识普遍提高，各级领导干部和执法人员依法决策、依法行政、依法办事的观念明显增强。全社会法治化管理水平明显提高，有力地促进了依法治国基本方略的实施。

4.国家工作人员学法用法常态化

多年来，天津始终将领导干部学法用法作为建设法治天津的"龙头"来抓，推进学法用法由"要我学"向"我要学"转变、由单一模式学习向多元智能化转变、由单纯理论灌输向法治实践转变。自2003年起，天津开始组织领导干部进行法律知识考试，以考促学，推动领导干部学法用法。随着法治思维成为国家工作人员依法执政、依法行政和依法办事能力的重要体现，2016年，天津出台了《天津市关于完善国家工作人员学法用法制度的意见》，继全面实现局处级领导干部网上学法考法后，将参考范围扩大至试点单位科级以下（含科级）近5万名国家工作人员，覆盖面达99.96%。

天津把国家工作人员学法用法作为常态化工作来抓。从天津开始实施5年普法规划以来，国家工作人员一直是普法的重点对象。为了防止学法浅尝辄止、流于形式等问题，天津牢牢把握任前考核和绩效考核两大抓手，确保"软任务"变成"硬任务"。任前考法从严把关。自1998年起，天津市人大常委会便组织"一府两院"拟任命领导干部进行任前法律知识考试。

近年来，各区人大常委会、组织和人事部门相继出台领导干部任前法律知识考试相关制度，多数单位还将参考人员范围扩大至科级，将考法是否合格作为提拔考核的重要依据。2014年，市委将国家工作人员学法用法作为法治天津建设重点工作，纳入区绩效考评指标体系并逐年增加分值权重。2016年，各区建立并落实国家工作人员学法用法制度、领导干部任前法律知识考试制度、年度考核述法制度，连同党委（党组）理论学习中心组学法情况等均被纳入绩效考评指标，有效保证了各项任务责任到岗、落实到人。

经过探索，天津开拓了3种途径，努力提升国家工作人员的法律素养。一是主要领导带头学，各区党政主要领导发挥示范引领作用，每年主讲一堂法治课，各街（乡镇）、职能部门一把手参加，带头宣讲宪法和法律法规。二是法治培训适时学，各级党校、行政学院、社会主义学院将法律课程纳入教学内容。邀请知名教授和实践部门专家进行专题讲座，拓展学法用法的深度和广度。三是旁听庭审延伸学。自2015年起，天津相继组织国家工作人员旁听案件庭审近20次，历次规模达百人以上，达到"旁听一案、教育一片"的社会效果。党的十八大以来，天津共组织局处级领导干部学法用法考核9.3万多人次，国家工作人员参加法治讲座86万人次，法治培训200万人次，促进国家工作人员通过深入学法，更好地带头尊法、守法，依法用好手中的权力。

（五）"平安天津"成闪亮"城市名片"

天津深化治安防控体系建设，防控触角延伸到"最后一公里"，完善基层工作网络，强化社会矛盾排查化解机制，推进特殊人群管理服务创新，形成了具有天津特色的社会管理新路子，人民群众安全感不断提升，为天津全面建成小康社会提供了有力支撑。

1.治安防控体系建设持续深化

扫黑除恶专项斗争深入开展，打"网"破"伞"重拳出击，严打违法犯罪活动。公安机关全面推进"平安天津"建设，深入开展"云剑""猎狐""昆仑""团圆"等专项行动，严打涉枪爆、跨境赌博、"盗抢骗"、"黄赌毒"、"环食药"、知识产权和涉疫情等违法犯罪，现行命案、枪案、绑架案连续6年全部破获，刑事、治安案件发案量大幅度下降。同时，紧盯群众反映强烈的电信诈骗犯罪，深入推进"雷霆五号""断卡"等专项行动。此外，常态化推进扫黑除恶斗争，黑恶势力被有效铲除，黑恶犯罪被根本遏制，社会治安环境得到显著改善，法治权威充分彰显。公安机关严打严防各类经济犯罪，开展打击经济领域犯罪专项行动，侦破了一系列大要经济犯罪案件，全市非法集资发案数、涉案金额、人数均有较大幅度下降。严打侵犯企业知识产权等违法犯罪，快速侦破制售假冒知名品牌产品等一系列案件。

警防民防技防架构"三网"保民安。自2004年起，在全市开展以警防、民防、技防"三张网"为主要内容的社会治安防控体系建设，制定了《天津市2004—2006年社会治安防控体系建设规划》，用3年时间构筑以"三张网"为核心内容，以市公安局、公安分局、派出所三级管理为运行模式，指挥高效、防范严密、控制得力、管理到位的"棋盘式"治安巡逻防控网络。打击违法犯罪，命案、绑架案破案率100%，排名全国第一。强化"三张网"建设，打造"一三五分钟"三级出警圈，初步形成以情报为主导，实战指挥、应急处置、合成作战、安全防控、科技应用、社会联动为支撑的社会治安防控体系。

在"三张网"中，警防网是骨干网，形成了整体联动、全时空主动防控、"点对点"直接指挥、跟进检查为保障的"指挥巡控一体化"，从而有效打击、控制、处置和预防各类违法犯罪活动。民防网是基础网，建立起由专职辅警、物业保安、公益保安、民防志愿者等组成的专职队伍，不断壮大社区治安志愿者队伍，在治安问题突出的地方推行维护社会治安责任制，在农村推行村民轮流巡逻制。技防网是智能网，已建成由1个中心、2个系统、多个终端和覆盖社会面的监控报警点组成的城市技术防范网络体系，综合利用电子、电磁、通信、信息、卫星定位、红外线、计算机，以及其他防护手段和设施，对重点地区、重点要害部位、重点物品予以全天候的监控，使防范的触角延伸到警防网与民防网无法达到的部位与环节。

建设公安"大情报"系统提高维稳能力。积极构建大情报、大维稳工作体系，建立了情报信息搜集、综合分析研判、应急处置、联合指挥4项机制，形成了覆盖全市的情报信息网络，有效整合政法维稳综治防范信访等部门和驻津武警部队力量，形成了统一领导、高效指挥、资源共享、有效运行的工作格局，实现了联勤联指、联巡联控、联防联处，及时妥善处置了各类突发不稳定问题，确保了奥运安保、国庆70周年、夏季达沃斯论坛等重大活动绝对安全。天津正在进一步统筹全市公、检、法、司、安、维稳、综治、防范、信访、军队、武警和禁毒、反恐等部门力量，健全5大体系，即建立市委领导、联勤联指的组织领导体系，全域覆盖、研判会商的大情报共享体系，公正高效、严格规范的执法体系，基础坚实、处置高效的保障体系，责任清晰、监督有力的责任体系。

加快信息网络建设，实现资源整合与信息互通。大力推进平安天津信息化平台建设，充分发挥物联网、政务外网、云计算等信息化技术和手段的作用，坚持"共享是原则、不共享是例外"的理念，注重资源整合、信息互通，统筹地区、部门和互联网企业力量，打破体制行业壁垒，建立科学的数据标准体系，实现政法综治专业数据、政府部门管理数据、公共服务机构社会数据集成应用，促进社会治理的融合性、系统性、协同性。建立由中共天津市委宣传部牵头、政府维稳综治及有关部门参加的联席会议制度，加强对涉及国家安全和影响社会稳定网上舆情的分析研判，健全各负其责、密切配合的网络监管工作机制。

2.基层社会服务管理能力有效提升

完善基层工作网络。全市街道（乡镇）全部建立综合信访服务中心，社区（村）建立了综治信访服务站。在城市社区形成了社区党组织、居委会、业主委员会、群团组织共同参与社会管理组织模式；在农村形成了村级综合服务站和乡镇经济发展服务中心、社会事务服务中心、综治信访服务中心和村级综合服务站的"一站三中心"服务管理模式。扎实推进政法工作向基层下沉，形成了社区警务室、社区检察室、社区法庭、社区司法所"四位一体"的工作模式。小事不出村、大事不出镇、矛盾不上交，基层社会矛盾预防和化解能力显著增强。网格化管理、精细化服务、信息化支撑、开放共享的基层管理服务体系不断完善，基层治理新格局逐步形成。

加强基层基础建设。天津市公安机关瞄准社会治理体系和治理能力现代化目标，努力保障人民群众安居乐业。把防范化解社会矛盾作为重点工程来抓，充分发挥三级矛盾纠纷调处化解机制作用，排查化解各类矛盾纠纷。扎实推进社会治安整体防控体系建设，建成3847个智慧平安社区；完成中小学幼儿园校园安全防范"4个100%"达标任务；全市125家二级以上的医院全部完成建设警务室、安装一键报警、配备入院安检保安人员等安全防范措施；全面强化应急处突队伍建设，有力提升了应对处置突发警情能力。

大数据与社区治理相融合。充分利用网络加强社会管理和服务，建立社区网站，积极为居民群众提供网上咨询、心理疏导、生活服务、文化娱乐等服务，搭建起社区建设、社区管理、社区服务的信息平台。把大数据与社区治理有机结合，搭建"互联网+政务服务"平台，打造智慧管理"云社区"，实现服务群众零距离。推进技防进社区、进家庭"雪亮工程"，努力为群众提供多样性、个性化的公共服务，提升居民生活品质，在周到精细的服务中体现社会治理水平。

3.社会矛盾排查化解机制健全高效

强化源头预防。坚持依法科学民主决策，实施了社会稳定风险评估机制，对涉及群众切身利益的重大项目、重大政策进行经济效益和社会稳定风险"双评估"。积极构建和谐劳动关系，及时解决劳动用工、劳动保护、劳动分配等方面的问题，有效预防群体性事件。坚持日常排查与集中排查、滚动排查、重点排查相结合，及时分析研判通胀预期、劳动关系、收入分配、基础设施建设等方面可能出现的问题及对社会稳定的影响。健全市、区、乡镇（街道）和村（社区）四级排查网络，建立工作台账和分类数据库，实行动态管理。心理疏导化解矛盾，开通市、区两级心理援助热线，建立街乡镇心灵驿站242家、社区、村心理咨询室4733家，推动专业力量下沉，就地就近提供心理咨询、化解矛盾。

健全群众诉求表达机制。畅通社会公共事务、司法、信访诉求渠道，完善公共决策事项社会公示、公开听证制度，落实领导干部五级接访下访和联系群众制度，健全完善人民调解、行政调解、司法调解"三位一体"的大调解工作格局，推进行业性、专业性调解组织建设，形成了轻微交通事故"速调速结"新机制，法院系统在全国率先建立三级诉讼服务中心，多方联动的调解机制基本形成。在全国率先推出信访联席会议"九组一办"会商机制，建立了区委及市委有关工委书记信访例会制度，落实领导包案工作机制，综合运用司法救助专项基金、债权转移、困难帮扶等方法，解决重点疑难信访问题，"清积案、化新访、控非访"专项活动取得明显成效。

4.特殊人群管理服务强化创新

加强对流动人口的服务管理。深化流动人口服务管理，各街乡镇建立流动人口服务中心，流动人口集中地区建立了服务管理站，形成了全域覆盖的服务网络。完善了劳动就业、技能培训、法律维权、计划生育、子女就学、居住登记6项服务管理机制，使流动人口享受到市民化均等服务。建立了流动人口信息管理系统，探索了经济开放区域"公寓式"、大型建设工地"建设者之家"和日常"散居式"服务管理的新模式。

加强对特殊人群的服务管理。建立刑释解教人员信息采集数据库和过渡性安置基地，健全了出监教育培训、接纳安置、教育转化、跟踪服务、定期回访等制度。建立了对社会服刑人员教育矫正、监督管理、辅助帮困制度。对社会闲散青少年、违法青少年，落实学校（单位）、社区、家庭三位一体的教育管理模式。对容易肇事肇祸精神病人，采取了医疗救治和监护等措施。

加强了境外来津人员管理服务。市公安局与市外办、市台办、市教委等部门协作建立了涉外管理服务联动机制。市公安局通过网上预约、流动服务站等制度，使出入境服务环境明显优化，还开通了台胞口岸签注点。市出入境管理局全国首创境外人员网上视频谈话系统，天津涉外企业及院校的外籍申请人足不出户即可享受优质的出入境签证服务。天津门户不断开放，出入方便有序。

九、坚持党的全面领导是实现全面小康的根本保证

伟大的事业需要坚强的领导核心。做好中国的事情，关键在党；推动天津的发展，关键在党。党的十八大以来，以习近平同志为核心的党中央在深化党的建设规律性认识基础上，创新发展马克思主义党建学说，统揽伟大斗争、伟大工程、伟大事业、伟大梦想，举旗亮剑、谋篇布局，坚定不移推进全面从严治党，坚持思想建党、组织建党、制度治党紧密结合，集中整饬党风，着力严明纪律，严厉惩治腐败，净化政治生态，凝心聚力、强基固本，直击积弊、扶正祛邪，为全面建成小康社会保驾护航。

（一）坚持党的全面领导

1.加强和改进党的建设

党的十一届三中全会后，党中央开始着手解决党的建设方面的一些突出问题，加强和改进新时期党的思想、组织和作风建设。根据党中央部署，天津市委以极大的精力推进党的建设，恢复和提高各级党组织的战斗力。从1979年8月起，市委不断整顿、调整充实

各级领导班子。一方面，揭露和清理混入领导班子中的"三种人"和有严重问题的人；另一方面，依靠老干部考察和挑选在实际工作中坚定贯彻执行党的十一届三中全会路线、富有才干的优秀中青年干部，结合市区县人民代表大会的召开，让他们担任各级政府的领导职务。1983年12月的市第四次党代会，选举产生了中共天津市顾问委员会和中共天津市纪律检查委员会，在实现新老干部合作与交替方面迈出重大步伐。1983—1987年，根据党的十二届二中全会通过的《中共中央关于整党的决定》精神，天津进行了全面整党。市委把全面整党确定为天津党的建设的中心任务，在党的思想、组织、作风、制度建设上采取了一系列措施，注重发挥党员先锋模范作用，大大增强了党组织的战斗力和凝聚力。

市委、市政府在领导全市党员干部群众探索改革开放道路的进程中，逐步形成一切为了人民，一切依靠人民的工作思路，这是党的群众路线在天津改革开放新时期的新体现，是这一时期党的建设的重要成果。天津始终把最广大人民群众的根本利益作为出发点和落脚点，坚持不懈地为人民群众办实事、谋利益。在经济建设和城市建设中，市委、市政府始终把群众最关心的热点作为工作的重点，在较为困难的条件下，办成一些看起来难以办成的事，有计划地解决了一批长期得不到解决的群众生活难题，不断改善群众的工作和生活环境。广大群众从切身感受到的变化中看到了希望，振奋了精神，从而形成一种领导为群众办事、群众为领导鼓劲的生动和谐局面。

2.推进党的建设新的伟大工程

在推进天津加快发展和改革开放的同时，市委着力推进党的建设新的伟大工程。党的十四大以后，市委采取措施，加强党的思想建设、组织建设、作风建设、制度建设和反腐倡廉建设，着力推进党的建设新的伟大工程。市委组织全市干部党员深入学习邓小平理论、"三个代表"重要思想和科学发展观，科学把握其时代背景、实践基础、科学内涵、精神实质、根本要求和历史地位，始终与党中央保持高度一致。按照党中央统一部署，市委先后开展了以"讲学习、讲政治、讲正气"为主要内容的党性党风教育活动和以实践"三个代表"重要思想为主要内容的保持共产党员先进性教育活动。

在理论学习中，市委始终坚持理论联系实际，把党中央精神与天津实际紧密结合起来，先后于1998年底至1999年初和2002年10月，在全市范围内开展了"树立创新意识，加快天津发展"大讨论和"弘扬危改精神，加快天津发展"大讨论，抓住影响和制约天津经济社会发展的重大问题，立足新形势找差距，在提高认识、转变观念、保持良好精神状态上下功夫，不断开拓创新加快天津发展思路。

在思想建设中，市委始终坚持把干部教育培训工作作为党的建设的一项重要内容。紧紧围绕加快天津改革发展对干部素质提出的新要求，以处级以上干部为重点，以理论武装为核心，把理论学习作为干部教育培训工作的首要任务；采取脱产培训、中心组学习、在职自学等多种形式，引导和推动各级干部在加强党性修养、提高思想政治素质、研究解决现实问题、指导推动工作上下功夫，不断增强贯彻执行党的路线、方针、政策的自觉性和坚定性。

在作风建设中，根据党中央部署，市委制定了《中共天津市委关于贯彻落实〈中共中央关于加强和改进党的作风建设的决定〉的实施意见》和相关制度，并开展了牢记"两个务必"，树立正确权力观、政绩观和学习先进人物的活动。按照市委要求,全市各级党政机关特别是行政执法部门和窗口单位,集中开展了创建服务型机关、服务型政府活动,进一步推进政务公开,落实公开承诺、限期办结等制度,加强政风、行风治理,努力解决乱收费、乱罚款等损害群众利益的问题。

3.提高党的建设科学化水平

按照党的十七大和十七届四中全会精神,以改革创新精神全面推进党的建设各项工作,为实现天津科学发展和谐发展率先发展提供根本保证。2009年10月,市委九届六次全会通过《中共天津市委关于贯彻落实〈中共中央关于加强和改进新形势下党的建设若干重大问题的决定〉的意见》,对进一步加强和改进天津党的建设作出全面部署。

天津市第九次党代会以来,市委、市政府围绕天津发展的重大问题多次展开深入调查研究,组织部委办、区县局领导干部先后到上海、广东、浙江、北京、重庆等省市学习考察,取得了一批重要的调研成果。

深入开展学习实践科学发展观活动,从2008年9月到2010年2月,历时1年半,自上而下分3批进行,共有4.9万个党组织90多万名党员参加。全市各级党组织围绕党员干部受教育、科学发展上水平、人民群众得实惠的总要求,突出实践特色,以“打造新滨海、建设新天津、实现新跨越”为实践载体,坚持重在武装思想、重在解决问题、重在取得实效,坚持领导干部带头学习宣讲、带头调查研究、带头整改见实效,推动学习实践活动有序有力有效开展,得到党中央和全市广大干部、群众的充分肯定,对天津加快科学发展产生了重要影响。

切实加强组织建设，全面加强领导班子和干部队伍建设。坚持在干中锻炼、在干中考察、在干中选拔干部，进一步建立完善体现科学发展观和正确政绩观要求的干部考核评价办法，健全决策目标、执行责任、考核监督三个体系，完善激励奖惩机制。根据工作需要充实调整了部委办、区县局领导班子，17个区县实现书记或区县长的交流任职。为贯彻落实党中央关于深化干部人事制度改革的部署要求，2010年7月，市委决定加大竞争性选拔领导干部工作力度，进一步拓宽选人用人视野，面向社会公开选拔300多名局处级党政机关领导干部和国有企事业单位领导人员。为贯彻国家人才发展规划纲要，加快实施人才强市战略，市委制定了《天津市中长期人才发展规划（2010—2020年）》，提出到2020年形成人才竞争比较优势，率先建成位居全国前列的人才强市的战略目标，确定了人才队伍建设的任务措施。

大力加强作风建设，天津市第九次党代会要求全面加强思想作风、学风、工作作风、领导作风、干部生活作风建设，弘扬新风正气，抵制歪风邪气，反对弄虚作假，真正做到为民、务实、清廉。市委九届六次全会就党风建设作出进一步部署。为了扎实推进党风建设，市委领导同志发挥示范带头作用，制定了《关于大力弘扬求真务实精神进一步改进会议和领导同志活动新闻报道的若干措施》，从自我规范做起，提出切实改进文风会风的具体措施。市第九次党代会和党的十七大以来，市委、市政府推行重大决策问计于民的制度，就天津空间发展战略规划、市文化中心设计方案等重大规划项目公开向全市人民征求意见。各级领导干部在"保增长、渡难关、上水平"和"解难题、促转变、上水平"活动中，不断改进机关作风，提高工作效率，积极深入基层解决问题，到一线推动工作；干部的工作作风进一步改进，服务意识进一步强化。全市各级党组织发扬干事创业精神，营造拼发展、争项目、抢机遇的浓厚氛围。

4.全面从严治党向纵深发展

党的建设得到新加强。牢固树立"抓好党建是最大政绩"理念，坚持以党的政治建设为统领，始终筑牢党员干部对党、对习近平总书记的忠诚，从严落实基层党建工作责任制，锻造忠诚干净担当的高素质干部队伍。坚决扛起管党治党政治责任，改土换水、革故鼎新，从根本上修复和净化政治生态，坚决铲除圈子文化、码头文化、好人主义，坚决整治形式主义官僚主义和不担当不作为问题，坚持不懈纠"四风"、树新风，驰而不息正风肃纪反腐，一体推进不敢腐、不能腐、不想腐，深入推进新时代廉洁文化建设，把全面从严治党不断引向深入。

思想政治建设明显加强。坚持把深入学习贯彻习近平新时代中国特色社会主义思想作为首要政治任务，市委理论学习中心组发挥示范带动作用，各级党组织举办形式多样的报告会、研讨班、轮训班，面向基层开展宣传宣讲，广大党员干部怀着执着的信念学、怀着看齐的定力学、怀着深厚的感情学、怀着知行合一的自觉学，铭于心、融于魂、践于行，进一步增强了对党中央、对习近平总书记的信赖和忠诚。相继召开市委全会、市委工作会议等，深入贯彻习近平总书记对天津工作提出的"三个着力"重要要求，分解任务、细化措施、强化责任，不折不扣落实党中央决策部署。党的群众路线教育实践活动、"三严三实"专题教育、"两学一做"学习教育、"不忘初心、牢记使命"主题教育、党史学习教育取得实效，各级党组织和广大党员维护权威、捍卫核心、对党忠诚的政治立场更加鲜明，全市干部群众听党话、跟党走的信念更加执着坚定。

政治生态实现根本好转。天津将党的组织生活作为党内政治生活的重要内容和载体，作为党组织对党员进行教育管理监督的重要形式。2016年11月，市委组织部制定并印发《关于建立"三会一课"纪实报告检查制度的意见》《关于建立健全主题党日制度的意见》《关于在全市推行建立党员档案的意见》，打出全面从严治党"组合拳"。坚持严字当头，把纪律规矩挺在前面，不断完善领导干部个人有关事项报告、述职述廉、考核考察等制度，不断强化抓党建工作的主业意识，把纪律规矩真正立起来严起来，推动政治生态持续改善。市委研究制定了《中共天津市委关于牢固树立"四个意识"坚决贯彻落实党中央决策部署的意见》《中共天津市委关于落实全面从严治党主体责任和监督责任的意见》和《关于深入贯彻和严格执行中央八项规定精神实施细则》等文件，逐条对照中央巡视反馈意见指出的具体问题，制定改进措施，在"人、事、因、制"上集中发力。

持续开展不担当不作为问题专项治理。保持恒心韧劲，始终以严的态势深化专项治理，严肃查处对贯彻党中央和市委决策部署只表态不落实、对群众利益和诉求漠不关心、对重点工作消极应付等突出问题，重点整治搞"包装式"、"一刀切式"落实、"中梗阻"、"官爷"文化、"腾挪闪避绕"等突出问题，推动建立基层减负常态化机制。从2017年2月开始，天津深入开展了不担当不作为问题专项治理，着力查纠官僚主义、形式主义问题，向"为官不为"的干部"亮剑"。不担当不作为问题专项治理聚焦问题，面向社会公布举报方式，点名道姓通报典型问题，在党员干部和人民群众中引起强烈反响。坚持用全面从严治党的力度治庸治懒治无为，激励广大党员干部主动担当尽责、积极干事创业，努力创造经得起实践、人民和历史检验的业绩。2021年，全市查处形式主义、官僚主义问题887个，处分868人，其中不担当不作为问题790个，处分786人。严格落实"三个区分开来"要求，健全容错纠错机制，对受处分干部开展回访教育，激发干事创业正能量。

（二）加强党的基层组织建设

1.推进基层党建规范化制度化发展

党的十三届四中全会以来，全市各级党组织认真贯彻执行党中央关于切实加强党的基层组织建设的指示精神，进一步提高了对党的基层组织地位、作用的认识，大批领导干部深入基层，调查研究，指导工作，帮助解决具体问题，开始形成聚精会神抓党的建设的气候。1990年2—8月，市委调研组深入企业、农村和学校，就城乡党的基层组织建设问题开展调查研究，形成《关于我市党的基层组织建设的调查报告》，提出了大面积提高党的基层组织的工作水平、组织党员发挥先锋模范作用、加强在生产一线发展党员的工作、提高支部生活会的质量、抓好对犯错误党员的教育管理、加强和改革各级党委对党支部工作的指导和服务6方面措施。按照市委要求，各区县局党委、工委普遍把加强党的基层组织建设列为1991年党的建设工作的重点，大多数党委的主要负责同志，都直接深入基层党组织，开展调查研究，对党的基层组织建设提出了比较系统的具体意见和措施。保证制度落实的各项措施逐步配套起来，使基层党的工作朝着规范化、制度化方向迈进。加强党的基层组织建设的势头已经形成，并深入发展。此后，着力加强党的基层组织建设，成为天津党建工作的一个特色。

2.农村基层党组织建设全面进步

根据市委的统一部署，全市农村基层党组织以用习近平新时代中国特色社会主义思想武装头脑为根本任务，坚持政治立身、政治为本，深入开展党的群众路线教育实践活动，开展"三严三实"专题教育，深入开展"维护核心、铸就忠诚、担当作为、抓实支部"主题教育实践活动，推进"两学一做"学习教育常态化制度化。广泛开展承诺践诺、设岗定责、挂牌上岗等主题实践活动，引导广大党员践行"四讲四有"，做到"四个合格"。从巩固党在农村执政根基的战略高度，推动以"一肩挑"为主要特征的村级组织换届选举，构建以党组织为核心的农村基层组织体系，切实把党的执政地位一竿子插到最基层、落实到最基层。2018年，天津3538个行政村换届全部"告捷"，村党组织书记和村委会主任100%实现"一肩挑"，干部的年龄、学历结构得到优化，农村基层党组织战斗堡垒作用全面加强。

3.社区党组织建设形成新格局

坚持区域化党建和网格化党建相结合，构建完善"社区党委—网格党支部—楼门党小组"网格化组织体系，推动沿街商铺、广场公园、文化团队、志愿者队伍和流动党员集中点建立党的组织，把党建工作、服务群众、市容环境、安全稳定等纳入网格管理，推动需求在网格发现、资源在网格整合、问题在网格解决，提高服务党员、服务群众的精准化精细化水平。加快推进党建信息化建设，推动现代信息技术与城市基层党建深度融合，以智慧党建引领智慧城市建设；整合党建信息系统资源，依托"津云"大数据平台，提升"天津党建"数字化平台功能，全面推行党员电子档案，加快构建基层党组织建设信息系统、构建区域化管理服务平台。推进党建引领社区自治共治，形成以社区党组织为核心，居委会和居务监督委员会为基础，业委会、物业企业、社会组织为纽带，驻区单位和各类经济组织共同参与的社区治理机制，加强社区党组织对业委会和物业企业的领导，在业委会中成立党的工作小组，打造"红色物业"，使物业企业成为党组织联系和服务群众的重要力量；社区党组织领导居委会、居务监督委员会、业委会换届工作；积极推进城市化进程中村转社区改制，完善组织架构，加快形成覆盖城乡社区的管理服务体系。

4.推进基层党组织全覆盖

坚持围绕推进企业改革和发展加强企业党组织建设，在国有大中型企业制定了《党委议事规则》和厂长（经理）定期向党委汇报的工作制度。一些企业党组织还制定了企业重大问题召开党政联席会或党委会、党委扩大会讨论的制度，企业党政主要领导在重大问题决策前的沟通制度，党组织负责人参加厂长（经理）办公会、厂务会制度等。做好乡镇企业、外商投资企业、街办企业、私营企业和股份合作制企业等各类新经济组织的党组织建设，整合企业的中心工作，通过组织劳动竞赛、提合理化建议等活动，教育引导职工爱岗敬业，做好本职工作，以支持企业搞好生产经营，提高经济效益。党的十八大以来，天津全面加强党对社会组织工作的领导，引导社会组织加强政治建设、组织建设，完善落实社会组织工作协调机制，推动社会组织党建从有形覆盖到有效覆盖。引导和支持社会组织有序参加社会治理、提供公共服务、承担社会责任，引导社会组织听党话、跟党走。培养社会组织专职党务工作者队伍，推进社会组织党组织班子成员与社会组织决策层、管理层双向交叉任职。

（三）反腐败斗争取得新胜利

1.坚持反腐败无禁区、全覆盖、零容忍

市委始终以强烈的历史责任感、深沉的使命忧患感和顽强的意志品质，坚定不移推进反腐败斗争，反腐败斗争压倒性态势已经形成，不敢腐的目标初步实现，不能腐的制度日益完善，不想腐的堤坝正在构筑。保持惩治腐败高压态势，坚持有腐必反、有贪必肃，深入整治重点领域腐败问题，结合政法队伍教育整顿，2021年查办滥用职权、执法司法腐败等典型案件928件，处分651人；严厉惩治国资国企领域靠企吃企、损公肥私的"蛀虫"，从严查处土地管理领域官商勾结、借地生财的腐败分子。坚持追逃防逃追赃一体抓，职务犯罪外逃人员"零增长"。2021年，市委制定一体推进"三不"意见和以案为鉴、以案促改、以案促治工作办法，完善"六书两报告两建议"机制，把查办案件、加强教育、完善制度、促进治理贯通起来。完善国有参股企业监管、境外企业监管等制度，净化修复公安、检察院、法院、监狱等系统政治生态，健全规范执法司法行为。拍摄了《"偏航"的头雁》等专题片，引导党员

干部知敬畏、存戒惧、守底线。

2.扎实推进惩治和预防腐败体系建设

市委把反腐倡廉纳入经济建设、政治建设、文化建设、社会建设、生态文明建设和党的建设总体布局，同步推进。按照标本兼治、综合治理、惩防并重、注重预防的方针，在坚决惩治腐败的同时，更加注重治本，更加注重预防，更加注重制度建设，不断拓展从源头上防治腐败的工作领域，为经济社会又好又快发展提供有力保证。2008年6月，市委制定了《关于落实〈建立健全惩治和预防腐败体系2008—2012年工作规划〉实施办法》。市委九届六次全会对加强廉洁从政教育、促进领导干部廉洁自律、加大查办案件工作力度、健全完善制约和监督机制、确保权力干净运行等方面作出指导性规定。狠抓制度建设，制定了《关于进一步加强反腐倡廉制度建设的意见》，规范管理活动，堵塞管理漏洞，提高管理水平，形成既廉洁又高效的管理运行机制，使各项工作更加科学化、规范化、制度化。着力解决损害群众利益的突出问题，深入治理教育乱收费；持续纠正医药购销和医疗服务中的不正之风，规范医疗机构诊疗、用药和收费行为；切实纠正了征用农民集体所有土地拖欠补偿费、拖欠农民工工资、拖欠下岗职工生活费和安置费等问题。积极搭建便民惠民服务平台，12345政务服务便民热线全年无休，最大限度地为群众提供优质高效的服务。

3.反腐败斗争压倒性态势已经形成

党的十八大以来，天津认真贯彻落实中央、中央纪委部署要求，紧紧围绕把纪律和规矩挺在前面，坚持不懈开展纪律和警示教育，构筑不想腐的思想防线，努力让守纪律、讲规矩成为全市党员干部的思想自觉和行动自觉，营造天津山清水秀、风清弊绝的政治生态。抓住容易滋生腐败的重点领域和关键环节，制定执行了《关于重点领域和关键部位反腐倡廉建设的意见》《关于深化行政审批制度改革推进审批服务再提速的实施意见》《关于全面实行投资项目联合审批帮办领办限期办理的实施办法》等制度规定。明确各项工作责任、程序规定，通过深化行政审批、干部人事制度和司法体制机制改革，规范领导干部廉洁从政行为、严惩违纪行为。坚持以上率下抓住"关键少数"，制定出台的《中共天津市委关于落实全面从严治党主体责任和监督责任的意见》中明确提出，"要以反面典型为镜为鉴为戒为训，深入开展警示教育，用身边事教育身边人"，把警示教育工作纳入主体责任和监督责任检查考核体系，督促各级党委、纪委履职尽责，勇于担当。

（四）全面加强党内监督

1.认真落实党内监督条例

大力推行党员领导干部报告个人有关事项、述职述廉等制度。继续深化各项公开制度，提高了权力运行的透明度。市委于2004年建立了巡视机构，实行巡视工作制度，在全市区县、委办局和国有大中型企业实现巡视全覆盖，运用巡视成果推动了各级领导班子和领导干部的思想作风建设、执政能力建设和廉政建设。把党内监督与人大监督、政府专门机关监督、政协民主监督、司法监督、群众监督、舆论监督结合起来，形成监督合力，提高监督效能。

2.抓深抓实基层监督

在强化领导、压实责任、完善机制、建强队伍等方面持续用力，夯实基层监督基础。强化日常监督，深化运用片区协作、交叉监督、提级监督等方式，紧盯集体"三资"管理、征地拆迁、棚户区改造等重点，严肃查处贪污侵占、吃拿卡要、虚报冒领等行为。强化领导、完善机制，压实区、乡镇（街道）、村（社区）三级监督主体的责任，形成大抓基层鲜明导向。配齐建强基层监督力量，全市3520个村、1859个社区实现纪检组织全覆盖，村（社区）纪委书记、纪检委员担任纪检监察工作联络站站长，并通过法定程序兼任村（居）监督委员会主任。完善片区协作、提级监督、交叉监督、联合办案等工作机制，着力破解基层监督力量不足、熟人监督难等问题。

3.高质量实现巡视全覆盖

党的十八大以来，天津坚持全面从严治党与经济社会发展力度相统一，以中央巡视组巡视和巡视"回头看"反馈意见整改落实为契机，落实管党治党"两个责任"。市委班子坚持巩固拓展中央巡视指导督导成果，不断健全完善指导服务、报告评价等制度，推动巡视工作全面规范、系统提升。推动巡视整改落地见效，建立市领导同志担任分管部门（单位）巡视整改工作领导小组第一组长机制。制定巡视整改督查、情况报告和公开等制度，深化巡视整改"三级递进"机制，推动巡视监督、整改、治理贯通融合。第七轮、第八轮巡视整改完成率分别为95.3%、93.9%，问题线索办结率分别为76.6%、84.9%，共问责294人，推动完善制度机制1631项。出台加强巡视巡察上下联动具体措施，强化工作任务、组织实施、成果运用联动，同步开展供销社系统腐败问题、涉粮问题"统配巡"。出台加强和改进市级部门党委（党组）巡察工作指导意见。

十、开启全面建设社会主义 现代化大都市新征程

风雨兼程百年路，不忘初心再出发。在全面建设社会主义现代化大都市新征程上，天津坚持以习近平新时代中国特色社会主义思想为指导，坚定不移贯彻新发展理念，以推动高质量发展为主题，以深化供给侧结构性改革为主线，以改革创新为根本动力，以满足人民群众日益增长的美好生活需要为根本目的，在深入推进京津冀协同发展重大国家战略中找准位置，在推动构建区域协同发展新格局中展现天津作为，始终当好新时代改革开放排头兵、创新发展的先行者，以时不我待的精神、敢闯敢试的勇气，创造更加美好的小康生活。

（一）全面实现国家对天津的城市定位

继续巩固全面小康成果，提高全面小康水平和质量，基本实现现代化目标，要持续推动经济高质量发展。天津要强化供给侧结构性改革，加快推进京津冀协同发展，加快构建现代化经济体系，加快完善现代化大都市治理体系，努力实现"一基地三区"功能定

位，推动建设国际消费中心和区域商贸中心的"双中心"城市。

1.基本实现"一基地三区"功能定位

加快建设全国先进制造研发基地，自主可控、安全高效的产业链更加健全，形成若干具有国际竞争力的产业集群，战略性新兴产业比重大幅度提升。北方国际航运枢纽地位更加凸显，智慧港口、绿色港口建设实现重大突破。金融服务实体经济、防控金融风险、深化金融改革的能力和水平显著增强，形成更加健康良性的金融生态环境。改革开放迈出新步伐，适应新发展理念和高质量发展要求的体制机制更加完善，更高水平开放型经济新体制基本形成，市场主体更加充满活力，营商环境处于全国领先水平。

"十四五"时期，天津将大力发展战略性新兴产业，加速制造业高端化、智能化、绿色化发展，全面提升产业链供应链竞争力，着力构建现代工业产业体系。到2025年：

 工业增加值年均增长6%以上

 制造业增加值占GDP比重达到25%

 工业战略性新兴产业增加值占规上工业比重达到40%

基本建成研发制造能力强大、产业价值链高端、辐射带动作用显著的全国先进制造研发基地

天津"十四五"规划战略性新兴产业发展目标

2.加快构建开放包容的新发展格局

天津坚持改革不停顿，开放不止步，以更开放的胸襟、更包容的心态、更有力的举措，坚定不移实施更大范围、更宽领域、更深层次、更高水平的对外开放，推动形成全面开放新格局。紧紧扭住疏解北京非首都功能这个"牛鼻子"，运用市场化招商机制引进非首都功能项目。加快京津同城化发展，支持与北京毗连区域融入新版北京城市规划。深入推进京津冀全面创新改革试验，深化"通武廊"地区"小京津冀"改革试验。创新跨行政区域城市公共交通服务供给，加快实施天津中心城区经武清、廊坊延伸至通州市域（郊）铁路。探索建立"通武廊"产业合作示范园区。支持静海、西青等区发挥区位优势，全面对接服务雄安新区。充分发挥改革开放先行区作用，适时修订《中国（天津）自由贸易试验区条例》，赋予更大的自主发展、自主改革和自主创新管理权限。加强自由贸易试验区与全市改革创新联动，构建由自由贸易试验区、综合保税区、开放园区组成的开放型经济发展新格局。

3.全力打造国际消费中心城市和区域商贸中心城市

围绕打响文旅品牌、促进商业繁荣、提升城市形象、做大产业规模、增强集散功能、畅达交通网络6个方面，逐步形成国际消费目的地、国际商品贸易港、国际化商业中心、辐射"三北"的商品集散中心、要素集聚的国际知名城市、交通畅达的流通枢纽城市。努力把天津建设成国际文化旅游消费目的地，打造特色文化旅游带，加快旅游产品创新，推动全域旅游示范区建设。促进商业繁荣繁华，建设国际化知名商圈，形成一批商业地标；发展夜间经济，建设地标性夜生活集聚区，打造魅力"夜津城"；壮大会展经济，高水平建成国家会展中心（天津），打造会展经济功能区。打造"大商贸"产业载体，建设全球商品贸易港，打造北方最大全球商品贸易基地，发展平台经济，建设区域型商品交易市场；发挥汽车、冻品、粮油等大宗进口商品规模优势，提升区域流通市场黏性和产业链服务水平；加快连锁经营布局推广，推动天津逐步成为万商云集的商贸活动聚集地。此外，还要全面提升城市的国际影响力，搭建多层次多领域合作平台，加快高端要素资源向天津聚集，提升海空两港国际集散功能，增强服务辐射"三北"地区能力。

4.大力建设绿色智慧枢纽港口

对标世界一流港口，发挥天津港海上门户枢纽作用，以区域港口协同增强发展动力，以智慧化、绿色化引领发展方向，不断提高天津港在世界航运领域的资源配置能力。全力提升港口能级，全方位组织集装箱货源，扩大环渤海内支线运量，强化津冀港口间干支联动，构建面向全球、便捷高效的集装箱运输网络。加强与环渤海港口的协同联动，组建环渤海港口联盟，打造具有国际竞争力的东北亚世界级港口群。优化调整大宗散货运输结构，积极发展滚装和邮轮等运输功能，着力打造国际枢纽港。

（二）打造自主创新主要策源地

抓创新就是抓发展，谋创新就是谋未来。在开启全面建设社会主义现代化大都市新征程中，科技创新的重要地位和作用日益凸显。天津要全力推动创新型城市建设，坚持创新在现代化建设全局中的核心地位，深入实施创新驱动发展战略，着力提升自主创新和原始创新能力，打好关键核心技术攻坚战。

1.着力培育战略科技力量

积极融入国家创新战略布局，谋划建设一批国家重点实验室、重大科技基础设施，推进大型地震工程模拟研究设施、合成生物技术创新中心等重大平台建设，高标准筹建天津实验室（海河实验室），打造全国先进的科技大平台集群。着力推进基础研究，加强基础学科建设，支持建设高水平研究型大学，推进科研院所、高校、企业等科研力量优化配置和资源共享，加强多学科交叉融合。聚焦人工智能、量子信息、脑科学、生物制药、组分中药等前沿和优势领域，实施一批具有前瞻性、战略性的重大科技专项，攻克一批关键核心技术和共性技术，打造更多天津版"国之重器"。

2.提升企业技术创新能力

强化企业创新主体地位，促进各类创新要素向企业集聚，支持企业牵头组织创新联合体，承担重大科研项目，推动企业成为技术创新决策、研发投入、科研组织和成果转化的主体。发挥企业家在技术创新中的重要作用，鼓励企业加大研发投入。深化科技创新平台链条建设，培育新型研发机构。强化创新型企业和高新技术企业群体培育，打造"雏鹰—瞪羚—领军"和高成长企业接续发展梯队，构建大企业与中小企业融通创新的高精尖企业集群。推进"科创中国"试点城市建设。

3.加快培育创新生态

坚持"以用立业",建设若干高水平大学科技园,建立健全成果转化平台体系,推动项目、技术、人才、资金一体化配置,着力打通成果转移转化通道。深化科技创新体制改革,加快科技管理职能转变,赋予科研单位和科研人员更大的人财物自主权,深化项目评审、人才评价、机构评估改革。健全创新激励和保障机制,构建充分体现知识、技术等创新要素价值的收益分配机制,完善科研人员职务发明成果权益分享机制。推行科研项目"揭榜制+里程碑"等新机制。壮大天使、创投等基金规模,拓展科技型企业融资渠道。加大创新产品推广应用支持力度。加强知识产权保护,高标准建设中国(天津)知识产权保护中心,强化知识产权培育应用,建设知识产权强市。大力弘扬科学家精神和工匠精神,着力在独创独有上下功夫。推进全域科普向纵深发展。

由天津大学牵头建设的我国地震工程领域首个国家重大科技基础设施——大型地震工程模拟研究设施

4.优化创新空间布局

围绕产业链部署创新链，围绕创新链布局产业链，充分发挥滨海新区在全市创新格局中的引领作用，培育"信创谷""生物制造谷"等一批主导产业突出的创新标志区。高水平建设国家新一代人工智能创新发展试验区，打造国家级车联网先导区等未来产业引领区。完善"一区五园"联动机制，推进国家自主创新示范区建设。深化津南海河教育园体制机制创新，着力推进产、学、研、用深度融合，打造"天津智谷"。

（三）全面加快新时代乡村振兴

实施乡村振兴战略，加快推进农业农村现代化，是推进全面建成小康社会的重中之重，也是建成社会主义现代化强国的重要基础。天津要持续把解决好"三农"问题作为新时代各项工作的重中之重，践行以人民为中心的发展理念，真正做到在保护中发展，发展中保护，着力打造现代都市型农业升级版，着力提高农村发展建设水平，着力推进乡村治理体系和治理能力现代化，让乡村更像乡村，让乡村生态宜居美丽。

1.发展现代都市型农业

以农业园区为载体，以科技为支撑，以项目为龙头，以效能为根本，以联农带农为目标，推进国家级现代农业示范区、农业高新技术产业园区、农产品物流中心区、农业农村改革试验区和农业信息化平台、农业对外合作平台建设。结合本地资源禀赋和发展实际，建设特色优势产业区，形成产业布局清晰、集中优势突出、市场竞争力强的发展新格局。在肉、蛋、奶、鱼、菜、果、粮、种等农业优势产业，打造国内外有较高知名度和影响力的农产品品牌，形成较完善的天津农产品品牌体系。大力发展智能农业，建设智能农业平台，深化实施"物联网+农业""电商网+农业""信息网+农业"，推进农业信息进村入户全覆盖，提升农业信息化水平。

2.建设生态宜居的美丽乡村

以保障生态资源安全为前提，坚持节约优先、保护优先、自然恢复为主的方针，正确处理人与自然的关系，推动生产、生活和生态融合发展。开展水资源消耗总量和强度双控工作，推进节水灌溉能力建设。落实和完善耕地占补平衡制度，积极推行轮作休耕制度，降低耕地开发利用强度。加强动植物种质资源保护，强化渔业资源管理与养护。推进农业清洁生产，继续实施化肥农药零增长行动，积极推广化肥减施增效技术，减少施用总量。建立与都市型现代农业相适应的田园生态系统保护与修复模式，促进农林牧渔融合循环发展，构建良性循环、环境优美的田园生态体系。

3.培育乡村文化体系

坚持物质文明、精神文明一起抓，加强农村思想道德建设，传承发扬乡村优秀传统文化，加强乡村公共文化建设，开展移风易俗行动，提升农民精神风貌，培育良好家风、文明乡风、淳朴民风，提高乡村社会文明程度。坚持在贯穿结合融入、落细落小落实上下功夫，引导农民践行社会主义核心价值观，促进美丽乡村建设。在农民群体中深入实施时代新人培育工程，推出一批新时代先进模范人物。加强对农村社会热点难点问题的应对解读，加大国家意识、法治意识、社会责任意识宣传教育力度，引导农民听党话跟党走。建好管好用好乡村学校、少年宫，为乡村儿童搭建快乐学习、健康成长的平台，推动农村综合性文化服务中心建设。加快推进农村信用体系建设，开展文明家庭创建活动。加强非物质文化遗产保护，扶持一批农村非物质文化遗产传承人或民间艺人。

4.健全现代乡村治理体系

走乡村善治之路，建立健全党委领导、政府负责、社会协同、公众参与、法治保障的现代乡村社会治理体制，促进自治、法治、德治相结合，推动现代乡村治理工程建设。抓实农村基层党建工作。坚持农村基层党组织领导核心地位，坚持和加强党对村级组织换届选举工作的全面领导，强化党组织领导和把关作用。深化"五好党支部"创建，推进村党支部建设标准化、规范化。严格选人用人标准，打造政治强、能力强、有威望、有凝聚力的带头人队伍。加强党组织对村级各类组织的集中统一领导，健全重大事项、重要问题、重要工作由党组织讨论决定的机制。加强农村群众性自治组织建设，完善村民自治制度。深入开展法治宣传教育，弘扬中华民族传统美德，倡导简约适度、绿色低碳、健康文明的生活方式。

5.全面开展乡村人才振兴

建立健全乡村振兴政策体系，激发农村发展内部活力，优化农村发展外部环境，促进城乡融合发展，支持和引导人才、技术、土地、资金等资源要素投向"三农"，加快实现乡村振兴。加大农业农村人才引进力度，加快培育新型职业农民，满足新型职业农民多层次、多形式、广覆盖、经常性、制度化教育培训需求的"一主多元"教育培训体系。加强农村专业人才队伍建设，开展农业科技后备人才培养和农村劳动力职业技能培训。组织开展农村实用人才带头人培训。鼓励和支持各类社会人才向农村流动，推动城乡间各类人才培养合作与交流，加快项目、资源向基层下沉。着力推进农村公共就业创业服务专业化，加强公共就业创业服务信息化建设。

（四）建设宜居宜业绿色生态环境

良好的生态环境是全面建成小康社会的基础条件。要不断满足全市人民群众对优美生态环境的需要，继续大力推进生态文明建设，深入打好污染防治攻坚战，推动减污降碳协同增效，加快推进生态保护修复建设，有效防范化解生态环境风险，持续改善生态环境质量，建设人与自然和谐相处、共生共荣的美丽天津。

1.大力推动减污降碳协同增效

推动工业领域绿色转型，推动产业园区绿色化改造，壮大节能环保战略性新兴产业。实施绿色制造工程，推动工业企业全流程绿色化改造。强化产业园区资源能源消耗、污染排放、生态建设、风险防范等调查评估，推动工业园区生态环境综合治理。推动产业园区实施循环化、节能低碳化改造，促进资源循环利用、能量梯级利用。通过发布技术名录、推广示范工程等方式，鼓励支持环境治理企业关键治理技术产品自主创新，推动首台（套）重大环保技术装备示范应用，加快提高环保产业技术装备水平，推进新一代信息技术与节能环保产业的深度融合创新。

推动能源、交通、城乡建设领域低碳转型。持续削减煤炭消费总量。在保障能源安全的前提下，逐步削减煤炭消费总量，确保完成国家下达的控煤减煤目标任务。大幅度提升天然气、绿电、非化石能源等清洁低碳能源供应量。加快打造"公转铁+散改集"双示范绿色港口。大力推进新能源或清洁能源汽车使用。建立完善以绿色低碳为导向的城乡规划管理机制，杜绝"大拆大建"。发展被动式超低能耗、近零能耗建筑，加快提高建筑用能效率。在农村地区因地制宜地推进热泵、燃气、生物质、地热等高效清洁供暖方式。

加快推动生活方式绿色转型。倡导简约适度生活方式。建立绿色消费激励机制，鼓励公众绿色低碳行为。加大政府绿色产品采购力度，逐步提高绿色产品占比。提倡"按需买衣+绿色洗涤+旧衣回收"的用衣方式。坚决制止餐饮浪费行为，坚决革除滥食野生动物等陋习。完善城市慢行系统，优先发展公共交通，强化常规公交与轨道交通衔接，加快公交站点和充电、加氢、停车换乘等配套设施建设，引导鼓励步行、骑行、公共交通等低碳出行方式。

2.深入打好污染防治攻坚战

强化协同治理，改善大气环境质量。深化燃煤源污染治理，持续推进燃煤机组深度治理或改造。深化工业源污染治理，实施重点行业氮氧化合物等污染物深度治理。开展钢铁、水泥行业超低排放改造，实施石化、铸造、平板玻璃、垃圾焚烧、橡胶、制药等行业深度治理，严格控制物料储存、输送及生产工艺过程无组织排放。深化移动源污染治理，深化机动车污染防控。加强施工扬尘治理，全面推行绿色施工。

强化系统治理，提升水生态环境质量。持续推进饮用水水源保护区"划、立、治"，优化调整城镇、农村集中式饮用水水源保护区，加大饮用水水源保护区标志及隔离设施管理维护力度，强化饮用水水源地专项检查。加强非常规水源开发利用，推进污水资源化利用和淡化海水规模化利用，坚持节水优先，开展全民节水行动，强化工业节水减排、农业节水增效、城镇节水降损，加强高耗水行业取水管理，大力发展节水灌溉，推进节水型企业、节水型居民小区创建。推进水资源和水环境监测数据共享。强化农业农村污水治理，逐步提高农村生活污水治理率。加强水生态监测评价，探索建立分流域水生态监测评价指标体系，开展水生态专项调查和生态系统健康评估。

强化陆海统筹，巩固近岸海域生态环境质量。深入实施"一河一策"，统筹推进工业、城镇和农业农村污水协同治理，加强总氮排放控制。加强海水养殖污染防治，开展池塘海水养殖标准化改造示范工程建设，推广绿色生态养殖。强化海洋生态保护与修复。加强入海河流水资源统筹调配，推动河口海湾生态系统恢复。实施"蓝色海湾"整治修复，加强海岸带分类管控。优化调整海洋生态红线。加强海洋生态风险管控，加强沿海石化集聚区等重点陆源涉海环境风险源排查，依法严肃查处环境违法行为。

强化海洋环境污染事故损害评估和受损海域整治修复，深入推进美丽海湾建设。

强化风险管控，防治土壤污染。健全土壤和地下水环境基础数据库，将土壤和地下水环境要求纳入国土空间规划，推进实现疑似污染地块、污染地块空间信息与国土空间规划一张图，加强土壤、地下水综合监管，完善土壤污染重点监管单位名录，重点企业定期开展土壤及地下水环境自行监测、污染隐患排查。推进地下水污染防治，加强地表水与地下水、土壤与地下水污染协同防治。开展地下水环境状况调查评估、解析污染来源，探索建立地下水重点污染源清单，探索城市区域地下水环境风险管控、污染治理修复模式。

3.加强生态保护修复建设

加强重要生态空间保护。落实天津国土空间发展战略，实施生态功能区划，加强重要生态功能区保护，构建"三区两带中屏障"的生态空间格局。严格生态红线保护，确保面积不减少、功能不降低、性质不改变。全面加强对七里海、大黄堡、北大港、团泊4个湿地自然保护区的保护和修复，深入推进双城中间绿色生态屏障区建设，推进造林绿化、水系连通和生态修复等工程建设。持续开展蓟州北部山区废弃矿山生态修复，加强山林保护，重建山体自然生态，提升北部山区的生态涵养功能。完善城市绿地体系，加强城市公园绿地、城郊生态绿地、绿化隔离地等建设，高标准推进城市水网、蓝道河湖岸线生态缓冲带建设。

（五）建设民主法治文明社会体制

民主与法治是全面建设社会主义现代化大都市的重要保障。天津要深入落实中央关于法治政府建设实施纲要，把建设法治城市作为城市发展的重要目标，切实提高立法质量，加快建设法治政府，提高司法公信力，努力建设法治社会，加强法治工作队伍建设，全面提高依法治市的能力和水平，以蹄疾步稳的姿态，推动法治天津建设进入新的征程。

1.加强党对法治中国建设的集中统一领导

深入学习宣传贯彻习近平法治思想。持续推动广大干部群众深入学习贯彻习近平法治思想，深刻领会蕴含其中的马克思主义立场观点方法，全面准确把握精神实质、丰富内涵和核心要义，增强学习贯彻的自觉性和坚定性。全面推进依法执政。要建立领导干部应知应会法律法规清单制度，推动领导干部做尊法学法守法用法的模范。把法治素养和依法履职情况纳入考核评价干部的重要内容。加强党对全面依法治市的统一领导、统一部署、统筹协调，健全党领导立法、保证执法、支持司法、带头守法的制度机制。

2.全面提升政府依法履职水平

全面实行政府权责清单制度，持续深化"一制三化"审批制度改革，推进"证照分离""照后减证""一企一证"改革，全面推行信用承诺审批制度。强化"一站式"服务功能，推动更多事项集成办理，加快实现一窗受理、限时办结、最多跑一次，对多个关联事项探索实现一件事一次办，减少办事环节和所需证明材料。进一步拓展"互联网+政务服务"，提供24小时不打烊在线政务服务。打通政府部门间数据壁垒，不断提高政府服务效能和行政审批效率。严格执行重大行政决策法定程序，确保行政决策制度科学、程序正当、过程公开、责任明确。扩大行政决策公众参与度，推行重大民生决策事项民意调查制度。提高重大行政决策专家论证和风险评估工作质量，有序引入社会组织和专业机构参与风险评估。长效推行政府法律顾问制度。

3.完善严格公正文明规范执法体系

严把行政执法准入关，健全纪律约束机制，强化法律专业知识培训。创新行政执法方式，积极推行行政执法公示制度，依法将执法依据、执法程序、行政裁量权基准等执法信息向社会公开。积极推进行政执法信息化建设，完善行政执法程序。推动科学划分执法权限，合理配置执法力量，加快推进完善跨部门、跨领域综合行政执法改革，构建形成分工合理、职责清晰、协同高效的执法工作体系，确定执法人员执法责任。

4.强化对行政权力的制约和监督

各级政府严格执行向本级人大及其常委会报告工作、接受质询和报备规章等制度。探索建立健全行政违法行为法律监督制度，进一步拓宽公益诉讼案件的范围。建立和完善政府内部层级监督机制，强化对权力集中的部门和岗位的内部流程的控制。完善社会监督和舆论监督机制。完善群众举报投诉制度，拓宽群众监督渠道。

高度重视舆论监督，加强网络舆情监测收集，对于网络信息进行及时研判、有效处置，推动网络监督规范化、法治化。全面推进政务公开。

5.妥善依法有效化解社会矛盾纠纷

正确处理新形势下人民内部矛盾，坚持救助救济、教育疏导和依法处置相结合，注重解决反复性、紧迫性、群体性、突发性矛盾。有针对性地加强对重点人群的帮扶救助、心理疏导、法律援助，培育尊重自信、理性平和、积极向上的社会心态。推进人民调解组织网络建设，充分发挥人民调解在多元化解纠纷机制中的基础性地位。全面深化行政复议体制改革，建立行政复议咨询委员会，提高行政机关负责人出庭应诉率。优化公共法律服务队伍，依法有序扩大法律援助范围，持续开展"法援惠民生"系列品牌活动，全面推进社区矫正工作。定期开展涉黑涉恶罪犯滚动排查。广泛开展民法典普法工作，探索法治宣传教育的新模式新方法。

（六）接续推进共同富裕

实现共同富裕是社会主义的本质要求，全面建成小康社会后，接续推进共同富裕，是全面建成社会主义现代化强国的必然要求。天津要紧扣共同富裕和促进人的全面发展目标，以改革创新为根本动力，量力而行，尽力而为，努力解决区域发展差距、城乡差距、收入差距问题，在高质量发展中扎实推动共同富裕，促进社会公平，增进民生福祉。

1. 多渠道增加城乡居民收入

持续完善统筹城乡的就业政策体系，鼓励创业带动就业，加强创业孵化示范基地建设，推动创业载体升级。健全就业服务体系、劳资关系协调机制和终身职业技能培训制度，大力实施"海河工匠"建设工程和职业技能提升行动，加大对重点群体的就业促进力度。扩大公益性岗位安置，帮扶残疾人就业。进一步完善有利于提高居民消费能力的收入分配制度，着重保护劳动所得，增加劳动者特别是一线劳动者的劳动报酬。健全劳动、资本、土地、技术、数据等生产要素由市场评价贡献、按贡献决定报酬的机制，探索通过土地、资本等要素使用权、收益权，增加中低收入群体要素收入。完善再分配制度，优化财政支出结构，加大保障和改善民生力度，建立健全改善城乡低收入群体等困难人员生活的政策体系和长效机制。

2. 实现公共服务优质共享

推进城乡区域基本公共服务更加普惠均等可及，稳步提高保障标准和服务水平。推动义务教育优质均衡发展，建成覆盖城乡的学前教育公共服务体系，探索建立覆盖全市中小学的新时代城乡教育共同体，共享"互联网+教育"优质内容，探索终身学习型社会，提高人口平均受教育年限和综合能力素质。深入实施健康天津行动，加快建设强大的公共卫生体系，深化县域医共体和城市医联体建设，推动优质医疗资源均衡布局。积极应对人口老龄化，提高优生优育服务水平，大力发展普惠托育服务体系，加快建设居家社区机构相协调、医养康养相结合的养老服务体系，发展普惠型养老服务和互助性养老。健全全民健身公共服务体系。全面推进城镇老旧小区改造和社区建设，加强农村危房改造，探索建立农村低收入人口基本住房安全保障机制。织密扎牢社会保障网，健全基本社会保险制度，加快发展多层次的社会保险，努力形成更公平、可持续的社会保障体系。

3.丰富人民精神文化生活

要坚持精神文明和物质文明协调发展，推进理想信念教育常态化制度化，加强党史、新中国史、改革开放史、社会主义发展史教育，加强爱国主义、集体主义、社会主义教育。加强爱国主义教育基地建设和红色遗址遗迹开发保护利用，推进烈士纪念设施修缮维护和升级改造。健全志愿服务体系，打造学雷锋"志愿之城"。繁荣发展文化事业和文化产业，促进文旅融合发展。深化文化体制改革，完善文化产业规划和政策，加强文化市场体系建设，扩大优质文化产品供给。加大历史文化街区、保护性建筑、革命文化遗址、工业文化遗存、名人故居等保护力度，突出城市特色和文化底蕴，打造"古今交融、中西合璧"的城市名片。

后 记

　　《全面建成小康社会天津全景录》是按照中共中央宣传部统一部署，由中共天津市委宣传部组织，南开大学经济学院、中国财富经济研究院、天津市经济发展研究院、天津社会科学院城市经济研究所等多个科研机构的研究人员具体编撰而成，为新时代中国留下天津的小康印记。

　　本书由南开大学讲席教授、中国财富经济研究院院长、"中国经济理论创新奖"及"孙冶方经济科学奖"获得者陈宗胜教授任主编，从确定编写大纲，撰写前言、目录，到最后修订统纂，指导编写人员共同完成了撰写任务。具体写作分工如下：天津市经济发展研究院研究员姚晓东协助主编并撰写第一部分，副研究员韩璐撰写第二、九部分，副研究员王子会撰写第三、八部分，副研究员涂峰达撰写第十部分；天津社会科学院城市经济研究所研究员王双协助主编统稿，副研究员陈滢撰写第四部分，副研究员赵文霞撰写第五部分，副研究员施美程撰写第六部分；南开大学经济学院陈宗胜教授与南开大学周恩来政府管理学院博士生梁策共同撰写第七部分。在本书从立项、编写到出版的过程中，市委宣传部新闻处的各位同志，天津人民出版社的各位领导，特别是总编辑王康女士，以及出版社团队都给予了很大的关注和支持。感谢中共天津市委党史研究室的相关领导和专家对书稿进行了专业、系统的审读，提升了书稿的整体质量。编写组特聘专家王永立、朱光磊、刘秉镰、纪秀荣、李凤、李家祥、蒋宁等，审读了书稿，提出了很多中肯的修改建议，书中图片由津云、北方网、人民网天津频道、《天津日报》等天津本地媒体，以及赵文菲、陈滢个人摄影者提供，在此一并致谢。

由于本书编写时间较为紧张，材料收集也可能不充分，更重要的是，全面建成小康社会所涉及的各项事件跨度大、变化多、范围广，因此本书编写虽已尽最大努力，但可能仍有不少错漏之处，敬请广大读者不吝批评指正。

本书编写组

2022 年 5 月